Annual Report
on the Experimental Base of
Chinese Public Cultural
Policy Research
（2022-2023）

中国公共文化政策研究
实验基地观察报告

（2022-2023）

武汉大学国家文化和旅游财政政策研究基地

主编　傅才武　陈庚

WUHAN UNIVERSITY PRESS
武汉大学出版社

图书在版编目（CIP）数据

中国公共文化政策研究实验基地观察报告.2022-2023/傅才武,陈庚主编.—武汉：武汉大学出版社,2023.5

ISBN 978-7-307-23670-7

Ⅰ.中… Ⅱ.①傅… ②陈… Ⅲ.文化事业—方针政策—研究报告—中国—2022-2023 Ⅳ.G120

中国国家版本馆 CIP 数据核字（2023）第 053945 号

责任编辑：詹 蜜 责任校对：李孟潇 版式设计：马 佳

出版发行：**武汉大学出版社** （430072 武昌 珞珈山）

（电子邮箱：cbs22@ whu.edu.cn 网址：www.wdp.com.cn）

印刷：武汉中远印务有限公司

开本：787×1092 1/16 印张：12.75 字数：307 千字 插页：2

版次：2023 年 5 月第 1 版 2023 年 5 月第 1 次印刷

ISBN 978-7-307-23670-7 定价：52.00 元

编 委 会

序

进入 21 世纪以来，随着国家文化行业改革发展的不断提速，一系列作用于公共文化领域、文化产业领域、对外文化交流领域的文化政策密集出台，在保障公民文化权利、推动文化改革与发展、建设社会主义文化强国的过程中发挥了显著作用。在获得文化政策红利的同时，相关文化决策机构及研究机构也面临着不断检视政策效应、观测政策执行效果、完善健全政策体系的历史性任务。但如何检视政策效应，谁来评价，采取何种手段和方式评价，这一系列问题在不同程度上成为文化行业部门和研究机构在文化政策研究与制定过程中的困惑。党的十七届六中全会《中共中央关于深化文化体制改革推动社会主义文化大发展大繁荣若干重大问题的决定》提出，"整合哲学社会科学研究力量，建设一批社会科学研究基地和国家重点实验室，建设一批具有专业优势的思想库，加强哲学社会科学信息化建设"，为文化决策部门和高校研究机构完善相应的专门性研究机构指明了实施路径。

2012 年，在文化部财务司和财政部教科文司的直接支持和领导下，武汉大学国家文化财政政策研究基地启动了"国家公共文化政策研究实验基地"（以下简称"实验基地"）建设，拟在东中西部地区选择 100 家文化政策观察点，覆盖省、市、县、乡镇四级文化机构。该项目通过在全国范围内遴选一批代表性的文化事业单位和文化企业作为国家公共文化政策研究实验基地，构成我国公共文化事业领域与文化产业领域的实证观察研究网络。实验基地建设采用"政策研究+基层实践+效用评价"的模式，提供一种自下而上的观察国家文化政策绩效的视角。相关部门和高校下大力气进行实验基地的建设，旨在从学术与实证研究的双重角度检视和优化国家文化政策的设计与执行过程，为国家财政文化主管部门提供政策决策的理论依据，推动文化政策在实验基地先试先行，同时为文化行业部门对接基层需求、凝练重大问题、解决实际问题提供一种研究和观察通道。

在当前中国经济社会发展大转型和国家经济文明、政治文明、文化文明、社会文明和生态文明建设"五位一体"的社会环境下，文化作为一种战略性力量引领经济社会发展的独特价值逐步显现。特别是进入新时代，对文化政策的设计和执行提出了更高的要求，它要求公共政策产生更高的政策效用。实验基地的设立，对于观察当前我国文化改革发展的微观过程具有重要的意义。

第一，建立了中央财政文化部门与基层文化机构的信息沟通渠道。通过创新政府、高校、基层文化机构的合作机制，形成公共文化政策研究的信息体系，可以疏通理论联系实际的信息传播与反馈渠道，便于政府和研究机构直接从实践一线了解和获取当前文化体制改革、文化政策实施、公共文化服务体系建设的最新动态，及时掌握我国文化建设领域的新变化，为公共文化政策的制定与修订提供理论和实践依据，以理论创新推动文化行业的改革发展。

第二，有望成为国家文化政策先试先行的试验田。实验基地设计的一个重要职能是能够承担文化政策试验的责任。一项文化政策从制定到执行要有一个较长的周期，同时，政策的执行也要经过实践的检验。利用实验基地的先行试验功能，为国家政策的出台提供先期经验，有利于减少文化政策制定过程中的不确定性，也有利于在实践的基础上进行政策效应的评估，建立政策制定、执行与修正的快速反应机制，这样不仅有利于提高政策制定的科学性，也将会极大地提高文化政策执行的效果。

第三，有利于建立一条基层文化机构表达文化政策诉求的"通路"。在中国，文化机构设置复杂、体系庞大，尽管基层文化机构规模大、影响面广，但由于存在因层级而产生的信息传达功能性障碍，广大的基层文化单位在文化领域的话语权仍较为微弱，他们的诉求难以得到完整和对称性地传达。实验基地的设立，以及基于实验基地年度数据的《中国公共文化政策研究实验基地观察报告》的编辑出版，为基层文化机构提供了向相关决策层面传达信息、表达政策需求的平台。

第四，代表了当前人文社会领域研究模式的创新。从研究层面说，设立实验基地并由此连通政府、研究机构和基层文化单位，可使理论研究和行动研究融合，这种模式是新形势下建设国家专业型新型智库的基础，也是 2012 年教育部关于在全国高校设立"2011 协同创新中心"的本意。实验基地的设计布局，涵盖了我国各类文化事业机构与文化企业，可形成供高校和政府有关部门进行长期观察的公共文化政策研究网络；同时以高校科研机构为桥梁，连接了政府主管部门与基层文化单位，有利于形成文化领域理论研究对接实践需求的有效通道，是高校积极参与决策咨询，主动开展前瞻性、对策性研究，充分发挥思想库、智囊团作用的一种路径创新。

截至 2017 年，武汉大学国家公共文化政策研究实验基地已发展到 100 家，涵盖图书馆、博物馆、文化馆（群艺馆）、文化站、剧团、非遗中心、文化企业和艺术研究机构等不同类型的文化机构。为发挥这些实验基地在文化政策制定、执行和优化中的作用，武汉大学国家文化财政政策研究基地以这 100 家实验基地为研究对象，同时观照行业发展态势，结集各类文章汇编成《中国公共文化政策研究实验基地观察报告》，从行业观察、理论探讨、案例研究的层面进行系统的梳理和分析，展现当前国家文化政策主导下公共文化行业及基层文化机构的生存与发展现状、改革创新成就和基层文化工作者对公共文化机构发展的理论思考。《中国公共文化政策研究实验基地观察报告》以年度系列的方式出版，以期建立政府相关行业部门、高校及其他研究机构观察中国基层文化单位改革与发展过程的一个"微观窗口"。

是为序。

编　者

目　录

总　报　告

理　论　篇

案　例　篇

总 报 告

2021—2022 年国家公共文化政策研究实验基地观察报告

傅才武 ①

摘要：2021—2022 年，在国内疫情防控逐步常态化的背景下，我国公共文化服务建设迎来初步回升，逐步迈入高质量发展通道。从政策演进看，"十四五"发展规划陆续出台，为公共文化服务体系建设明确了新的方向指引和任务目标，公共文化服务的标准化建设、数字化建设成为政策重点关注对象。对实验基地公共文化服务实施效果进行评估后发现，2021—2022 年实验基地总体上呈现供给内容数量和服务人数回升，公共文化服务效果初步回暖的局面。当下，为满足人民日益增长对美好生活的追求，新时期的公共文化服务体系建设需要以高质量发展为目标，紧扣城乡一体化发展的主题，进一步完善公共文化服务绩效评价机制，推动公共文化服务社会化发展，建立公共文化服务智慧服务体系。

关键词：公共文化政策；公共文化服务数字化；基层公共文化建设；高质量发展

进入"十四五"时期，我国现代公共文化服务体系建设正式步入内涵式发展和高质量提升的发展通道。2021 年作为"十四五"规划的开局之年，在延续"十三五"时期公共文化服务体系的建设任务之外，更注重公共文化服务体系的高质量发展，2021—2022 年，各项文化发展规划的出台为公共文化服务体系建设注入了新的动力。为观察当前公共文化服务体系建设的成效，武汉大学课题组以国家公共文化政策研究实验基地为观察对象，分析2021—2022 年国家公共文化建设情况，在评估近年来公共文化政策实施效果的基础上，探索"十四五"时期公共文化服务体系建设的高质量发展之路。

一、2021—2022 年公共文化政策演进与实践发展

自党的十七届六中全会提出建设社会主义文化强国以来，党的十九届五中全会首次明确了建成文化强国的具体时间表，即到 2035 年建成社会主义文化强国，公共文化服务体系建设也因此被赋予了更加宏大的历史使命。2021 年是我国"十四五"规划的开局之年，也是在疫情防控常态化背景下调整、创新与融合发展的关键时期。随着《国家基本公共服务标准（2021 年版）》《"十四五"文化和旅游发展规划》《关于推动公共文化服务高质量发展的意见》等一系列重要政策文件的出台，"十四五"时期的公共文化服务体系政策更加健

---

① 傅才武，武汉大学国家文化发展研究院院长、教授。

全，正式迈入提质增效的内涵式发展阶段，开启了建设社会主义文化强国之路。

（一）2021—2022 年公共文化政策演进

2021—2022 年是我国公共文化服务高质量发展的起步期。《关于推动公共文化服务高质量发展的意见》以及《"十四五"公共文化服务体系建设规划》等关键政策文件陆续出台，为我国的公共文化服务体系建设提供有效指引。2021—2022 年公共文化政策的基本情况如下：

1. "十四五"规划密集出台，明确了近期公共文化服务体系的建设方向和重点任务

2021—2022 年，是我国"十四五"规划出台的重要时间节点。中央层面和部门层面的"十四五"规划指明了当前我国公共文化服务体系建设的基本方向、重要任务和实现路径。

2021 年 4 月 29 日，文旅部出台《"十四五"文化和旅游发展规划》，提出要从健全基层公共文化设施网络、促进公共文化服务提质增效、广泛开展群众文化活动、加快公共数字文化建设和推动公共文化服务社会化发展五大方面进一步完善覆盖城乡、便捷高效、保基本、促公平的现代公共文化服务体系，提高公共文化服务的覆盖面和实效性。2021 年 6 月 23 日，文旅部出台《"十四五"公共文化服务体系建设规划》，提出要完善公共文化服务体系制度建设，确保提供更高质量、更有效率、更加公平、更可持续的公共文化服务，切实保障人民群众基本文化权益，提升文化获得感、幸福感，为建设社会主义文化强国奠定基础。此外，中共中央办公厅、国务院办公厅于 2022 年 8 月印发了《"十四五"文化发展规划》，《"十四五"文化发展规划》在总结"十三五"时期建设经验的基础上，重点强调了公共文化服务覆盖面和实效性问题，要求以满足人民日益增长的精神文化生活需要为根本目的，坚持稳中求进、守正创新，着力坚持和完善繁荣发展社会主义先进文化的制度，为建成社会主义文化强国奠定坚实基础。

在这些规划的宏观引领下，部分重点领域部门或地方也根据自身情况陆续出台了相关发展规划。如 2021 年 9 月国家图书馆发布《国家图书馆"十四五"发展规划纲要》，提出"智慧转型""品质提升""开放合作"三大战略，部署了十三项重点任务，推动国家图书馆在"十四五"时期建设成为更具智慧、更有品质、更加开放的世界一流图书馆。在一系列"五年规划"的指引下，我国公共文化服务体系建设获得了发展政策新动能。

2. 国家公共服务标准更新，为公共文化服务的标准化建设提供了新的方向指引

原则上我国基本公共服务标准每五年要做一次动态调整，在全面评价评估基础上对标准水平进行集中统一调整，以满足人民群众基本生活需要。国家发展改革委、中央宣传部等部委于 2021 年 8 月出台《国家基本公共服务标准(2021 年版)》，其中在文体服务政策板块中特别明确了公共文化设施免费开放、送戏曲下乡、收听广播、观看电视、观赏电影、读书看报、少数民族文化服务和残疾人文化体育服务这八个领域的服务标准；并且规定保障支出责任均由中央财政和地方财政共同承担，尤其是公共文化机构"四馆一站"的建设以及公共文化服务机构的免费开放，都是政府重要的"文化民生"项目，应由政府予以保障落实。此次新出台的《国家公共文化服务标准(2021 年版)》与之前的标准相比，更加侧

重于"民生"层面的均衡与保护，并从六个方面制定了《标准》实施要求，即抓紧制定实施标准、严格界定主要范围、有效落实支出责任、着力强化能力保障、全面推进公开共享、切实强化责任担当，全面而系统地对标准实施的原则做出规划，为进一步促进公共文化服务的标准化提供了方向指引。

3. 公共文化数字化建设成为"文化强国"新助力

突如其来的疫情打破了公共文化服务机构原先以线下服务方式为核心的局面，对公共文化机构的数字化服务能力提出了新要求。面对新形势，国家采取了一系列政策措施促进文化服务机构数字化转型。在 2021 年 6 月出台的《"十四五"公共文化服务规划》中特别提到，要推动公共文化服务社会化发展和数字化、网络化、智能化建设，到"十四五"末，公共文化服务布局更加均衡、服务水平显著提高、供给方式更加多元、数字化网络化智能化发展取得新突破，争取到 2035 年建成与社会主义文化强国相适应的现代公共文化服务体系。

2022 年 5 月，中共中央办公厅、国务院办公厅印发《关于推进实施国家文化数字化战略的意见》，对我国"十四五"时期文化数字化发展提出了具体目标并部署了重点任务共八项，即关联形成中文文化数据库、夯实文化数字化基础设施、搭建文化数据服务平台、促进文化机构数字化转型升级、发展数字化文化消费新场景、提升公共文化服务数字化水平、加快文化产业数字化布局、构建文化数字化治理体系。《意见》明确，到"十四五"末，基本建成文化数字化基础设施和服务平台，形成线上线下融合互动、立体覆盖的文化服务供给体系。一系列切实推进公共文化数字化建设的政策表明国家文化数字化战略已经被列入重要议事日程，成为"文化强国"进程中不可或缺的助力。

（二）2021 年全国公共文化服务体系建设基本情况

经过长期的建设发展，我国公共文化服务体系已经形成了较成熟的保障体系、运行机制和供给体系，处于稳步发展的轨道，但受疫情影响，我国公共文化服务的规模和人次有所波动。随着 2021 年以来我国疫情防控效果显现，全国公共文化机构常态化疫情防控机制的建立，国家公共文化服务体系建设迎来初步回温。

1. 财政持续支持公共文化服务体系建设

近年来，尽管整体经济环境复杂，国家财政依旧积极支持公共文化服务的发展建设。根据财政部 2021 年统计数据[①]：我国在文化、旅游、体育与传媒领域的决算总支出为 3985.23 亿元，虽然相比 2020 年在文化旅游体育与传媒领域的决算总支出的 4245.58 亿元稍有下降，但在复杂的经济形势下国家财政依旧保持了对该领域的大力支持。具体到公共文化事业方面，2021 年中央财政安排公共文化服务体系建设相关资金 230.3 亿元，以保障公共文化服务落实，提高文化惠民工程的覆盖面和实效性。同时，2021 年新增地方政府专项债券累计发行 3.43 万亿元，占下达额度的 98%，资金全部用于党中央、国务院确

---

① 财政部．http：//yss. mof. gov. cn/2021zyjs/202207/t20220728_3830482. htm［EB/OL］．

定的重点领域,其中也包含文化旅游等社会事业。此外,地方政府在公共文化服务体系建设方面依然予以了较好的保障。

2. 公共文化服务水平初步回暖

2021 年国家公共文化服务体系建设呈现"回暖"趋势,公共文化基础设施建设规模有所扩大,公共文化服务供给和服务人次较去年有明显上升。根据《中华人民共和国文化和旅游部 2021 年文化和旅游发展统计公报》①统计显示,2021 年末,全国群众文化机构实际使用房屋建筑面积 4974.14 万平方米,比上年末增长 6.3%;业务用房面积 3538.32 万平方米,增长 4.4%。从机构数量上来看,2021 年末,全国共有群众文化机构 43531 个,比上年末减少 156 个。对比 2020 年与 2021 年公共文化服务产出水平来看,全年全国文化和旅游部门所属艺术表演团体共组织政府采购公益演出 13.34 万场,比上年下降 0.3%;观众 0.83 亿人次,下降 3.9%。全年公共图书馆实际持证读者 10313.93 万人,比上年增长 0.6%;总流通人次 74613.69 万,增长 37.8%;书刊文献外借 58730.15 万册次,增长 39.5%;外借人次 23809.24 万,增长 36.3%。全年共为读者举办各种活动 202568 次,比上年增长 34.4%;参加人次 11892.49 万,增长 28.2%。全年全国群众文化机构共组织开展各类文化活动 252.17 万场次,比上年增长 30.9%;服务人次 83289 万,增长 47.9%。2021 年末,全国群众文化机构共有馆办文艺团体 9533 个,全年演出 11.45 万场,观众 5983.52 万人次。总体而言,在疫情影响逐步减弱,防控常态化的大背景下,我国公共文化服务供给和参与水平都有明显回升。

3. 疫情倒逼公共文化机构数字化水平提升

受近三年新冠疫情的影响,公共文化服务机构已经逐步探索出线上和线下结合的新型服务模式。在疫情防控常态化举措下,数字公共文化服务能力和水平稳步提升,公共文化机构服务逐步转型,呈现更专业、更丰富、更有效的新形势。当前,全民艺术普及资源总库的数字资源量达 1258TB,全国智慧图书馆体系建设项目和公共文化云建设项目逐步展开。此外,近年来公共文化云智能服务端平台建设逐步完善,成为对接广大基层公共数字文化服务工作者以及社会公众的端口。地方各省市都在致力于开发自己的数字公共文化服务平台,硬件技术日臻成熟,部分地区的公共文化数字化建设已取得了较好成果。例如,成都的"公共文化数字化管理平台",浙江的公共文化智慧云系统"15 分钟品质文化生活圈",上海的"文化上海云"等。文化系统数字化生态圈及智慧管理系统的陆续成型,反映出我国公共文化服务模式向数字化转变的新趋势,开始从初步提供线上文化服务的雏形向更为成熟的公共文化数字化智慧服务体系转变。

---

① 《中华人民共和国文化和旅游部 2021 年文化和旅游发展统计公报》[EB/OL]. 中华人民共和国文化和旅游部 2020 年文化和旅游发展统计公报_部门政务_中国政府网, http://www.gov.cn/xinwen/2021-07/05/content_5622568.htm.

二、基于实验基地的国家公共文化政策效果检视与评价①

截至 2022 年 7 月，在国家文化和旅游部、财政部的支持下，武汉大学国家公共文化政策实验基地共有 102 家，涵盖我国东部、中部、西部、东北地区 9 个省份的公共图书馆、博物馆、文化馆（群艺馆）、演出团体、文化站、非物质文化遗产保护中心等各类文化主体，覆盖了省级、地市、县、乡镇各级各类公共文化机构。本报告主要以 2021—2022 年公共文化政策实验基地所含图书馆、博物馆、文化馆、文化站四类公共文化服务机构为重点观察对象进行政策评价分析。

（一）实验基地 2021 年度基本情况分析

通过对武汉大学公共文化实验基地 2021 年工作情况进行总结，并结合实验基地回收的 2021 年文化活动统计表数据进行分析，结果显示，2021 年实验基地各项工作稳步推进，公共文化服务场次和人次在疫情防控常态化背景下较 2020 年有所上升，公共文化服务创新形式更加多样，公共文化服务内容也更加丰富，公共文化服务逐渐向高质量转变。

1. 公共图书馆发展模式有所创新，服务产出指标明显增长

2021 年共回收 21 家公共图书馆数据。其中，省级场馆 6 家，市级场馆 8 家，县级场馆 7 家。根据数据收集实际情况分析，从投入指标看，2021 年省级公共图书馆财政拨款增加，上涨幅度为 13.9%，市、县级拨款均有所下降，降幅分别为 2.1 和 32.2%②；省市县三级图书馆从业人员数量均有所上升，涨幅分别为 1.9%、15.6% 和 11.3%；省市县三级图书馆的藏书量均有所上升，其中以县级图书馆上升最为明显，涨幅 12.8%。从产出指标来看，在疫情常态化防控以及公共文化数字化快速发展的大背景下，公共图书馆开放时间较 2020 年有所增加，服务人数上升明显，省级图书馆上升 56.5%，市级图书馆上升 11%，县级图书馆服务人次增加近 1 倍③。可见，对比部分场馆受 2020 年疫情影响，图书馆开放天数减少，读者数量下降幅度明显的状况，2021 年图书馆公共文化服务人次数量显著上升，文化服务效果有所提升（见表 1）。

2. 博物馆初步恢复常态化运营发展

截至 2021 年底共回收 13 家实验基地博物馆数据，其中省级馆 1 家，市级馆 7 家，县级馆 5 家。从投入指标来看，2021 年省级和县级博物馆的财政拨款均有上升，涨幅分别为 32.5% 和 11.9%；市级博物馆财政拨款有所下降，降幅为 11.4%；从业人员方面，省市县三级县级博物馆从业人员均有小幅上升，涨幅分别为 1.5%、8.4% 和 9.0%。在藏品

---

① 数据来源：2021—2022 年武汉大学公共文化政策研究实验基地统计数据及年度工作总结报告。

② 海安县图书馆因为 2020 年有建设新馆特殊财政拨款，所以对比降幅明显，此外秭归县图书馆、崇阳县图书馆等也有较明显的财政缩减。因此，县级图书馆降幅明显。

③ 服务人数的大幅上升原因是包含了线上服务人次的增长，因此较为明显。

表1　2020—2021年实验基地各级公共图书馆投入产出指标均值

分类	统计指标		2020	2021	总体增幅(%)
省级	投入指标	财政拨款(万元)	1103.5	1257.1	13.9
		从业人员数(人)	263.0	268.2	1.9
		藏书量(万册)	753.3	772.8	2.5
	产出指标	总流通人次(万人次)	108.6	170.4	56.9
市级	投入指标	财政拨款(万元)	1392.3①	1361.7	−2.1
		从业人员数(人)	45.4	52.5②	15.6
		藏书量(万册)	103.9	109.7	5.5
	产出指标	总流通人次(万人次)	26.3	29.2	11.0③
县级	投入指标	财政拨款(万元)	472.9	320.2	−32.2
		从业人员数(人)	15.9	18.5	16.3
		藏书量(万册)	23.5	26.5	12.8
	产出指标	总流通人次(万人次)	15.8	29.9④	89.2

数量上,省级和市级博物馆分别下降3%和10%,变化幅度不大。从产出指标上看,省级、市级、县级博物馆举办展览的次数均有明显上升,其中县级博物馆涨幅最大。从服务人次上来看,省市县三级博物馆均有不同程度的上升,涨幅分别为:49.8%、71.2%和1.5%。上述数据中不难发现,疫情常态化防控下,实验基地各级博物馆的服务时长和服务规模均有明显增加,也带来了文化服务产出的提升(见表2)。

表2　2020—2021年实验基地各级博物馆投入产出指标均值

分类	统计指标		2020	2021	总体增幅(%)
省级	投入指标	财政拨款(万元)	8591.03	11387.6	32.5
		从业人员数(人)	252	256	1.5
		藏品数(万件/套)	15.0	14.95	−0.3
	产出指标	举办展览次数(次)	9	13	44.4
		参观人次(万人次)	63.4	95.0	49.8

---

① 常州市图书馆财政拨款增长幅度大,因新增江苏省专项经费约1000万元用于建设"城市书房"。

② 武汉市图书馆从业人员上涨明显。

③ 2021年,疫情常态化防控背景下武汉市图书馆人数增加明显。

④ 其中海安县图书馆服务人次上升幅度大,因此总体上升幅度明显。

续表

分类		统计指标	2020	2021	总体增幅(%)
市级	投入指标	财政拨款(万元)	1869.3	1655.9	−11.4
		从业人员数(人)	61.2	66.4	8.4
		藏品数(万件套)	5.0	4.5	−10.0
	产出指标	举办展览次数(次)	6.3	7.1	12.7
		参观人次(万人次)	12.5	21.4	71.2
县级	投入指标	财政拨款(万元)	350.3①	392.0	11.9
		从业人员数(人)	20	21.8	9.0
		藏品数(万件/套)	0.22	0.3	36.3
	产出指标	举办展览次数(次)	5.2	8.6	65.4
		参观人次(万人次)	6.4	6.5	1.5

3. 文化馆的财政收入相对稳定，文化服务次数增加，文化参与人数增多

2021 年度共回收文化馆数据 16 家，其中省级场馆 5 家，市级场馆 4 家，县级场馆 7 家。从投入指标上看，2021 年间，省级文化馆财政拨款有小幅度下降，减少了 5.9%，市级、县级文化馆财政拨款依旧呈现上升态势，分别增长 10.7% 和 4.7%；从业人员方面，除县级文化馆下降 7.8% 外，省级、市级文化馆从业人员数量均有所上升，分别为 1.4% 以及 1.6%。从产出指标上来看，省级、市级、县级文化馆的服务次数均有明显上升，其中市级文化场馆上升幅度较大；文化服务人次均有上升，分别为 200%、1% 和 32.1%。总体来看，疫情恢复期，文化馆线下活动逐步恢复，文化次数和文化参与人数大幅增加(见表 3)。

表 3　2020—2021 年实验基地文化馆投入产出指标均值

分类		统计指标	2020	2021	增幅(%)
省级	投入指标	财政拨款(万元)	2656.3	2497.4	−5.9
		从业人员数(人)	71.4	72.4	1.4
	产出指标	文化服务次数(次)	298.4	306.2	2.6
		文化服务人次(万人次)	10.6	32.6	200.0

---

① 其中浠水县闻一多纪念馆因 2020 年有两次重大展出活动，政府拨款上升至 424 万元；东海县博物馆收疫情影响，财政拨款下降至 30 万元，下降幅度较大。

分类		统计指标	2020	2021	增幅(%)
市级	投入指标	财政拨款(万元)	1401.1	1551.1	10.7
		从业人员数(人)	48.5	49.3	1.6
	产出指标	文化服务次数(次)	151.5	507.5①	234.0
		文化服务人次(万人次)	119.3	120.6	1.0
县级	投入指标	财政拨款(万元)	538.0	536.8②	4.7
		从业人员数(人)	28.2	26.0	-7.8
	产出指标	文化服务次数(次)	119.6	137.0	14.5
		文化服务人次(万人次)	8.4	11.1	32.1

4. 乡镇综合文化站财政收入增加，服务人次小幅上升

乡镇综合文化站方面，2021 年度共回收 7 家文化站数据。根据实际提交的文化服务数据分析得出：在投入上，与 2020 年相比文化站财政拨款有明显增幅，约为 71.2%，从业人员数量没有明显变化。在产出上，实验基地文化站的服务次数小幅下滑，降幅为16.3%；但服务人次上升幅度明显，增幅为 80%。在 2021 年全国疫情防控常态化背景下，经济形势向好，国家依旧保持了对基层文化站的财政偏斜，同实验基地文化站整体的文化服务效能对比来看，财政拨款虽然没有带来文化服务次数的上升，但根据回收数据来看，基层文化站参与的人数上涨明显。这也一定程度反映出基层文化站文化服务活动质量的提升，文化服务模式的更新可以带来文化效能的提升(见表 4)。

表 4　2020—2021 年实验基地文化站投入产出指标均值

分类	统计指标	2020	2021	增幅(%)
投入指标	财政拨款(万元)	53.6	72.2	71.2
	从业人员数(人)	5.8	5.8	0.0
产出指标	文化服务次数(次)	53.8	45	-16.3
	文化服务人次(万人/次)	2.0	3.6	80.0

(二)各基地年度发展概况

新冠疫情常态化防控背景下，2021 年各公共文化机构业务逐步恢复常态，文化服务

---

① 青岛市文化馆 2021 年文化服务次数大幅上升(含线下活动)，因此整体上升也较为明显。

② 西安市鄠邑区文化馆财政拨款受经济环境影响，下降幅度大。

天数和人次也有一定程度回升，但部分地区场馆受到不可控的疫情影响，正常开放时间一定程度上受限。在近两年的公共文化服务转型探索中，各文化服务机构逐步完善应急措施，各方面的工作稳步推进。

第一，党建赋能公共文化服务发展。2021 年是建党一百周年，各公共文化服务机构纷纷围绕党建开展相关工作，并积极组织参与党史学习。其中，广西图书馆积极围绕建党百年主题，举行"永远跟党走"群众性主题宣传教育活动，广泛开展各类党史教育活动；定边县图书馆开展合影党旗庆党生、入党誓词铸忠魂等活动，参观九曲长廊、革命纪念馆、三五九旅等红色教育基地，为文化信息网输送多篇党建活动等各项工作的新闻报道；山东省文化馆扎实开展党史学习教育活动，持续推进"红心连"党建创新品牌建设，年内组织党员干部开展"冬春文化惠民"等文化志愿服务活动 30 余场；四川省文化馆举办庆祝中国共产党成立 100 周年"群星向党·翰墨铸魂——全国群众美术、书法、摄影主题联展"系列活动；灵川县图书馆新建"中国共产党百年历史展"，将党史学习教育和阅读推广结合起来，以展览形式引导广大读者全面了解建党百年的光辉历程和灵川县地方党史。

第二，创建文化品牌助力文化服务创新。在疫情得到有效控制后，各实验基地积极恢复常态开放，开展丰富多彩的文化活动，逐步形成了一批优秀文化活动品牌，在新的时代背景下逐步创新文化服务方式。其中，山东省文化馆重点打造"冬春文化惠民""相约消费季，百姓大舞台"等公共文化服务品牌，开展"六进"下基层演出 15 场，举办各类书画摄影展览 50 余场次；乐山市图书馆持续推进"图书馆+"品牌活动，全年共举办"三江讲坛""畅所艺言·青年之声大讲堂"等公益讲座 40 场，惠及读者 5000 余人；禹城市图书馆构建志愿服务体系，融合社会力量参与书香建设。基层文化机构中，北极镇文化站开展"文化惠民书香北极"读书活动，举办"红歌唱响北极，学党史助创城"红歌比赛。这些活动的开展体现了实验基地单位对公共文化服务高质量发展的实践响应。

第三，重视基层公共文化服务，助力公共文化服务均等化发展。禹城市图书馆以大学生为中坚力量构建志愿服务体系，有效利用寒暑假，广泛招募在校大学生积极参与到社会志愿服务中来，在保障免费开放的基础上，组织志愿服务团队走基层、下社区、延伸基层服务。广西图书馆发挥行业优势积极助力"乡村振兴"，发挥牵头后盾作用，选派党员干部驻守当地基层开展乡村振兴工作，开展实地调研、入户慰问以及文化和旅游志愿服务活动。在基层农家书屋的建设中，部分场馆也积极贡献自己的力量，定边县图书馆为当地农家书屋调拨配发设备，保障全县农家书屋正常有序运行，满足广大农村读者的需求。

第四，加快公共文化数字化进程，促进文化服务效率提升和服务领域拓展。2021 年，面对疫情影响下的新形势，实验基地各单位积极探索公共文化数字化道路，逐步提升公共文化数字化水平。山东省图书馆强化"智慧云平台"建设，提升数字化服务能力，其中山东"智慧图书馆云"实现升级，通过统一入口，为读者提供一站式数字服务，云平台年访问量超 220 万人次。此外，南京图书馆展开古籍数字化工作，以"江苏珍贵古籍数字资源集成"为基础，以南京图书馆 400 种清人文集为主要建设内容，统筹全省古籍收藏单位古籍数字资源，形成具有江苏地方文脉传承特点的数据库，项目拟于 2022 年底前完成建设并向社会免费开放。基层文化场馆同样也在努力推进文化数字化，例如浠水县文化馆通过各种现代新媒体形式开展公共文化服务，利用公众号和"数字化文化馆"等渠道开展全民艺术普及，通过线上服务，推进公共文化服务的普及，拓展数字文化服务新模式。

(三) 小结

根据 2021 年实验基地各单位提供的数据及工作总结，可得到初步结论：

第一，在我国疫情防控常态化背景下，全国公共文化服务机构相较于 2020 年绩效下滑的低迷形势呈现出效能回升趋势。从财政投入来看，2021 年实验基地各单位接受财政拨款大部分均有明显上升，根据国家公共文化高质量发展的政策要求，各级财政对基层文化场馆的支持力度并未明显减弱。从统计数据中可以看出，国家对基层文化机构的政策倾斜较为明显，尤其是一些基层公共文化机构，国家财政保障成为其效能提升的基础。疫情后基层公共文化服务模式也有了新的变化，虽然服务次数受多种原因影响有所下降，但惠及人数明显上升，文化服务绩效有所提升。以实验基地 10 家基层文化站为例，2021 年国家财政拨款上涨 72%，虽然部分文化站受到疫情影响文化服务次数有所下降，但整体的文化参与人数有明显上升。

第二，实验基地积极探索公共文化服务的转型发展和提质增效。面对疫情带来的运营时间缩短、服务供给不确定、服务内容打折扣等挑战，公共文化机构根据自身特点做出针对性调整，在服务渠道和模式方面进行了探索创新。在积极响应公共文化服务高质量发展的政策之下，多数公共文化服务机构开始向数字化服务模式转型，通过线上与线下结合的文化服务新模式，为当地民众提供更为丰富、便捷、有效的文化服务内容。

第三，实验基地数字化建设仍停留于初级阶段，更高层级的数字化探索仍然滞缓。按照当前数字化发展历程和趋势看，主要存在数字化转化、数字化服务、数字智能服务和元宇宙四个阶段。当前实验基地中大部分机构已经完成第一阶段的数字化转化，即将原有的各种传统资源转化为数字格式，实现存储等基本功能，随着数字化的不断推进，目前实验基地等公共文化机构正处于数字化发展的第二阶段，即初步实现服务和供给的数字化，即通过多媒体及互联网平台向公众提供相应的数字服务渠道和数字服务内容。如，南京市图书馆积极开展线上"南图讲座"活动，以"云"播放形式呈现，在南京图书馆官网、微信公众号、官方微博同步播放，推出"云讲座"；常州市图书馆 2021 年进一步完善了数字图书馆和移动图书馆，上架了"常图 AR""常图云借""常图小程序"等功能栏目。但不可否认的是，公共文化领域的数字化仍然落后于其他行业的数字化进程。目前其他行业尤其是商业消费领域已经进入数字化职能发展的第三阶段，即通过技术创新、数字计算、网络连通和运营模式向创新，实现精准推送和精准服务。在第四阶段，数字化将进入元宇宙发展阶段，赋予人虚拟身份和数字身份，实现虚拟现实的有机结合。但整体来看，目前我国公共文化机构的数字化发展仍然停留于第二阶段，滞缓于其他行业领域。

三、"十四五"时期我国公共文化服务体系高质量发展的政策建议

当前，我国公共文化服务体系建设呈现出蓬勃稳步发展态势，公共文化服务在保障人

民群众基本文化权益、推动文化治理体系和治理能力现代化、培育民族文化自信、助推文化强国建设等方面发挥着不可替代的作用。在《"十四五"公共文化服务体系建设规划》以及《关于推动公共文化服务高质量发展的意见》等相关政策的指导下，我国公共文化服务体系建设迎来更为全面系统的部署和安排，公共文化服务基础设施建设、公共文化服务标准化程度以及文化服务数字化水平均有显著优化趋势，公共文化服务体系创新、高质量发展进程加快。

（一）紧扣乡村振兴战略主题，推动公共文化服务城乡一体化发展

城乡公共文化服务的一体化发展是中国特色社会主义现代化建设进入新发展阶段的必然要求，对保障文化民生、助力乡村振兴具有重大的现实意义。近年来，国家出台了多个相关政策推动公共文化服务城乡一体化进程，文化和旅游部、国家发展改革委、财政部于2021年联合印发的《关于推动公共文化服务高质量发展的意见》将"加强城乡公共文化服务体系一体建设"作为主要原则，《国家基本公共服务标准（2021年版）》《"十四五"文化和旅游发展规划》和《"十四五"公共文化服务体系建设规划》也都明确提出"推进城乡公共文化服务一体建设"。高频出现的"城乡公共文化服务体系一体建设"，是"十四五"时期健全现代公共文化服务体系的新目标和新任务。

要推进城乡公共文化服务一体化建设：一方面，应继续完善基层公共文化服务网络建设，将公共文化设施建设纳入地方重点发展规划，进一步完善基层公共文化服务机构布局，完善公共文化服务设施设备建设，扩大基层文化服务的覆盖面与受益面。另一方面，既要注重服务"数量"，更要重视服务"质量"。基层公共文化服务体系的建设发展离不开文化机构服务形式与内容的创新，除了要立足本地区特点，打造适合基层、有特色、有品位的城乡公共文化空间之外，更要创新公共文化服务的载体形式，积极建设智能化、信息化的公共文化服务体系，提升基层公共文化服务的实效性。此外，还要推动重点推进基层文化人才培养，加大人才智力支持，充分发掘农村本土文化人才资源，畅通城市文化人才下乡通道，建立服务本土的公共文化服务建设人才体系。

（二）完善公共文化服务绩效评价机制，优化财政保障体系

公共文化服务的高质量发展离不开政策的引导和财政的支持，而这两者如何发挥最大效用，离不开绩效评价机制的完善。《"十四五"公共文化服务体系建设规划》特别指出，要探索建立健全基本公共文化服务绩效动态评价体系。公共文化服务体系绩效评价机制的优化是构建公共文化服务创新体系的关键环节，建立科学合理的基层公共文化服务工作的评价机制及指标体系，既能够有效评价基层公共文化机构服务实效，为相关工作提供决策依据，也可以作为完善国家财政支持机制的依据，更能激发基层公共文化服务利益相关者的积极性，促进公共文化服务水平的提升。建议：第一，要破除观念障碍，普及绩效评价的基本理念，消除基层文化单位对绩效评价的不当认知，建立良好的绩效评价氛围。第二，加强科学研究，围绕公共文化服务的公益性、便利性、均等性和基本性建立科学合理绩效评价指标体系和权重标准。第三，建立和完善绩效评价机制，改变传统的机构自评机制，引入第三方评价机构，同时建构中央、省、市、县、乡镇、农村分级分类评价机制。第四，强化绩效评价结果的使用，将其作为文化机构预算经费、文化机构负责人考核评价，以及各类文化类评优评奖的重要依据。

（三）推动公共文化服务社会化发展，提升公共文化服务供给能力

根据《关于推动公共文化服务高质量发展的意见》及《"十四五"公共文化服务体系建设规划》的政策要求，公共文化服务社会化发展是"十四五"时期公共文化服务体系创新发展的重要目标。当前，公共文化服务的社会化发展具有更为丰富的内涵，即要在充分发挥社会主体积极性和优势的前提下，围绕百姓需求提供更加丰富的文化内容，汇聚更多社会资源，更好地激发和提升公共文化服务的活力与效能，推动公共文化服务高质量发展。

强化社会主体在公共文化服务供给中的参与程度，充分发挥社会力量作用，是推动公共文化服务社会化发展的应有之意。政府作为公共文化建设的引导者，应当积极推动社会主体参与公共文化服务供给，进而推动公共文化服务的社会化发展。建议：第一，为社会力量参与公共文化服务营造良好的政策环境。出台社会力量参与公共文化服务的激励政策，加强对参与公共文化服务供给的社会力量的扶持；健全和完善公共文化供给准入机制，营造平等的准入环境，鼓励文化类社会力量同公共文化事业单位开展公平竞争，积极吸纳社会力量参与公共文化服务的运营。第二，培育和完善社会力量。通过推动企事业单位、社会团体、个人等组建基金会、文化协会、中介机构，壮大公共文化服务类社会组织的力量。通过重点培育文化志愿者、乡贤和文化能人、非营利文化组织等主体力量，形成多元社会力量共同发展的局面。第三，继续完善政府购买公共文化服务机制。完善政府采购的体制机制设计，针对政府购买流程中的招标文件、项目合同、资质审核等各环节建立完整清晰的实施规范，完善采购清单目录，加强采购监管，强化采购服务的绩效评价。第四，创新委托和共建项目管理体制与运行机制。政府在委托社会力量参与或与社会力量共建公共文化项目中，积极探索改革法人治理结构，吸收各方力量组建理事会，在业务发展、资金投向、人才队伍建设等重大事项上，推动和理事会与社会需求相对接，促进公共文化服务的社会化发展和规范化运作。

（四）全面推进公共数字文化创新发展，建立公共文化服务智慧服务体系

《"十四五"公共文化服务体系建设规划》提出"十四五"末，公共文化服务体系将力争实现数字化网络化智能化发展取得新突破，步入"升级换代"的发展新阶段。未来我国文化数字化发展的新定位在于通过降低公共文化服务参与成本，使人民群众更便捷地参与公共文化服务，同时依托公共文化智慧化运营、人机交互、虚拟现实、全息影像等信息技术，提供高品质公共文化服务产品，满足人民群众多样化公共文化服务需求。

基于当前我国公共文化机构数字化发展的阶段，数字化发展的基本建议是：第一，将数字化发展理念置于前端，推动公共文化机构数字化发展从第二阶段向第三阶段转型，通过技术创新、数字计算、网络联通实现智能化发展，实现文化数据算法模式的迭代升级，

同时，结合国家元宇宙发展趋势，积极探索公共文化机构在元宇宙中的服务方向和趋势，探索虚拟数字服务等新模式。第二，加强公共文化机构与数字技术领域的合作创新，在5G、VR(虚拟现实)、AR(增强现实)、区块链等前沿科技方面实现传统数字服务文化模式的迭代升级。第三，应继续完善公共文化数字化的基础设施建设，加快构建现代文化数字体系，利用宽带互联网、5G 移动互联网、广播电视传输覆盖网、卫星网络等手段，拓展数字服务能力。第四，在数字资源建设的过程中推动大数据管理体系建设，实现管理手段的智能化，将公共文化大数据资源转化为文化服务发展模式研判力、公共文化决策支撑力和公共文化服务流程优化能力。

理 论 篇

从观众到用户，"参与时代"博物馆的挑战与实践

于　淼①　陈伯蓝②

摘要：传统观念中，将到访博物馆参观的人统称为观众，以观众数量评价博物馆受欢迎程度。信息时代，科技改变了人类交流的方式，也转变了博物馆的实践模式，单向传授逐步被双向互动取代，观众升级为用户。2020 年以降，疫情对全球博物馆造成巨大冲击，面对资金不足、活动受限等困境，博物馆在寻求突破与转变，通过提升互动保持活力与吸引力，参与社会发展。本文以社会现状为背景，以博物馆内涵的发展为指导观照中国博物馆的不足，强调博物馆应将观众视为用户，后者是具有能动性的创造者。将满足用户的需求列入博物馆工作重点，通过与用户互动参与社会发展进程。这些源自 21 世纪的博物馆观念在中国博物馆行业的实践仍显落后，传统角色占主导的现状不利于未来发展。博物馆需要通过角色转变在数字时代赢得生存优势、增强适应性、保持吸引力。

关键词：博物馆；数字时代；用户参与；互动

一种普遍存在于博物馆行业的观念认为，免费敞开的大门、丰富的展览等同于优质的服务与美好的体验。然而，人们的文化需求随着社会的发展而增强，能否适应时代变化，保持竞争力与可持续发展成为评价博物馆的关键指标。很多成功经验证明，21 世纪的博物馆比以往拥有更强的能力服务社会，帮助人们建构美好生活。疫情让人类社会面对不确定性，冲击了博物馆事业的方方面面，导致博物馆"功能失调"。如何化危机为转机？全球博物馆界正在积极寻找解决方案。

2022 年 7 月，中国国家博物馆举行"第二届全球博物馆馆长论坛——变局与坚守，博物馆的时代责任"。于 2022 年 10 月举办的"NEMO"欧洲博物馆论坛的主题为"创新始于自身：变革时期更有韧性的博物馆"（Innovation begins within Resilient museum in times of disruption），围绕在变革的国际环境中博物馆如何应对危机、变得更有延伸性、创新如何成为博物馆运行的重要组成部分展开讨论。2022 年国际博物馆日的主题为"博物馆的力量"（The Power of Museums），以此为基础 2022 年 ICOM 年会的议题围绕：经济与环境的可持续发展；数字化与新科技；公民社会与社区建设；领导力和管理之话题展开讨论，以此为背景赋予博物馆新的定义。

---

①　于淼，传播学博士，副研究馆员。湖北省博物馆公共传播中心。主要研究方向为博物馆学、大众传播与公共考古。

②　陈伯蓝，网络技术与传播专业，湖北省博物馆公共传播中心。

参与社会发展是 21 世纪博物馆无法回避的问题。在实践层面的挑战可归结为来自社会变革的影响和博物馆传统角色面临的挑战。未来，博物馆需要持续关注这两个领域，通过对自身组织结构、运营方式和发展目标的改变，适应社会要求。固守传统必然失去竞争力，变革是如此紧迫！

一、社会环境与对博物馆的挑战与直接影响

社会发展对博物馆的直接挑战来自信息技术发展引起的传播方式转变。21 世纪关于个体技能的讨论中，包括获取与传播信息的能力、解决问题、创造力和跨学科合作的工作能力、适应性等。这些诉求打破了正式教育与非正式教育的边界，学习成为持续终身的目标。作为非正式教育机构，人们一方面对博物馆的期待已不限于满足好奇心、了解人类的过去，而是希望通过与博物馆的互动获得学习的资源与机会。另一方面，信息技术建构的社会网络让参与成为核心议题，为社交媒体、互联网百科、网课等提供多种路径。相比之下，在互动与参与成为主流的时代，文化机构提供的传统讲授方式被边缘化。如果博物馆不能与时俱进，将导致对自身的认知滞后于社会发展。

(一) 运营资金的直接影响

大英博物馆 2020—2021 年度（截至 2021 年 3 月）报告显示，疫情期间参观人数下降 97%，门票收入下降 93%，整体经营收入下降 97%。年度总开支为 7660 万英镑（2019—2020 年度为 1.097 亿英镑）。以上指标显示，在疫情期间大英博物馆收入锐减，开支仍保持着正常开时期的 2/3。该年度收到了 3900 万英镑的捐赠（2019/20 年度为 1770 万英镑），包括从个人、信托和基金会以及实物捐赠收到的捐赠和遗产①，帮助博物馆渡过难关。早在 1995 年，已有学者提出：博物馆在未来将无可避免地面对财政危机问题，必须调整自身应对这种挑战。筹集运营经费成为博物馆发展的动力，领导层被要求参与资金的各项竞争，通过出色的表现向赞助人证明博物馆的价值，创造更好的商业计划，以获得经费。②

疫情带来的经费不足导致一些博物馆需裁员甚至闭馆。"2020 年全球博物馆调查报告"对博物馆和工作人员目前的情况、预期经济影响、数字化与传播、博物馆安全与藏品保护等问题进行调查。结果见图 1 和图 2。

相比之下，依靠政府财政补贴的中国博物馆在疫情期间的运营经费并没有成为核心的挑战。然而，与西方博物馆多种资金渠道来源不同，中国博物馆界对财政补贴的高度依赖影响了博物馆功能的发挥。将经济功能作为公益性文化事业的发展目标，与文化功能形成相互促进的关系，已被多次提及但收效甚微。博物馆如何通过创造和参与，将文化资源转化为经济价值，核心在于与之适应的政策支持，需要博物馆进行组织结构调整。借鉴西方

---

① The British Museum Report and Accounts 2020-2021［EB/OL］. https：//www. gov. uk/government/publications/the-british-museum-annual-report-and-accounts-2020-to-2021.

② Will S. From Being About Something to Being for Somebody：The Ongoing Trans for mation of the American Museum［R］. Daedalus Vol. 128-3，1999：29-58.

世界博物馆的现状（2020年4月）

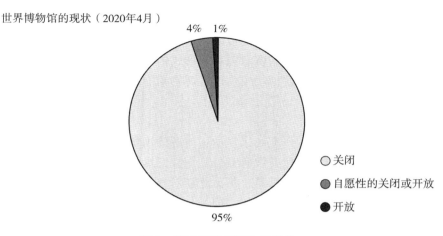

图1   2020年世界博物馆现状

资料来源：国际博物馆协会官网 ICOM

预期经济影响（2020年4月）

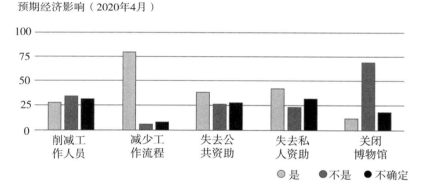

图2   2020年社会环境对博物馆的预期影响

资料来源：国际博物馆协会官网 ICOM

博物馆在特殊时期的解决方案，可以帮助中国博物馆发挥经济功能，早日实现不依赖财政拨款。

（二）变迁的博物馆功能与实现

2022年国际博物馆日主题"博物馆的力量"（The power of Museums），该主题旨在强调博物馆拥有影响人类世界的巨大潜力和强大能力，博物馆通过藏品和教育活动，为所有人提供终身学习的机会。作为无可比拟的发现之地，博物馆让我们了解自己的过去、敞开心扉接受新的文化与思想，这正是建设美好未来的关键。回顾历年国际博物馆日的主题，从1992年"博物馆与环境"到1999年"发现的快乐"，从2005年"博物馆——沟通文化的桥梁"，2013年"博物馆（记忆+创造力）＝社会变革"到2016年"博物馆与文化景观"。我们看到一个不断创新，功能更加全面，与社会发展共同脉动的博物馆。

21

从历年国际博物馆日主题可以看出博物馆的新功能被不断提出。博物馆需要更多证明自己是如何服务于公众文化权利；公开年度财务情况，证明自身存在的合理性以及对纳税人资金使用的合法性。一方面，博物馆的传统功能被不断增加的新功能挑战。另一方面，不断更新的媒体技术让大量的博物馆资源以数字形式传播。虚拟博物馆和虚拟参观的兴起是否会让人们觉得已无必要去参观博物馆？这是博物馆面临的另一个挑战。

（三）数字时代的生存能力

一项针对博物馆社交媒体的研究结果显示：博客的出现令博物馆创造、处理和交流知识的过程更加透明。然而，博物馆并没有充分利用社交媒体双向对话的便利，而是以使用传统媒体的态度使用博客传播基本信息，甚至存在对观众留言进行筛选的现象。[①] 互联网对博物馆的知识生产提出两个直接的挑战：（1）传统观念中，博物馆作为信息守门人和人类记忆保存与传播者的资源优势被互联网打破，今天人们不需要去参观博物馆也可获得这些信息。（2）关于权威知识在当代社会的功能，如果博物馆无法将自身资源参与社会发展，意味着传统功能占比很重（文物的研究、保护与展示），这种现状的持续会让博物馆与观众的距离越来越远。

博物馆近年来最显著的变化来自社交媒体的参与。很多博物馆和遗产空间允许摄影。然而，受传统观念的影响，文化艺术机构以专业的态度接受社交媒体的过程显得缓慢。特别是对于资源有限的中小型博物馆，它们以使用传统媒体的态度来使用新型社交媒体，形式大于内容的情况屡见不鲜。博物馆对社交媒体的使用意味着与新生代观众的联结与互动，互动的程度将直接影响博物馆的运营、收入与发展。一种理想的状态是将流行文化与传统的价值观联系在一起，邀请大众一起不仅仅是感受历史，而是以自己的方式对待历史。作为传统观念中展示高雅文化的"神圣空间"，历史类博物馆应更多融入了流行文化的规范，使年轻一代对他们可能认为没有吸引力的主题变得敏感，邀请大众贡献多样的视角活化历史。

二、中国博物馆行业的挑战

受到体制特征的直接影响，中国博物馆自 2008 年实施免费开放以来，历经多次政策调整，仍旧没有在实践层面与国际接轨。一种共识认为：旧有体制无法满足不断变化的博物馆功能需求。面对 21 世纪不断更迭的博物馆概念，缺乏国际对话能力来自发展水平的差异，其根本是体制不同。本文不致力深入讨论以上问题，而是聚焦于博物馆在实践层面存在的不足。建立在"缺少互动""安全第一""权威性"等旧有博物馆理念下的现状，可以归结为由功能定位引发的系列问题。

---

① Cecilia Lazzeretti. We hope you share your thoughts with us" the illusion of Engagement in Museum Blogging[J]. The International Journal of the Inclusive Museum, 2021, (14)1：11.

（一）想象的观众与模糊的数据

谈及中国博物馆现状，案例多来自资源丰富的大型博物馆，整体呈现向上发展的趋势（此处不展开讨论中小博物的困境）。那些大型博物馆无法解决基本问题，对整体状况同样具有代表性。了解受众是信息传播过程的前提，也是所有涉及传递信息领域的核心问题。在中国博物馆行业，在初始阶段长期存在这个十分重要的问题。有限的观众调查数据以人口统计学参数为主，对于展览效果的研究指标多停留在对设施、展览等满意度的简单调查，缺乏相互关联的内部影响因子的研究。这种现状导致"观众访问量"在评价展览效果时长期发挥关键作用。

博物馆参观在本质上是一种社会实践，是针对特定的社会文化背景和特定的社会关系而制定的行动和认知过程。对这些实践的研究，可以了解用户如何使用博物馆的各种功能，以及交流方式，以来自用户的观点指导博物馆实践。在西方博物馆界，早已将观众研究从参观数据的收集发展为关注博物馆社会实践的例证，包括：参观者如何与他人互动、使用博物馆的解释工具，与他们的同龄人进行社交，或在展览中作为群体进行操作，博物馆努力为用户的实践提供上下文的背景资料。[①]

博物馆通过物体、实物展示、文本框架与参观者对话，观众在感知层面作出回应。观众调查数据的缺失，导致博物馆的各项工作因为不了解观众的诉求，而无法作出回应。虽然许多博物馆专家认为参观是一种社会活动，但不被广泛认可的是，与博物馆相关的每一个行为都是在复杂、广泛、多样的文化矩阵中进行，这些文化矩阵由用户的社会实践创造，也包括用户的社会实践。引用心理学研究的观点：社会实践过程的本质是对话，最初是通过与更有经验的人互动，随后是通过或重新创造不同视角的内在对话。[②] 观众研究不仅是对于来到现场的人，也包括潜在观众的需求、态度和动机。博物馆主流观众的概念不应停留在那些教育程度高的文化爱好者，他们的参观数量整体呈现下降趋势，年轻群体观众应该得到更多的关注。

（二）"文旅融合"背景下博物馆功能滞后

博物馆与观众的互动是博物馆发挥各项功能的基础。互动来自英文的"Engagement"，从这个词的内涵可见一斑。比之从展览空间延伸到社会各个领域的广泛的联结与互动，"安全第一""社会教育"（顾名思义将所有人视为社会人的教育原则）、"陈列"（展览就是摆放）等，这些名称沿袭到20世纪50年代，中国博物馆创建伊始时的观念。彼时，博物馆以收藏、保护和展示为主要功能。在这种传统观念的引导下，从展示说明的写作方法到叙事框架，不考虑那些缺乏相关文化背景的大众可能"看不懂"的问题。整体看来，博物馆好像不需要努力争取观众，也没有提升吸引力的压力。它们对社会的参与方式就是举办展览和相关活动，很少参与社会事件。这种观念让博物馆停留在旧有功能中，显得刻板、

① Kevin Coffee. Audience research and the museum experience as social practice [J]. Museum Management and Curatorship, 2007(22)：377-389.

② Vygotsky L. S. Thought and Language[M]. Cambridge，MA：MIT Press，1986.

专业而权威。

然而，当文旅融合成为发展目标，博物馆的文化休闲功能被提出。文旅融合的目标是以博物馆作为文化旅游景点为基础，保护并展示人类记忆，增加了娱乐性，依旧是传统功能的延伸。如果缺少互动，缺少与当前社会发展现状的联系，终究是敞开大门，自导自演的博物馆陈列展示。在文旅融合的大背景下，博物馆实则面临同其他休闲和文化市场的竞争，并非仅仅获得更多的游客资源。文旅融合初期的热度过后，如果无法保持吸引力，博物馆将会逐渐失去观众的喜爱。早在20世纪90年代，美国博物馆专家John H. Falk 提出："博物馆带给公众的主要价值是增进个体在智力、社会和身体方面的幸福感"①。如果固守传统博物馆功能与价值观，意味着无法在信息时代生存。

(三)数字热潮的冷思考

"博物馆数字化"概念的提出促使传统上以实体展示为主的博物馆纷纷引进数字技术，特别在疫情之后，各类博物馆纷纷推出"在线展览"。观众打开智能手机即可"云游"。然而，这轮大规模的数字化进程效果如何？点击率是否可以作为传播效果的指标？一个不容忽视的事实是，这种具有"应景"特征的使用背后存在若干问题。首先，因为知识隔阂的存在，如制作数字资源的群体和博物馆专家之间的沟通不足，为了吸引眼球，出现了很多形式新颖内涵不足的数字化项目。其次，数字化不适合成为博物馆与观众之间的核心沟通方式。缺少对受众群体的研究与分化，意味着老年人和小学生用手机打开数字版《清明上河图》时，面对的是同样的内容。再次，"云观展"增加了青少年对数码设备的依赖，比之阅读文字内容，他们更愿意看短视频、浏览图片，玩游戏。

博物馆采取诸多手段，丰富藏品"打开方式"。为赢得点击率，一些博物馆尝试在支付宝生活频道开设账号与直播；馆长担任代言人，在线讲解镇馆之宝；中国国家博物馆与科技企业合作，牵头制作"手拉手全球博物馆珍藏展示"小程序；"大咖聊博物"；"了不起的文明现场——跟着一线考古队长穿越历史"；《我在故宫修文物》《如果国宝会说话》《国家宝藏》《唐宫夜宴》等博物馆IP"顶流"此起彼伏。这些丰富的"打开方式"旨在提升知识共享与公众参与。然而，在点击率之外，具体的传播效果如何？云游、文创IP、学术明星和超级大展，这些现象的出现展示了中国互联网使用的繁荣，不能代表中国博物馆事业的繁荣。过度关注互联网传播的博物馆是否应该考虑那些不能使用互联网的人群公平享有文化权利的机会？

合理的数字化需要博物馆专家、相关研究者充分考虑在特定的由时间、空间、物品与事件共同组成的展览叙事框架内，讲述丰富多彩的故事，如何提供具有可读性的信息，扩展实体展示空间，让文化的影响力走向更远。1989年国际博物馆协会海牙大会的中心议题"博物馆能否成为新文化的催化器而不仅是古老遗产的反射仪？"是博物馆对社会与公众关系最好的阐释。为了实现这一目标，我们需要权威、完整、普适性强的文化产品。数字化作为传播渠道，不是传播目标。

---

① John H Falk. Making the case for the value of museum experiences[J]. Museum Management and Curatorship, 1990, (ahead-of-print 2022): 1-16.

（四）学习资源——科普图书匮乏

一项对英国自然历史博物馆的研究结果表明，在学习的可能性层面，由学校组织来博物馆参观，和由专家去学校提供讲座的方式并没有优于学生与家人或朋友一起的参观的学习效果。与此同时，通过互联网资源进行学习的用户持续上涨。① 针对不同观众特点设计的各项教育活动是博物馆作为非正式教育机构的核心资源，让博物馆成为面向所有人的终生学习场所。关于教育活动的内容与设计，本文在此不展开讨论，主要针对科普图书的现状提出问题。

从博物馆出现到数字展览，图书始终是博物馆最权威的文化资源。从展览图册、学术研究成果到少儿读本，“便携”“通识”“权威”的科普图书是博物馆展示的延伸。世界著名的博物馆都拥有专业书店，图书的作者包括博物馆内的工作人员，从馆长到策展人，从教育专家到历史学家、艺术家均投身其中。很多博物馆拥有独立出版社，图书版权销售为博物馆带来丰厚利润。博物馆科普图书兼具趣味性、知识性与可读性，基于但不限于博物馆藏品，当包罗万象的博物馆遇见最广泛的观众群体，科普读物成为最受欢迎的文化载具。

纵观中国博物馆科普图书，整体呈现日益丰富的特点。最早以沈从文先生的《中国文物常识》《古人的文化》《中国古代服饰研究》等作品为代表，大量的作品出现在 2008 年博物馆免费开放政策以后。除展览图册类之外，博物馆优秀原创图书有《国家博物馆儿童历史百科绘本》《中学生博物馆之旅．古代中国》《探秘甲骨文之旅》《新物语》《考古中国——15 位考古学家说上下五千年》《何以中国》《博物馆里的中国》《了不起的文明现场》《博物馆与文化》《长江中游的史前时代》等。另一部分是对外国博物馆科普图书的版权引进与翻译。还有一类图书是由畅销书作者撰写博物馆商业图书，因蕴含商业价值，配备专业推广，往往成为销量最好者。

一个不容忽视的现象是，很多博物馆书店与文创商品融合（图书数量无法支撑书店），我们很容易看到这样的景象：价格昂贵的展览图册、考古报告等专业学术书籍、装帧设计乏善可陈的馆藏精品介绍、少量科普图书作为文创商品的“配角”。特别是外文版本图书的严重不足，影响了中华文化海外传播。国家文旅部的数据显示，截至 2021 年底，中国拥有博物馆 5772 家，文物保护与管理机构 2257 个，文博从业者超过 18 万人。相比之下，博物馆科普图书的种类与数量亟待提升。这种现状的产生与一个长期存在的认识误区有关，“科普”被视为教育工作者的任务，行业专家更多的关注学术领域，甚至认为写科普读物是“没有技术含量”的工作。对于那些创作过科普图书的作家而言，一本“深入浅出”的大家小书需要的时间与难度远远高于一本学术专著。改变这种现状需要整个社会对科普概念的再认知，将科普理念引入博物馆工作日常，借鉴行业成功经验，开展跨专业合作，提升博物馆文化产品的丰富度与影响力，也需要对博物馆传播效果进行深入研究，细分观众群体，鼓励科普创作。带着回头看得好奇心，将科普图书创作视为博物馆馆员、考古学家、学者共同的责任。

---

① Tamjid Mujtaba, Michael J. Reiss. Learning and engagement through natural history museums［J］. Studies in Science Education, 2018(54), 1: 41-42.

三、从观众到用户，博物馆在实践层面的应对方案

如果询问博物馆工作人员"你认为在未来几年中博物馆面临的最大挑战是什么"会得到怎样的答案？带着各种答案的可能性，我们需要思考一个严峻的问题：中国博物馆行业的很多展览、活动都是针对目前的文化需求或者是一种传统的观念而设计。社会的变革比我们能够思考的更快速，如果缺少对未来的规划，博物馆对现在的关注意味着某种程度的滞后。如疫情之前，数字化作为发展目标，而今天数字化成为博物馆传播的重要渠道。如果可以将社会的未来发展趋势植入博物馆发展目标，将会获得更多的主动权。

(一) 从观众到用户，提升互动性

从博物馆机构层面，互动(engagement)点亮了博物馆以用户为中心的动态功能，通过与使用者的多方面联结与互动，将有意义的观众参与作为博物馆工作的目标与成果，从专注于收藏的内向型机构转变为自信的外向型组织，对个人生活发挥积极的作用，在更广泛的层面贡献社会。① 将参观者视为用户，对于博物馆来说最重要的不是提高展览的规格与数量，而是获知观众的期待，通过各种活动满足这些期待。

在互动的视角下，观众是博物馆的"使用者"，是当代社会发展的积极参与者。他们可以为博物馆贡献发展资源，也拥有更多地交流与传播方式。相比之下，传统的博物馆理念将参观者视为"观众"，强调的是谁来到这里，看到了什么，他们可以在这里获得什么。这种逻辑中，观众实则是沉默而缺位的。在博物馆的展示与教育方面，馆长、策展人在自身专业领域更多地关注物品和事件。他们希望通过物品讲述有意义的故事，他们对物品的解释假设观众可以理解，或者可以通过引导而理解，而不是为激发他们的潜能而特别设计的内容。

"用户"概念的引入为博物馆重新赋能。让围绕收藏、保护与展示的博物馆升级为提供方式与方法，帮助人们激发创造力；帮助个体和社区成长，以新的和令人振奋的方式探索世界和与世界互动的机构。在这样的过程中，人们得以通过改变自己的生活而改变社会。引用 G. Black(2012)的归纳②将实践层面的互动具体化为 6 个等级的量表(见表 1)。关于博物馆与用户的互动方面，涉及两个核心目标：(1)博物馆需要提供资源，鼓励与支持用户的行为、持久关注和有意义的互动。(2)博物馆必须以直接的方式和外部团体合作，在互动的过程中获取自身的发展资源。Pitman 和 Hirzy(2011)归纳了如何提升博物馆藏品力量的 4 点解决方案③(见表 2)

---

① Graham Black. Transforming Museum in the 21 Century[M]. New York：Routledge，2012：10.

② Graham Black. Transforming Museum in the 21 Century[M]. New York，Routledge，2012：20.

③ Pitman B，Hirzy E. Ignite the Power of Art：Advancing Visitor Engagement in Museums[M]. New Haven CT：Yale University Press and Dallas Museum of Art，2011.

表 1　博物馆与观众互动的 **6** 级量表

等级	内　　容
1	向首次参观和多次参观的家庭与群体用户提供有意义、好玩的博物馆经验
2	聚焦将参观者发展为长期用户，有持续的博物馆参观习惯者
3	将用户视为积极的参与者、贡献者与合作者，一起学习，而不是一种被动的学习方式，来博物馆获得一些文化收获
4	建构博物馆与外部的联结
5	持续改变的博物馆目标与意义，与社会发展同步的
6	通过建构与用户的紧密联系，发展新的资源支持博物馆发展。

表 **2**　提升博物馆藏品力量的解决方案

等级	内　　容
1	创作各种资源让博物馆的用户与人类文化互动
2	刺激创造力与想象力
3	通过这种与文化互动的影响参与社会发展，回报社会
4	博物馆有责任帮助社区参与社会发展进程中的重要议题

（二）情感纽带与亲密关系，博物馆角色转变

20 世纪初期，John Cotton Dana 具有超前意识地提出了"实用"博物馆的概念，将其定义为"能够使城市受益的博物馆"①。他认为博物馆应该避免为了稀有和声望而收集物品，而应该专注于与当地相关的物品。今天，数字技术改变了博物馆的实践，用户通过各种方式积极寻求互惠对话。那些认为博物馆提供交流平台来分享藏品、发表研究成果和与参观者交流的观点已显得过时。互联网时代的用户期望那些超越传统的、模拟的博物馆实践模式。这些实践不仅仅是通过展柜中的物品，而更多的是通过与藏品有关的事件来进行。例如虎年展出与虎有关的文物，属于浅层次的参与。在妇女日展示与女权问题相关的主题与活动属于深度参与，后者展示了一个包含批判的视角。

传统"文化殿堂"的身份定位，将导致对历史的解读停留在基本的展示与阐释层面。而新博物馆学关注对物品进行展示与解释产生的后果，即展品服务于展览目标的达成，而展览目标的设计和实施以博物馆对社会现实的关照与参与为基础。以互动为核心，博物馆需要将自身的角色从传统的关注于表达权威的博物馆，向关注解释与表演的博物馆转变。借鉴中央电视台《国家宝藏》节目的成功经验，其取材传统文化，依托博物馆藏品和权威

---

① J Cotton Dana. A Plan for a New Museum, the Kind of Museum It Will Profit a City to Maintain[EB/OL]. Woodstock：Elm Tree，1920，http：//archive.org/details.

专家，遵循大众媒体中"情感纽带与亲密关系"范式。① 对博物馆和展品之间的关系增加娱乐维度(包括文化明星效应)，唤起观众的情感共鸣。该节目的成功联播，让传统以历史展示为主导的博物馆，变得充满活力。参与的博物馆拥有了"表演功能"在制定干预框架的情况下，通过解释方式，引入多种视角。在场景与空间的转换中，以表演打破展品和博物馆之间的固有关系。②

数字时代，信息泛滥。博物馆担当着"信息把关人"和"权威内容生产平台"双重角色。公众高涨的博物馆热情背后，并非是博物馆主动做了什么，而是被时代大潮裹挟之下的被动回应。无论主动还是被动，博物馆的精神内涵已从最初的古董柜、"看而不碰"的心态演变为提供教育、公众参与、建构美好生活。社会发展诉求定义了今日博物馆的功能：一个强大的、反思的、适应的、不断变化的机构，与社会同步。未来的博物馆会怎样，无法预测。

---

① Van Dijck，José. The Culture of Connectivity：A Critical History of Social Media[M]. New York：Oxford University Press，2013.

② Valerie Casey. Staging Meaning：Performance in the Modern Museum[J]. TDR，2005(49)，3：78-95.

基于乡村振兴背景下的乡村文化振兴实践路径探析

梁华丽①　　肖艳梅②　　潘世茂③

摘要：基于我国国情和现阶段全社会高质量发展的现实需要，党的十九大报告明确提出要实施乡村振兴战略。中国是一个农业大国，拥有厚重的乡土文化，村庄是乡土文化的重要载体。当文化成为衡量人民幸福指数的重要尺度，成为提高人民生活质量的关键因素，乡村文化振兴对于我们重构和复兴文化乡土、培育新时代乡风文明、提升现代农民精神风貌、为美丽乡村建设凝心聚魂，无疑具有十分重要的战略意义。本文以潜江市浩口镇乡土文化资源的挖掘保护与创新实践为例，探索思考乡村文化振兴实践的路径，并提出建设性的应对策略。

关键词：乡村振兴战略；乡村文化振兴实践；路径探析

中国正处于"两个一百年"奋斗目标的历史交汇期，在开启全面建设社会主义现代化国家新征程的当今，党中央提出实施乡村振兴这一国家战略，这是基于我国社会现阶段发展的实际需要而确定的，是中国特色社会主义建设进入新时代的客观要求。中国是一个有着悠久历史的农业国，中国社会是一个乡土社会，中国文化的本质是乡土文化，满足农村群众精神文化需求是乡村振兴要解决的核心问题，因此，实施乡村振兴战略就要把乡村文化振兴作为战略支点，只有重构和复兴我们的乡土文化，中华优秀传统文化才能得到传承和弘扬。

一、乡村振兴战略提出的背景及内涵

我国是一个拥有五千年文明史的农业大国，农耕文明的根基深深扎根于广袤的乡土，村落则是乡土文化的重要载体。改革开放 40 年来，我国经济社会发展水平已发生了质的飞跃，但农村问题日益凸显，农业农村发展状况越来越成为中国现代化发展的短板。这不仅表现在城乡差异、农村经济发展水平整体落后于城市等方面，更表现在随着改革大潮，

---

① 梁华丽，国家级非物质文化遗产项目"潜江民歌"市级代表性传承人，潜江市浩口镇综合文化站职工。

② 肖艳梅，国家级非物质文化遗产项目"潜江民歌"代表性传承人，潜江市浩口镇综合文化站文化工作精英。

③ 潘世茂，潜江市浩口镇综合文化站站长，副研究馆员，国家级社会体育指导员，国家公共文化实验基地浩口镇实验基地特约研究员。

大量农村劳动力向城市转移，农业产业经济出现明显衰退趋势，许多乡村出现了空巢村、老人村、留守儿童村和贫困村。这种现状导致大量传统文化资源的流失和农民精神文化需求的匮乏，由于人们对乡村文化价值认识的不足与偏差，乡村文化的空心化现象日益显现。中国农村人口占全国总人口的70%以上，农业农村问题关系到国民素质和经济发展，关系到社会稳定和国家富强，因此，解决好"三农"问题也就成为党和国家的大事。

基于我国农村发展现状，党的十九大报告明确提出"乡村振兴战略"20字方针："产业兴旺、生态宜居、乡风文明、治理有效、生活富裕。"习近平同志所作的党的十九大报告高度重视"三农"工作，强调农业农村农民问题是关系国计民生的根本性问题，必须始终把解决好"三农"问题作为全党工作的重中之重，提出坚持农业农村优先发展，实施乡村振兴战略。这是中共十九大作出的重大决策部署，是决战全面建成小康社会、全面建设社会主义现代化国家的重大历史任务，是加快农业农村现代化、提升亿万农民获得感和幸福感、巩固党在农村的执政基础和实现中华民族伟大复兴的必然要求，为新时代农业农村改革发展指明了方向、明确了重点。党中央提出乡村振兴战略，就是要从根本上解决目前我国农业不发达、农村不兴旺、农民不富裕的"三农"问题，并最终解决城乡发展不均衡的问题，解决农村人口流失、农产品供需、农业供给质量、农村基础设施、农村环境、农村党建弱化等一系列相关问题，真正实现农业发展、农村变样、农民受惠，早日建成"看得见山、望得见水、记得住乡愁"，留得住人的美丽乡村、美丽中国。

二、乡村文化振兴的时代意义

实施乡村振兴战略，是新时代解决我国"三农"问题的重大战略举措。乡村文化振兴是乡村振兴的精神架构和基础性工程，文化兴则乡村兴，文化强则农民强。要实现乡村振兴，文化振兴是重要抓手，只有复兴乡土文化，方能卓有成效地推动农村政治、经济、社会和生态全方位向前发展。换言之，没有乡村文化的自信作为，没有乡村文化的繁荣发展，就难以实现乡村振兴的伟大使命。

习近平总书记曾多次强调，文化是一个国家、一个民族的灵魂。文化兴国运兴，文化强民族强。没有高度的文化自信，没有文化的繁荣兴盛，就没有中华民族伟大复兴。乡村振兴战略的灵魂是文化复兴，五千年文明发展史在中华大地积淀了厚重的乡土文化，捍卫和保护这一方多彩斑斓的文化乡土是我们共同的责任，传承和弘扬中华民族乡土文化是我们的神圣使命。文化是一个民族的灵魂，是人民的精神家园，文化"乡愁"，是"魂"之所系、"魄"之所归、心之所向之地。

乡村振兴，文化先行。在中国特色社会主义新时代的语境下，实施乡村振兴战略，乡村文化的建设一马当先，乡村文化振兴不仅能为乡村振兴提供坚实保障和智力支持，其作为中华传统文明的精神传承，更能为经济全球化中的现代人群提供精神滋养，有利于培育文明乡风、良好家风、淳朴民风，改善农民精神风貌，为新农村建设凝心聚魂，具有十分重要的战略意义。

其一，乡村文化振兴是在弘扬中华优秀传统文化的前提下，重构中国数千年传承的乡土文化的战略举措。中国乡土文化创造并保存了世界上最有价值的农耕技术、农业遗产以及包罗万象的生产生活知识，还形成了一整套价值、情感、认知和趣味文化系统。振兴乡村文化就是要在还原乡村滋味的前提下充分激活乡村活力，让乡村文化在现代文明体系中找到自己的位置，得以复兴和重建。

其二，乡村文化振兴是提升农民文化素养和知识水平，重塑新时代农民形象的现实需要。广大农民是乡村振兴的受益主体和价值主体，培养新时代知识型、技能型、创新型农民队伍，就是为乡村振兴的可持续发展提供源源不断的文化支撑、人力支撑并最终形成强有力的精神动力。

其三，乡村文化振兴是实现乡风文明、生态宜居、治理有效目标的重要途径。只有立足于乡村本身的地域文化属性、家风民风村风传统和道德伦理习俗，尊重接地气的风土民情与民俗民风，契合现代精神诉求与文明发展风尚，才能构建起顺应时代发展的乡村生活共同体。

其四，乡村文化振兴是实现乡村经济发展、产业兴旺、生活富裕的动力之源。文化振兴是乡村振兴的根本，文化教育以开民智，文化促进产业兴农、引领村民致富、推动乡村治理，只有立足于乡村传统文化的视角，探索具有乡村特色、乡村属性、乡村风格的经济发展路径，才能释放乡村发展潜能，推动乡村的全面振兴和发展。

三、浩口镇乡土文化资源的挖掘保护与创新实践

浩口镇是潜江市西部边陲的口子镇，西距荆州古城 40 公里，国道、高速公路和高铁在此交汇。境内有楚文化遗址、三国古战场遗址、潜江明清古八景之一八仙桥、318 国道1111 路碑纪念石打卡地等历史文化景点。这片土地深受千年楚文化浸润，楚风楚俗浓郁，民间传统、民俗文化千姿百态，曾广泛流行于乡村大地，扎根在浩口的民间土壤。进入21 世纪以来，丰富多彩的乡村传统民俗文化日渐式微，个别比较坚挺的民间表演与技艺类"行当"也只是间歇性传承，呈现断代消亡的趋势。随着打工经济兴起，农村主体劳动力不断向城市转移，农村出现了不少空巢老人村、留守儿童村，传统文化呈现凋敝之势，农村文化荒芜与文化空心化现象日益严峻。

乡土乡景、乡音乡情、乡风乡俗，是中国乡土文化的根脉所在，是广大民众的乡魂所系。实施乡村文化振兴战略是重构中国乡土文化的重大举措，是延续和弘扬中华优秀传统文化的重大战略。近年来，浩口镇紧紧依托享有"全国先进文化站""湖北省最美文化站"之称的浩口镇综合文化站，从地方传统文化资源的挖掘整理入手，群策群力打好乡土文化牌，讲好浩口传统文化故事，积极探索并不断创新实践乡土文化复兴之路，让地方历史文化、传统民风民俗融入美丽乡村建设，回归百姓的日常生活，取得了一些可喜的成果，总结了一定的成功经验。

（一）田野调查，摸清家底

振兴乡村传统文化，首先要进行调查研究，做好摸清家底的工作。本文将"乡村传统文化"界定为那些散落在民间、打上了乡风民俗烙印、贴近农民生产生活与思想情感的民间习俗、故事、歌谣、戏曲、舞蹈、美术以及传统手工、技艺、绝活、乡土美食等，即主

要指地方非物质文化遗产。

浩口镇传统文化底蕴深厚，传统民俗民风活跃，非物质文化遗产资源丰富。据统计，共计5项国家级非遗项目、6项省级非遗项目、14项市级非遗项目在本镇均有分布和传承活动。近年来，浩口文化站牵头组织本镇乡土文化骨干组建了七人小组田野调查采集专班，根据本土民间文化的种类、数量、分布地域、生存环境、保护措施，按照不漏村、不漏项目、不漏艺人、不漏线索的要求，深入村组田间开展普查，并用文字、录音、照片、录像等多种方式进行记录、整理，建立全镇非物质文化遗产档案及数据库，收集了花鼓戏唱本80多册，民歌小调6册50余首，民间故事集5本，四胡小调60余首。对民间遗存的潜江民歌、高台舞狮、彩船龙舞、江汉皮影、麦秆画等传统文化项目进行了抢救性修复。此外，浩口传统美食具有鲜明地方特色和厚重的历史传承，浩口文化站先后挖掘出浩口年货、凹粑子、鳝鱼炒饭、鱼糕等乡土传统美食目录，并从文化层面上对乡村美食进行价值提升。经过前期的调查采集、挖掘和整理，浩口乡村传统文化资源框架体系基本建立起来。

（二）申报项目，创建基地

古老的西荆河缓缓穿镇流过，春秋战国古楚墓群、三国古战场遗址、潜江古八景之一八仙桥等则是这片土地上历史投射的古老文明遗迹。浩口古镇秉承楚风楚俗遗风，潜江民歌、高台舞狮、江汉平原皮影戏、麦秆画以及浩口绣花技艺、浩口年货、浩口鱼糕、凹粑子、鳝鱼炒饭、民间剪纸、十般家业（锣鼓）等文化项目具有鲜明的地域特色，历史久远，流传广泛。经过多年来深入的挖掘整理，市非遗保护中心相继在浩口挂牌成立了"潜江民歌""高台舞狮""江汉平原皮影戏""传统美食"等多个非遗传承传习基地。浩口三小成立了全市领先的非遗传承教育实践基地，让"潜江民歌""舞龙舞狮"和莲厢舞、太极等项目走进校园课堂，非遗保护意识在浩口已深入人心，乡村传统文化点燃了浩口百姓的热情，传统文化呈现出回归复兴之势，2018年，浩口镇斩获"中国民间文化艺术之乡"的美誉。

在基地建设方面，"潜江民歌传承基地"已成为全市国家级非遗名录"潜江民歌"传承传习的窗口，在集镇、校园、乡村得到广泛辐射，成为人民群众热情参与的重要阵地。一大批非遗资源相继跻身市级非遗项目名录，以此为载体，浩口镇还扶持了一批传统美食制作点，建起了多家农家乐，通过植入非遗标识，开展传统工艺展示活动，吸引人们参与互动，让游客观赏、品鉴工艺流程，零距离感受传统文化的魅力。

（三）开辟讲坛，活态传承

浩口文化站充分利用图书分馆阵地和平台，举办"乡土文化"大讲堂，将浩口的历史脉络、民风民俗、传统文化记忆、民间故事纳入讲堂，开展秧歌腰鼓、莲厢、彩船、龙狮、太极、书法、麦秆画、剪纸等非遗讲座，推动非遗文化的传承和普及。文化站还常年开办潜江民歌、民族器乐、高台舞狮、江汉皮影、传统手工艺等各类非遗项目培训班，让培训延伸进家庭、进校园、进社区，仅潜江民歌每年的培训人员便达800余人次，让浩口成为乡土民歌传唱的"窝子"。此外，浩口站深入开展校园传播，在浩口三小建立非遗文化教学传承基地，将高台舞狮、太极、舞龙、潜江民歌等各类非遗项目带进学校，开展非遗进校园活动，让孩子们切身体会到非遗文化的无穷魅力，形成了人人唱民歌、戏曲，讲民间故事的良好氛围，使民间传统文化在年轻一代身上得以传承和发扬，浩口三小潜江民歌进校园实践案例入选全国十大优秀实践案例。最后，文化站还出版了地方文学杂志《八仙桥》，开辟"非遗风采"专栏，广泛宣传推介浩口镇非遗文化成果。

（四）开展活动，打造品牌

乡村文化振兴，离不开地方群众性文化活动的开展。为顺应乡村振兴发展要求，文化站坚持以特色文化活动创树地方文化品牌，通过充满乡土味的文艺娱乐引领群众性文化活动的蓬勃开展，展示新时代农村农民精神风貌。现已连续组织举办了四届"民歌浩口"非遗成果展演、五届非遗文化拜大年春晚、两届"传统体育健康行"太极拳推广暨传统武术展演活动，每年利用传统节庆开展舞龙舞狮展演、"非遗传承人闹元宵"等活动，惠及群众 10 万余人次。

"唱响品牌，舞动群众"是浩口文化站举办群众性文化活动的特色所在。一年一度的"民歌浩口"展演活动是当地非遗文化盛会，吸引了全镇百姓热情参与，从三岁幼童到古稀老人都纷纷登台表演，演员阵容达三四百人，热闹非凡。乡村春晚是浩口文化站牵头组织开展的又一品牌文化活动，节目汇集专业和农民草根艺人的精彩创作，以传统乡风文化表演为主线，给一方百姓送上一道充满乡土气息和文化情怀的年味大餐。

（五）一村一品，激发活力

除了在中心集镇打响群众性活动品牌，浩口文化站还根据全镇村落历史发展脉络与聚落文化资源状况，集合镇里的文艺骨干、草根艺人，组成文艺小分队和文艺轻骑兵下村指导农民开展传统文化活动，打造一村一品，激发农民参与热情，活跃农村文化氛围。

在文化站的大力扶持下，浩口镇培养了一批村级文艺队伍，一村一品民间民俗文化活动得到较好的开展，广大农民朋友由被动到主动，参与意识逐年提高。浩口村的"潜江民歌"、宋场村的"高台舞狮"、永兴村的"江汉皮影"、柳州村的"荆州花鼓"、东河村的"传统舞龙"、庄场村的"乡村春晚"及清林禅寺的文化庙会等一村一品传统习俗活动，已成为浩口一些乡村颇具地域风情的文化符号。乡村文化品牌的建设与示范引领极大地调动了广大农民群众的积极性，丰富多彩的村级广场文化活动也如火如荼地开展起来，充满魅力的传统文化释放的是乡韵乡情，绽放的是乡村之美，随着传统民俗文化活动的重新回归，乡村正在成为广大农民群众有根、有魂、有梦的精神家园。

（六）陈列展示，融入旅游

为了大力复兴乡村优秀传统文化，使其成为美丽乡村建设的吸睛点，浩口镇文化站以全镇乡土传统文化资源为核心，依托文化站阵地空间，建立了乡镇一流的浩口文化遗产陈列馆。展馆分《梦泽浩口乡贤精英》《非遗浩口文泽天地》《古镇浩口历史印迹》《文化浩口精神家园》4 个篇章，通过图片、文字、实物、多媒体等多种展示手法，展示浩口历史、人文、物产与民俗风情。其中，非遗展示厅充分挖掘民间民俗文化资源，收集整理各类藏品百余件，集中展示乡土民歌、江汉皮影、民俗遗物、农耕文化、麦秆画、剪纸刺绣等地方非遗文化。浩口文化遗产陈列馆汇聚了当地人民记忆中的乡愁，并以图文并茂的陈列直接展示出来。浩口文化工作者的目的不仅是将其打造为传统文化的陈列馆，更希望将其建设为乡村旅游的打卡地。为此，浩口文化站依托图书分馆专门开辟了民俗文化体验馆，通过互动项目设计，吸引游客参与体验，共同组成一盘"乡村+文化+旅游"的组合式棋局。

四、乡村文化振兴实践的应对策略与思考

文化振兴是实现乡村振兴的思想基础和智力支撑，应当以社会主义核心价值观为引领，采取符合农村、农民特点的有效方式持续推进。换言之，实施乡村振兴，文化振兴不可或缺。文化既是凝聚社会力量的精神纽带，是推动发展的精神动力，又直接关系到民生福祉、关系到人的全面发展。没有文化大繁荣，就没有现代化强国；没有文化幸福感，就没有高品质生活。实施乡村振兴战略，复兴中华优秀传统文化，是新时代的必然选择，也是历史赋予我们的神圣使命。

(一) 乡村文化振兴，要结合地方风土人情，因地制宜

风土人情，是指一个地方特有的自然环境及其相沿而成的风俗、礼节、习惯等。作为农业文明的自然形态，我国的村落大多是历史形成的自然村落，村落文化的千姿百态，既有其地缘因素差异，又可能有宗族信仰之别。一些宗亲族群或者结庐而居的友好邻居抱团取暖，繁衍生息，久之则形成了乡村聚落。聚族而居的自然村经时间岁月的积淀，其独有的人文环境、风俗习尚以及宣泄情感的方式等，也就逐渐定型下来，所谓"一方水土养一方人"，说的就是这个道理。振兴乡村传统文化，不可一刀切，不可包办代替，必须在尊重乡村风土人情的前提下，取当地历史人文与民俗文化之遗珍，因地制宜、因村制宜、因人制宜，复兴传统文化，建构新时代农民文化，唤醒乡村精神回归。通过激活乡村自有的文化内涵，号召和鼓舞村民，形成现代农业农村文化的向心力、感召力和无形的约束力，让乡村传统文化在现代文明话语中找到自己的位置，实现科学的对接，精彩的绽放。

(二) 乡村文化振兴，要提升农民素质，满足农民需求

乡村振兴，农民是主体。为乡村谋振兴，为农民谋幸福，必须从尊重农民意愿、维护农民群众根本利益出发，提高广大农民的素质。农民是农村文化的建设主体，乡村文化振兴的关键就在于提高农民的文化素质，农民的文化素质提高了，自然会形成文明之风。要以社会主义核心价值观为引领，采取符合农村特点的有效方式，弘扬主旋律和社会正气，培育文明乡风、良好家风、淳朴民风，改善农民精神面貌，提高乡村社会文明程度，打造乡村文明新气象。可通过典型带动、榜样激励推动社会主义核心价值观进村入户，激发农民向上向善向美的精神向往，引导农民自我约束、自我管理、自我提高，使农民群众的社会责任意识、规则意识、集体意识、主人翁意识进一步增强。顺应乡村振兴、大力推进美丽乡村建设的时代潮流，要因地制宜，统筹协调，科学规划，取信于民，全面改善农村生产生活条件，建设宜人村居环境，解决农民后顾之忧，不断满足广大农民群众的精神文化需求，让农民的日子过得舒心快乐。只有从根本上解决了农民问题，满足了农民需求，才

能更好地提升人民群众的获得感和幸福感，从而让村民们乐享田园生活，乐享文化成果，引领村民在主动参与乡村文化生活的过程中自觉弘扬时代新风，释放积极健康向善向美的情感。

（三）乡村文化振兴，要大力改善农村文化基础设施，为农民文化生活提供便利

乡村振兴，完善农村公共服务设施要先行。乡村文化振兴，更要把农村文化基础设施建设放在首位，构建完善农村公共文化服务体系，不断提升农村公共文化服务效能和服务水平。在美丽乡村建设的大背景下，广大农村公共服务设施正在发生着很大的改变，考察现今潜江农村的状况，可以发现经过亮化美化的党群服务中心、农家书屋、便民服务厅、医疗卫生室、乡村文体广场、健身路径等，如雨后春笋般整齐划一地建立起来，为农民生活提供了诸多便利。但也应当看到，由于乡村公共文化服务资金保障差距较大，设施建设仍存在空白，部分活动空间有闲置现象，以致公共文化服务效能发挥不足。

农村文化基础设施，既要传承乡土文化，又要弘扬现代文明，所以还要强基础、补短板，让乡村提颜值、增内涵。在村居环境治理上，应考虑传承发展农耕文明，体现乡村特色风貌。要加大财政投入，把农村文化建设同乡村振兴战略和新型城镇化战略有效衔接起来，创新实施文化惠民工程如乡土文化传承传习基地、乡村大舞台、乡村文旅新业态等，引导优质文化资源和文化服务更多地向农村倾斜。还要深入研究如何完善管护机制，让农村基础设施建得好、护得好、用得久。文化设施是公共文化服务体系的基础，要统筹城乡文化协调发展，促进互联互通、共建共享，实现农村文化基础设施网络有效覆盖，促进基本公共文化服务标准化、均等化，提升服务效能，打通公共文化服务"最后一公里"。

（四）乡村文化振兴，要挖掘扶植乡村文化人才，培养文艺骨干

干事创业，起决定作用的还是人，人的因素是第一位的。农民是乡村振兴的主体，所以，振兴乡村文化，关键是让农民参与，让农民唱主角。加强农村文化服务队伍建设，提高农民的文化素质，发掘和培养乡土文化人才和文艺骨干力量是必不可少的工作环节。基层文化站要充分发挥组织、引领、示范和带动作用，地方各级文化工作者也要深入基层，扎根基层，组织开展辅导和培训活动，服务于民。要积极挖掘乡村文化能人、民间艺人、乡土艺术家参与乡土文化建设，依靠乡贤力量，培养扶植地方文艺骨干，服务地方建设发展。可通过培养乡村文化联络员、文化活动积极分子的方式，树立典型，武装农村文化活动带头人，每个村确立一名以上热爱文艺热心服务的村文化联络员，担任村级活动的号召人、指导者与组织者。要鼓励农民组建农村文艺队和民俗文化表演队，让农民自办文化。还可以吸收一批有文化并愿意扎根乡村的年轻人进入乡村文化管理队伍，建立人才培养机制，酌情解决他们的福利待遇问题，改善他们的生活和工作条件，增强农村自身的文化"造血"功能，激活乡村文化振兴的内生动力。

（五）乡村文化振兴，要组织开展乡土特色文化活动，丰富群众文化生活

有活动才有参与，乡村文化振兴，离不开文化活动的开展。农村文化活动不只是"送"文化下乡，也不是基层文化站包办，不是少数文艺骨干自娱自乐，而是要实现"文化

活动人人参与，文化成果人人共享"。人民需要文艺，文艺更需要人民。在满足人民精神文化需求方面，文艺发挥着特殊和重要的作用。农村文化活动的形式要丰富多彩，对准农民群众的"口味"，才能赢得老百姓的广泛参与。要多元开放农村文化活动阵地，开展诸如图书阅览、文化讲坛、文艺演出、诗词书画交流、民间技艺比武、科学种田讲座、娱乐健身、广场舞等多种类型的活动，丰富村民业余文化生活。要健全机制、搭建平台，推动"群众点单"和"政府买单"更好对接，鼓励社会力量积极参与，把"送"文化和"种"文化结合起来，让多姿多彩的群众性文化活动绽放出乡村文化的独特魅力。要支持乡村创建特色品牌活动，鼓励乡村打造一村一品，举办乡村"村晚"，开展非遗展演和民俗文化表演，让村民乐享文化成果。要进一步拓展"送文化下乡"特色文化品牌，组织各级文艺院团和文艺小分队定期到乡村开展文化惠民活动，持续培育乡村特色文化活动品牌。

（六）乡村文化振兴，可通过美丽乡村建设，配套跟进现代新型农村文化项目，以文促旅，发展乡村旅游

乡村振兴，文化是翘动发展的重要杠杆。可结合村情民情，深入挖掘农耕文化、民俗文化、生态文化，发展特色种植，通过建村史馆、农家乐和农家民宿等项目，营造美丽乡村文化氛围，以农耕文化体验、农业观光体验、农家风味体验，拓展乡村文化产业，打造美丽乡村文化样本，引导农村休闲旅游消费。只有激活历史人文、风俗民情、自然生态、土地和农产品等农村资源要素，让广大农户积极参与其中，才能吸引城里人来乡村休闲旅游、感受劳动、体验民宿、享受农家滋味，从而实现农村集体经济发展、集体资产增值和农民增收致富的多赢效应。

五、结语

乡村文化振兴，完善农村公共文化服务设施是基础，提升农村公共文化服务水平是动力，满足人民群众精神文化需求是核心。在开启全面建设社会主义现代化国家新征程、全面建成小康社会的时代感召下，在全面推进高质量发展的当今时代，人民改善生活品质的愿望更加强烈，享有更丰富、高品位文化生活的期盼日益高涨。可以说，文化已经成为衡量人民幸福指数的重要尺度，成为提高人民生活质量的关键因素。乡村振兴战略关系国计民生，关系两个一百年目标能否如期实现，更是党中央立足实际、着眼长远，深刻洞察历史社会发展脉络和国家发展需要作出的重大部署。要牢牢坚持以人民为中心的发展思想，坚持文化发展为了人民、文化发展依靠人民、文化发展成果由人民共享的文化兴村理念，着力增进人民文化福祉，让现代美丽乡村建设汇入美丽中国高歌猛进的时代交响。

文化馆高质量发展的人工智能应用研究

刘 平①

摘要： 随着我国经济社会快速发展以及公共文化行业的专业化细分，近年来文化馆服务面临着前所未有的挑战，如何解决文化馆暴露出的矛盾问题，如何提供更高质量、更具吸引力的服务，是文化馆人在各种场合谈及最多的话题。本文汇集了近年来文化馆谈及较多的问题、从观察者角度看到了一些逐步改变的做法，并分析了利用人工智能助力文化馆高质量发展的可行性。

关键词： 文化馆；数字化；人工智能；高质量发展

一、前言

中华人民共和国成立之初，各地基层的公共文化服务主要依托于文化馆开展，随着社会经济发展，我国的公共文化事业逐步向着高质量、专业型的方向发展，阅读服务转移到了图书馆，美术作品鉴赏转移到了美术馆，文物收藏和展览展示服务转移到了博物馆，舞台艺术包括舞蹈、戏曲、戏剧等转移到了专业院团，非物质文化遗产相关服务也正在向着非物质文化遗产中心转移，可以说文化馆行业的发展历程，是一个逐步将专业化的服务剥离的过程，剩下的公共文化服务，尽管还保留着相当的艺术成分，但是对于当代年轻人来说，印象中只剩下了广场舞、大合唱等退休人员集合聚会的场所，很少走进文化馆甚至不清楚文化馆具体可以提供哪些服务。可以说，我国很多的中青年特别是经济发达地区、中心城市中的年轻一代，被各领域的专业服务机构所吸引，被市场化的全民艺术服务机构所影响，文化馆服务在他们心中缺乏吸引力。如何扭转这样的公众形象，是文化馆人始终在心底思考的问题。

二、近年来文化馆发展中值得注意的问题

作为传统的公共服务行业，文化馆在适应现时代服务工作发展方面，存在着不少问题，有不少深层次的矛盾需要行业智慧来努力克服和改进。从这些年看到、听到和感受到的一些情况上看，文化馆行业近年来反映比较突出，值得注意的一些问题主要集中于以下

---

① 刘平，文化和旅游部全国公共文化发展中心工作人员，研究方向为公共文化创新服务。

几个方面：

（一）政策理论问题

近年来，公共文化服务受到党中央、国务院的高度重视，形成了一系列推动公共文化服务体系建设的政策文件，《公共文化服务保障法》的实施，也为公共文化服务工作奠定了坚实的基础。然而，在落实相关政策具体研究如何开展服务时，不少基层服务单位发现很难将政策中原则性的鼓励和支持，转化为可操作的措施和手段。政策文件的权威解读往往只限于文件印发的有限时间段，之后针对政策的实施细则往往跟进不到位，再加上文化馆领域的政策理论研究基础本就薄弱，研究氛围不浓，导致可供研究参考的资料比较稀缺，于是各地在具体开展服务时往往政策和理论依据不充分、不清晰，碰到一件事情，往往放不开手脚，或者一拍脑袋大干快上。

（二）内容供给问题

目前文化馆所提供的内容服务，主要为全民艺术普及活动，常项服务包括但不限于展览、讲座、影视、阅览、培训、游艺、体验、场地空间等，在满足公民精神文化需求方面发挥了重要的作用。与此同时，文化馆的很多同志也注意到，当前服务在内容供给方面存在一些问题，如：文化馆开展传统业务时，服务时间和内容对于在职人员来说缺乏亲和，年轻人因上学、上班等条件制约，难以在文化馆每日的主要开放时间享受到服务；传统服务内容主题相对单薄，覆盖面有限；数字化内容在总量上还有待丰富；文化活动内容形态单一，缺乏新意、精品较少；服务较为基本，与群众的需求还有差距，特别是对于习惯于购买社会化文化产品的青年人来说，缺乏吸引力，等等。这些问题，长期困扰着文化馆。长此以往，不但降低了用户的进馆率，也真实地影响着文化馆人的服务自信。

（三）服务管理问题

文化馆在服务管理方面的发展，与构建现代公共文化服务体系的要求还存在着不少差距。结构上，不少文化馆的主要供给和服务方式是自产自销，并没有在公众获取文化服务的主渠道中占有足够的比例。城乡失衡、文化发展不平衡现象较为明显，服务公众覆盖面还有待扩大。观念上，传统思维模式和相对保守的发展理念在很大程度上抑制着文化馆服务能力的提升，服务中重建轻管等问题屡见不鲜，缺乏互联网服务意识、缺少用户思维也极大地限制了文化馆的服务影响力。特别是近年来文化馆在开展本身不熟悉的数字化服务时，出于对社会力量偏离公益轨道和主流价值方向的担心，准入、评估、监督等方面层层加强控制力，无法做到真正按照市场机制运营传统的文化服务。种种限制，导致服务宣传不到位，数字文化服务平台运营推广能力不足，缺少吸引粉丝的有效办法，缺少针对用户需求策划开展网络文化活动方面的精准性。在效果上，服务吸引力不够，公民参与度不够高，所构筑的与公众的服务界面的社会影响力比较有限。

（四）业务保障问题

业务开展的保障问题也是近年来始终困扰文化馆人的问题。文化馆属于公益性事业单位，依据公共文化保障法，业务经费应由政府提供保障。由于各地经济社会发展不一，对公益性文化活动认识不一，不同地区所提供的保障程度参差不齐，不少文化馆业务经费十分有限，人才留不住、只能保障最基本的活动服务，数字化探索在等、靠、要中产生和发展。推行国际上通常采取的政府补贴、捐赠赞助、基金收入等多渠道维持运营的方式困难重重。单纯依靠专职文化工作者队伍难以适应现代公共文化服务工作开展的情况，目前仅有部分城市有条件探索志愿者服务来尝试解决，人员问题始终都是困扰文化馆服务提升的核心问题。

以上问题，公共文化管理机构应高度重视，尽可能在有限的条件下发挥智慧，探索缓解、解决有关问题，提升文化馆事业活动，向着人民满意的方向发展。

三、近年来我国推动文化馆行业改革发展的重要举措

笔者观察，这些年特别是"十三五"期间，公共文化服务在文化馆事业重点在四个方面进行突破。一是加强体制机制改革，从管理上进行突破。二是加大服务供给力度，从结构上改善文化馆发展动力。三是转变发展思路，改善服务方法和手段。四是引入社会力量，引导人才队伍良性发展。

(一) 推动体制机制建设

"十三五"期间，文化馆加速机制体制改革，明确由文化和旅游部全国公共文化发展中心(以下简称"发展中心")"组织推进全国文化馆(站)数字化建设""组织开展全国性群众文化活动，推动全民艺术普及工作，协调推进文化馆行业建设""整合利用全国群众文化活动资源"以及"承担中国文化馆协会和中国群众文化学会日常工作"，有效改善了我国因尚无国家级文化馆而行业统筹推动不足的情况。至 2021 年，在发展中心的推动下，文化馆行业已形成包括音乐创作委员会、广场舞委员会等在内共计 13 个行业专业委员会，促成了国家级行业期刊的出版发行，与高校科研院所紧密合作，推动文化馆专业教育进入高等院校等，为加强行业的基础理论研究、构筑丰富的理论和研究体系、推动业务提质增效打下了重要基础。在从第四次全国文化馆评估开始，在评估标准上按照《中华人民共和国公共文化服务保障法》《关于推动公共文化服务高质量发展的意见》等法律法规和文件精神，逐步引入了更多维度、更加科学的绩效指标体系，推动各地文化馆，实事求是、因地制宜地改革发展，为各地文化馆业务提质增效奠定了良好的工作基础和体制机制保障。

(二) 加大数字化投入

党的十八大以来，围绕我国的数字创新领域，习近平同志发布了一系列重要讲话，从全球视野和本国发展的具体实践出发，深刻阐述了数字创新的战略价值、发展目标、实施路径，针对新时代下数字创新面临的重大问题和挑战，给出了切实可行的解决思路和办法，是习近平新时代中国特色社会主义理论体系的重要组成部分。公共文化领域的数字化发展，将深刻影响到文化服务的表现力、感染力、影响力，是驱动文化馆事业发展的强力引擎。按照公共文化服务供给侧改革的整体部署，文化和旅游部加大针对文化馆行业的数

字化投入,从国家公共文化数字支撑平台到国家公共文化云,从边疆万里数字文化长廊、中西部贫困地区数字文化提档升级到数字文化馆建设,通过一系列项目建设,中央财政累计投入超过 10 亿元,形成了一批能够面向百姓服务的具有行业特色资源供给的公众服务平台,有效提升了文化馆行业数字化服务的基础,扩大了全民艺术普及服务的覆盖面,实现了"十三五"时期公共文化服务均等化的既定目标。

(三)开展数字化品牌建设

近年来,具有远见卓识的文化馆人开始拥抱互联网,并将互联网思维视为提升服务效能、改进服务方式的重要途径。部分文化馆开始强调品牌建设,从重视优质资源建设、策划、选题、后期编辑以及用户思维评判公众服务做起,以移动互联网的视角和"运营"的思维,策划开展线上线下结合的文化活动和文艺辅导培训,打破传统模式束缚,逐步打造本地具有影响力的文化品牌,取得了良好的效果。这些文化馆普遍强调利用高新技术、新平台优势,强调服务不仅仅是数字化部门事情的整体管理,强调文化社群运营,强调文化活动的交流、分享和个性化推荐,强调业务服务供给的有效性,强调可持续发展。先进的理念和执着的精神,让不少文化馆在数字化浪潮中脱颖而出,逐步占据了当地公共文化服务的主动权,也让公众在享受服务的同时记住了文化馆的服务品牌。

(四)引入社会力量

现代社会中公众对于文化馆服务的需求逐渐呈现出多元化、复杂化的趋势,政府在组织各级文化馆开展公众服务时,受到资金、技术、人才、机制、意识形态等生产要素制约,提供的服务难以面面俱到。2015 年国务院办公厅转发文化和旅游部《关于做好政府向社会力量购买公文化服务工作意见的通知》,明确可以运用政府和社会资本合作模式(即 PPP 模式),引入社会力量参与公共数字文化服务平台建设与运营、数字化资源建设与服务、数字文化服务专用设备与空间建设等,为公文化服务提供了新的发展方向和总体设想。通过社会化合作,一方面可以更多更好地针对细分用户人群的特点,促进文化内容资源的发展完善。另一方面,也可以帮助公共文化机构管理数字文化内容对公众的输出,形成符合新时代中国特色社会主义核心价值观的正向文化供给。《公共文化保障法》规定了各级人民政府应当建立有公众参与的公共文化设施使用效能考核评价制度,为进一步创新管理机制,增强公共文化服务的适用性,部分地区在公共数字文化服务方面,适当引入了公众评价和第三方专业机构评价机制,尝试打破传统体制壁垒,提升公共文化服务体系对公民多样文化需求的应变能力,在一定程度上激发了专业管理人才、文化艺术人才的工作积极性,从而利用社会力量更好地推动公共数字文化服务高质量发展。

总的来说,近年来,公共文化服务对文化馆事业进行了重点扶植,通过一系列工作举措和项目建设,加速推动行业发展。数字化成为改善形象、提升服务能力的突破口。

四、人工智能技术在文化馆未来业务发展的应用方向

以上工作取得了良好的效果,文化馆行业在一定程度上得到了提升,更多公民了解了

文化馆、走进了文化馆。然而，正如十九大报告所指出的当前我国的主要矛盾是"人民日益增长的美好生活需要与不平衡不充分的发展之间的矛盾"，文化馆行业与公众的期待还存在着不小距离，同社会化服务相比还存在着不小差距，服务能力还有很大的可提升空间。2021 年发改委、财政部、文旅部联合印发《关于推动公共文化服务高质量发展的意见》，明确了今后公共文化服务的发展方向，也为过去公共文化服务只是"保基本"的概念进行了解绑，今后文化馆可以探索一些更有效率，更为公众所喜闻乐见的文化服务方式来开展服务。在此，笔者认为人工智能技术也可以成为今后可用于服务公众的众多方法和工具之一。

（一）人工智能是信息社会发展的要求所向

剥离复杂而严谨的定义，简单地说，人工智能就是用机器来模仿人类学习以及其他方面的智能，其研究工作始于 20 世纪 40 年代，这一时期主要是利用布尔代数为工具，实现了包括代数机器定理证明等机器推理决策系统。之后，基于人工规则的专家系统出现，比如故障诊断系统等，主要由知识库、推理机和交互界面构成，打开了知识工程的新研究领域。随着大数据技术的出现，数据驱动的新一代人工智能成为可能，尤其是反向传播算法和卷积网络等一系列新技术的发明和利用，让神经网络研究取得重要突破，现今的人工智能进入到大数据驱动的深度学习时期，正处于从感知智能到认知智能以及决策智能的新的发展阶段。

从社会发展方向上看，人工智能以其跨学科、跨技术领域的交叉性和专业性特点和优势，越来越多地在智能制造、智慧医疗、智慧城市等领域不断扩大其应用范围，逐渐成为政府在社会治理方面的重要工具和有力抓手。目前，在边界清晰、规则明确、任务规范的特定应用场景下，人工智能已经初步显现出卓有成效的应用。可以预见，未来人工智能的发展，将逐步从专用服务、人机共存向更大范围、更多场景的通用人工智能转变，各行各业对于人工智能的需求和应用也将越来越普遍。

（二）人工智能技术在文化馆行业有广阔的落地空间

文化馆行业在我国公共文化服务中发挥着重要作用，近年来随着我国经济社会的发展，文化馆行业得到了国家更大力度的扶持，利用数字化的契机，在平台、渠道、资源和服务等方面都取得了长足的进展，建成一批内容丰富、品质良好的公共数字文化资源，公共文化云平台得到初步应用，底层数据有了初步积累，为应用人工智能技术奠定了基础环境。

人工智能与文化馆的融合，不仅能提高行业发展的效率，更可以促进形成新业态，催生新的经济社会发展动力。文化馆行业，特别是直接面向公众服务的广大基层文化馆（站），利用人工智能可以在多种场景中发挥作用，包括：逐步建立起以数据为驱动逻辑的融合决策智能的现代社会科学管理思想，以人工智能优化工作流程，减少人工服务，提升服务效能；发挥人工智能在图像识别、音频识别等内容识别领域的优势，把关意识形态关键内容，减少人工审核压力；用算法精准识别用户，提升公众获取有用服务的效能和满意度；评估社会化合作服务效益，以数据指标引导社会化合作逐步开放和深入等。可以预见，文化馆(站)服务于百姓日常文化生活的职能，将为人工智能提供广阔的价值发挥空间，而人工智能的应用也将为公共数字文化服务效能提升发挥推动作用。

(三) 人工智能助推文化馆行业发展变革

通过一项技术的落地，可以以点代面，带动一套管理体系的变革。人工智能在文化馆行业的落地应用，可以从技术角度进一步撬动行业内机制体制进一步完善，通过逐步建立以数据为驱动逻辑的管理思想，可以有效推动文化馆行业基础理论、应用理论的建设和发展，为数字文化馆、数字文化虚拟人等的建设提供基石。通过人工智能，可以推动建立内容和服务的用户驱动体系和评价标准体系，实现利用算法精准识别用户，以及自动聚类更为精细的用户画像，真正实现服务的千人千面，进而从技术体系上提升公众获取有用服务的效能。同时，改善供给模式单一、服务能力和效果深度不够的问题，逐步将以供给侧为服务核心的模式，转变为供给—需求双向互动、良性循环的平衡型服务模式，让文化馆真正具有社会服务竞争力，真正在社会化服务过程中，占有公众享受文化服务主渠道的一席之地。

五、结语

随着科技的发展，社会的进步，人工智能时代已经来临，越来越多的应用场景让公民享受到了科技发展带来的红利。公共文化服务，在理念上要面向未来，关注人工智能的发展，拥抱可以服务于公众的有效技术方法，为公共文化服务的深化改进、提升和高质量发展增加更多可能的助力。

◎ **参考文献**

[1]李国新. 文化馆发展十一讲[M]. 北京：国家图书馆出版社，2021：227.

[2]李宏，魏大威. 文化馆蓝皮书 新时代文化馆创新发展(2017—2018)[M]. 北京：国家图书馆出版社，2019：293.

[3]李宏，李国新. 文化馆蓝皮书——中国文化馆全民艺术普及发展报告(2015—2016)[M]. 北京：人民日报出版社，2017：295.

[4]罗云川. 从数字化走向网络化与智能化，寓普及性于交互性与独特性——"十四五"文化馆数字化建设与服务的若干思考[J]. 中国文化馆，2021(1)：12-19.

[5]马文，王维波. 新时代北京市文化馆理论研究成果汇编(2019)[M]. 北京：光明日报出版社，2020：431.

[6]徐延章. AI赋能：乡村振兴背景下县级融媒体智慧服务设计策略[J]. 电视研究，2021(9)：63-66.

[7]丁珂. 人工智能对人类前途和命运的影响及对策研究[D]. 桂林：广西师范大学，2020.

[8]王世伟. 人工智能与图书馆的服务重塑[J]. 图书与情报，2017(6)：6-18.

[9]周梓博，任书琪，齐恒嘉. 未来人工智能与中国经济发展的探究[J]. 中国集体经济，2022(8)：12-15.

乡村振兴背景下农村公共文化现状、问题和对策探析

唐健春①

摘要：农村公共文化建设是弘扬社会主义核心价值观的有效载体，是传播先进文化的重要力量，是打通公共文化服务"最后一公里"的攻坚阵地。文化繁荣助力乡村振兴的重要作用是不言而喻的。然而，当下农村公共文化建设与整个农村社会需求还不匹配、不协调，政策红利发挥不足，运行机制整体不畅，是公共文化服务体系建设中最薄弱环节，由于历史欠账多，资源配置存在难点，农村公共文化作用弱化对乡村振兴带来一些制约因素。总体上看，农村公共文化建设还面临诸多困难，需要采取切实有效措施，加大建设力度，为推动乡村振兴战略有效实施提供精神动能。本文从当前农村公共文化现状出发，提炼总结公共文化建设中存在的问题，并针对性提出相应对策。

关键词：农村文化；公共文化建设；公共服务；乡村振兴

一、农村公共文化重要性日趋突出

实施乡村振兴战略，是习近平总书记 2017 年 10 月 18 日在中共十九大报告中提出的重大战略，是决战全面建成小康社会、全面建设社会主义现代化国家的重大历史任务。乡村振兴中组织、产业、人才、文化、生态五个振兴，是促进乡村振兴的五个抓手和着力方位。2021 年 3 月，中共中央、国务院发布了《关于实现巩固拓展脱贫攻坚成果同乡村振兴有效衔接的意见》，乡村振兴战略坚持农业农村优先发展，按照产业兴旺、生态宜居、乡风文明、治理有效、生活富裕的总要求，建立健全城乡融合发展体制机制和政策体系，加快推进农业农村现代化。2021 年 6 月 1 日，《中华人民共和国乡村振兴促进法》颁布实施，对促进农村文化繁荣提供了法律遵循。国家"十四五"公共文化服务体系建设规划中提出展望 2035 年的公共文化服务体系建设目标。为乡村振兴绘制了宏伟蓝图，明确了发展方向，凸显农村文化发展对实现中华民族伟大复兴的战略定位。

(一) 乡村是民族民间文化的生态屏障

作为传统农耕文明的诞生地，中华民族流淌着对土地的信仰和生命眷顾的血脉，虽历

---

① 唐健春，研究馆员，四川省文化馆副书记、副馆长，四川省文化和旅游厅专家组成员，中国戏剧家协会会员，四川省戏剧家协会理事，四川省群众文化学会副会长。

尽苦难而坚忍守护，千百年来，世代传承，生生不息。乡村作为人类生存养育之所，文化孕育诞生之地，是民族生存栖息的根脉，着眼农村，就是着眼中华民族生存繁衍，让乡村恢复活力，让乡村重现既有的荣光，着力振兴乡村文化，以文化助力乡村振兴已成为乡村发展战略的着眼点。以农耕文明为传承背景的广大农村，蕴含着许许多多中华民族优秀文化的各种元素，如节庆文化、传统民俗等，无疑对维护、延续本民族独有的文化因子，体现民族文化个性具有重要意义。挖掘、保护和发展乡村文化，一方面促进农民的身份认同和价值认同，另一方面提升农民文化素养，为乡村振兴提供内在建设的主体力量。乡村振兴是文化复兴的外在形态，文化复兴是乡村振兴的内在动力，传统文化的传承和繁荣，离不开乡村社会生态，脱不了农耕文化基因，离不了乡村热土的孵化培育。振兴乡村文化，就是为传统文化传承培育孵化园，构建共同文化价值观场域，编织精神信仰的记忆纽带，构筑文化认同的生态屏障。提倡见人、见物、见生活，传承活态的乡土文化，保存文化基因，守护文化根脉。

（二）乡村是公共文化服务便捷化和可及性最佳场景

我国已经进入全面建设社会主义现代化国家的新发展阶段，着力实现高质量发展，都少不了农村的发展，都需要农民增收致富。城乡、区域发展差距不仅表现为经济发展水平的差距，还表现为基本公共文化服务供给水平的差距，孙琦、田鹏等指出，在"十四五"社会主义文化强国战略推进过程中，城乡公共文化资源配置不均衡是最主要的、最突出的方面，实现高质量发展，增强发展的平衡性、协调性和包容性，必须实现基本公共服务的优质共享。推动乡村振兴，通过解决城乡差距、地区差距和收入差距等问题，推进高质量发展，最终实现共同富裕。① 公共文化承载着农村思想文化宣传交流功能，是推广文化、传播知识力量的重要阵地。农村公共文化服务是传播文化的有生力量，一直以来都是服务社会最底层，联系群众最密切，开展活动最广泛，保障民生最直接的平台，尤其是乡村公共文化设施作为联系群众最密切，深入社会最基层的阵地场所，是解决公共文化服务"最后一公里"的重要载体，其在公共文化建设和服务中的重要作用不言而喻。加强农村公共文化建设，丰富群众文化生活，增强农民群众参与文化活动的便捷化和可及性，是推动农村文化发展，提升农民群众文化生活品质，满足农民群众追求美好生活的愿望，促进公共文化服务均等化，使广大农民群众共享社会发展成果。

（三）乡村是培育社会主义核心价值观维护文化安全的前沿阵地

加强农村公共文化建设，巩固文化传播阵地，传承优秀传统文化，是熔铸中华民族核心文化价值的重要举措。习近平总书记在十九大报告中指出："要培育和践行社会主义核心价值观。要以培养担当民族复兴大任的时代新人为着眼点，强化教育引导、实践养成、制度保障，发挥社会主义核心价值观对国民教育、精神文明创建、精神文化产品创作生产传播的引领作用，把社会主义核心价值观融入社会发展各方面，转化为人们的情感认同和

---

① 孙琦，田鹏. 基层社会文化治理体系转型及创建的实践逻辑——基于苏北创新型农村社区的实地调整[J]. 南京农业大学学报（社会科学版），2022（1）.

行为习惯。坚持全民行动、干部带头，从家庭做起，从娃娃抓起。深入挖掘中华优秀传统文化蕴含的思想观念、人文精神、道德规范，结合时代要求继承创新，让中华文化展现出永久魅力和时代风采"。文化对乡村振兴的驱动力不可低估，农村公共文化建设作用十分重要，乡村文化机构和阵地，既是传播社会主义先进文化的重要场所，也是抵御落后文化、腐朽文化，维护保障文化安全的重要力量，是巩固社会主义核心价值体系的前沿阵地。乡村公共文化设施不仅仅是为群众提供娱乐的场所，还是宣传党的方针政策的重要载体，通过免费开放的服务方式，以及健康向上的传播内容，发挥着社会教育功能作用，是满足群众基本文化生活需求，提高群众的精神文化素质，保障群众基本文化权益，弘扬正能量，培育社会主义核心价值观的重要途径和抓手。

二、农村公共文化建设现状

(一)农村公共文化政策红利效力不佳

近年来，我国相继出台《中华人民共和国公共文化服务保障法》《中华人民共和国图书馆法》，各省也陆续出台了《公共文化服务保障条例》《图书馆条例》，并具体针对农村公共文化建设也出台有《乡镇文化站管理办法》等一批法律法规，为农村公共文化建设制定了建设规范和基本遵循。但是由于一些主客观因素，农村公共文化建设阵地设施凋敝，功能运转失灵，服务供给短缺，在宏观层面是具有共性的普遍现状，极大地消解公众的认知度，并抵消了文化服务的社会影响力。公共文化建设，政策是推动力，也是支撑点。因此，以政府履行基本公共文化服务责任和由政策主导公共文化服务发展方式，是公共文化服务的顶层设计初衷，也是最基本的保障措施。政策不仅要起到牵引公共文化服务的发展方向，更重要的是要对公共文化建设和运转提供基本性的保障机制，使公共文化建设和服务在制度框架下保持常态化的运行态势。基层公共文化建设存在政策推动不力，措施落实不到位的现象，使基层文化建设长期处于反反复复的建设泥潭，给基层文化建设和人民群众基本文化权益保障造成巨大的发展惰力和供给缺位。

(二)农村公共文化资源短缺矛盾持续增加

(1)设施不优。公共文化设施是推进公共文化建设的重要阵地，是开展群众文化活动的有效载体。但农村公共文化设施建设滞后，建好了没有利用好的情况比较常见，设施闲置、内容空洞、活动稀少，导致设施"空置化"、机构"空心化"现象，加上文化场所专业化配置程度低，极大地影响了公共文化效能，存在乡村文化无场地，群众参与无平台，文化活动无组织，社会需求无保障的状况，这是农村文化建设最大的问题，也是群众文化参与度和获得感面临的最大挑战。

(2)管理不善。农村公共文化设施管理不善已经成为系统性结构性矛盾。从现实情况来看，因为机制问题，如何管好、用好成为难题，有的地方乡镇文化站行政化、形式化倾向明显，有机构无专人，有专人不专业，文化设施无人管(缺职责)、无人问(缺监管)、无人用(缺利用)、无人评(缺绩效)等机制缺失矛盾长期无解。乡村文化阵地设施空置、人员空缺、内容空洞、政策空飘的问题由来已久，乡镇文化站仅具有象征性意义的现象依然如故。

(三)农村公共文化运行机制整体不畅

(1)人员不齐。缺人——是长期困扰农村公共文化建设的"老大难"问题。而"人"是开展文化建设、提供文化服务、组织文化活动不可或缺的资源要素，而要素短缺是制约农村文化生活的重要障碍。有岗无人、有人不专、人岗分离现象普遍，限制了公共文化设施有效运转和公共文化服务的有效提供。

(2)经费不足。缺钱——使组织开展农村群众文化活动基本成为"纸上谈兵"。省及省以下各级财政缺乏公共文化专项资金匹配，使农村公共文化资金投入显得不充足、不规范、不常态，尤其是村级公共文化资金长期得不到有效保障，制约了公共文化建设水平和服务效能。公共文化属于公益性质，公共文化服务活动及公共产品的供给，应由政府履行基本公共文化责任。乡镇文化站作为公共文化服务体系"最后一公里"的底层平台，体量偏小，资源受限，在基本经费保障落实不到位的情况下，客观上导致乡镇文化站建设无特色、发展无起色、工作无亮色。对乡镇文化站建设上存在的困难重视程度不够，文化建设中的基础性作用受到习惯性忽视，使村级公共文化建设和服务的可持续性发展缺乏制度支撑。

(3)专干不专。缺技——是农村公共文化无法满足群众文化需求最核心的障碍。群众文化是一项特殊的技能工作，其职责范畴和服务内容，是为广大群众提供专业化的文化培训、文化辅导，文化队伍需要具备专业技术水平和组织指导能力，才能保证群众文化活动的有效开展。但很多基层文化站专业人员配置不到位，无法提供相关业务服务，使文化站功能作用无从发挥，是群众文化活动类型单一、同质化严重、参与兴趣缺乏的原因，农村公共文化人才队伍不整，观念滞后、能力下降，给文化建设和文化活动的有效开展造成巨大困难。

(四)农村公共文化效能基本缺失

(1)功能作用发挥不足。乡镇文化站是农村公共文化服务"指挥所"、组织协调"中转站"，充分整合各种文化资源，把文化站建成集图书阅览、广播影视、宣传教育、文艺演出、科技普及和青少年校外活动等为一体的公共文化服务基地。开展文化活动，需要必备的资源配置作保证，诸如场地设施、知识培训、技能辅导等保障服务条件作支撑。但文化资源整合利用、文化功能有效释放、文化服务方便快捷的新型平台作用发挥不够明显。

(2)文化内容比较缺乏。农村公共文化建设作用发挥的重点体现在开展经常性文化活动和文化服务的可持续。乡镇文化站不仅要看机构完善程度和设施建设水平，更要看为群众提供什么样的服务内容。公共文化服务体系建设的出发点和落脚点都是为满足人民群众日益增长的精神文化需求，充分保障公民基本文化权益，开展丰富多彩的文艺活动，推出富于特色的优质文化项目，以及健康的丰富的文艺产品服务。群众的文化素养不是与生俱来的，群众参与文化活动，不仅需要物质基础，还需要智力支持，不进行科学的要素配置，活动质量和长效性难以保证，尤其是在基层农村，这种需求表现得尤为迫切。

三、农村公共文化建设存在的问题

(一)农村公共文化建设任务艰巨繁重

我国幅员辽阔,人口众多,资源分散,乡村数量庞大,服务需求多,建设压力大,供需矛盾比较突出,极大制约了公共文化供给质量和人民群众基本文化权益保障。公共文化服务体系的建设数量十分惊人,全国省、市、县、乡、村五级公共文化服务体系中有60多万个建设目标,其中,乡镇(街道)文化站(综合文化服务中心)总数4万多个,仅农村公共文化机构就占乡镇一级公共文化机构总数的80%以上,如果加上60多万个村(社区)组织的文化活动室建设规模,农村公共文化机构和文化阵地占到整个公共文化服务机构总量的90%。因此,乡镇(街道)文化站(综合文化服务中心)村(社区)文化活动室是公共文化管理和服务的"主力军",是群众参与文化活动的"主阵地",农村公共文化机构在公共文化服务领域扮演着举足轻重的角色。但是,乡镇文化站(综合文化服务中心)"数量多、规模小、密度大、资源缺、实力弱"的现状没有太大改观。

(二)农村公共文化地区发展失衡

乡村文化建设总量偏大,结构失衡,总体上呈现区域性、结构性矛盾。一是区域性发展失衡。发达地区与欠发达地区、东部地区与贫困山区文化建设水平差距巨大,东部地区经济发达,对基本公共文化投入较为充足,公共文化建设水平与服务效能领先于西部地区及贫困山区。二是城乡二元结构矛盾突出。城市多、农村少,城市优、乡村差的情况长期存在,城市和乡村文化供需矛盾突出,同城市相比,农村公共文化设施建设落后,公共文化建设人员数量偏少,公共文化服务缺口明显;一些地方缺乏对最基层的村一级公共文化建设的重视,将文化发展重心放在城区和中心镇,导致了公共文化服务在一定程度上呈现出两极分化。

(三)农村公共文化基础仍然薄弱

资源不足、功能缺失的状况难以得到应有改观。设施差、阵地弱、经费少、人才缺等问题仍然是农村文化建设的最大困扰,文化设施的"空巢化"现象突出,很多文化设施没有很好发挥出应有的社会效果。常态化、长效性机制不够健全,实效不强,利用率低,使农村公共文化不断在长期建设、长期没效果中循环往复。农村公共文化建设要素缺失现象比较严重,公共文化服务"空心化"现象突出,建得起、转不动的情况比较常见,具体表现在有设施、无设备;有设备、无机构;有机构,无人才;有人员、无经费;有经费、无服务;有服务、无效果,制约了农村文化的建设和发展,给基层人民群众享有基本文化权益造成巨大障碍。

(四)农村文化发展意识持续弱化

认知缺位是农村文化建设的最大障碍。农村公共文化服务在基层工作中存在边缘化的现象，只重经济发展而忽视文化建设。长期以来，农村文化建设缺位，表面看是建设能力问题(诸如实力不够、资源不足等客观因素制约)，然而主要根源还是缺乏文化意识，在一定程度上与农村文化建设"没作用""没效果""没必要"的认知有关，导致对农村文化建设不重视、不作为，呈现出"去文化"现象。城市化发展使农业人口城镇化流动，农村人口大幅度递减，导致农村人口"空心化"，人口减少、需求不足、供给无效、资源浪费。农村文化建设长期发展滞后，多年来形成特殊的建设景象，人员总难到位、经费持续短缺、设施运转不动、活动无法开展的建设局面，群众的文化获得渠道、参与路径基本缺乏，农村文化建设生态持续衰微。

四、加强农村公共文化建设的对策

(一)提高农村公共文化建设意识

乡村是农耕生态文明的涵养地，是传统文化精神的修养所，是构筑文化价值观维护文化安全的坚实屏障。农村现代化是实现我国现代化建设的重要支撑，也是实现中华民族伟大复兴的重要基础。

(1)明确职责任务。贯彻落实相关法律法规，建立和完善农村公共文化服务体系建设，是基层党委和政府的重大责任，政府应扮演好自己的主体角色。公共文化服务是政府提供的基本民生，研究制定符合农村文化建设实际的政策措施，使政策释放更大的价值和效用，推动公共文化服务体系建设健康有序发展。首先，政府必须承担好第一责任，公共文化服务的公益性，不能缺位、不能厚此薄彼，唯有政府在市场化条件下才能超越局部利益，把公共利益作为首要价值，维护社会公平正义。其次，政府必须把提供公共文化服务作为农村文化建设第一位的工作，加强公共文化服务，是实现农民基本文化权益的主要途径。再次，政府必须发挥好公共文化服务第一推动力的作用，政府的工作水平，直接决定公共文化服务的质量，要做到思想上高度重视，把公共文化服务作为基本民生；组织上要加强领导，明确责任人，专管专抓；工作上要强力推进，采取有效措施落实落地；政策上要全力支持，实行政策、资金、人才和技术倾斜；考核上要有硬性指标，分解明确任务，确保限期按量完成。

(2)创新建设思路。文化设施不应该仅仅只是一座建筑和一个活动场所。公共文化固定设施既是辖区内公共文化服务的业务指导中枢，也是专业技能培训基地。通过固定设施的设置，规范管理，不仅要开展多功能的文化服务，还要将固定设施的功能作用向外扩展，使公共文化服务效能进一步放大，提升社会覆盖面，通过示范和带动，统筹、协调、扶持、指导乡村级文化建设的有效开展，形成有效示范、上下联动、系统运转方式，从而改变自我封闭、自娱自乐的传统观念，建立开放式的层级式、一体化建设标准和指导服务意识，消除文化设施的"孤岛效应"，将基层公共文化建设推向发展新阶段。

(二)巩固农村公共文化建设基础

乡村公共文化设施是农村群众的精神"补给站"，乡村振兴中的文化示范引领作用不可或缺。抓好农村文化建设，完善公共文化设施和队伍建设，扭转农村文化"空心化"现象，提升公共文化服务水平，保障人民群众基本文化权益，维护基层社会的和谐稳定，具有极其重要的作用和意义。

(1)优化农村公共文化资源配置标准。乡镇文化站是基层党委、政府发展公共文化事业建设的参谋助手，充分发挥乡镇文化站在推进农村公共文化事业发展的基础性作用，积极谋划，主动作为，切实改变等、靠、要思想观念，主动牵头编制本乡镇文化发展规划，制定加强农村公共文化建设的意见，提出构建公共文化服务计划。在具体工作中，乡镇文化站要充分发挥业务指导作用，一是对乡镇文化站的自身建设，村级文化室(大院)规划、选址、建设要做好规划和指导，成为村级文化建设的组织引领和推动者。二是要充分发挥文化组织作用，组织群众开展丰富多彩的文化活动，对提高广大群众参与热情提供积极的专业辅导和培训。三是对村级文化组织提供政策宣传、建设扶持、业务指导等方面服务，同时还要开展村级文化专干技能培训和业务辅导，提高基层公共文化服务的水平和能力。

(2)重视农村公共文化人才培育。村级文化组织是直接面对广大农村群众的组织结构，是熟悉农村群众文化需求，推进农村公共文化服务的重要力量，是完善公共文化体系建设"最后一公里"的重要基础。

①以"知识育人"，创新人才培养方式。农村公共文化队伍建设面临着诸多的繁重任务，农村公共文化服务人员业务素质不高、职业意识缺乏的问题仍然困扰农村公共文化队伍的建设和发展。充分发挥公共文化服务体系的建设作用，持续开展培训工作，提升业务素质。运用职业教育、岗位培训、业务交流等多种方式，加大培训、轮训力度，更新文化从业人员的知识，着力提高文化业务知识、管理水平、服务能力。新时期农村文化工作要树立"培养乡土文化人才，发展乡土文化事业"的理念，在不断满足广大农民群众文化需求的同时，积极引导广大农民群众从文化生活的需求者成为农村先进文化的创造者、建设者。

②以"技能塑人"，提高业务技能水平。培训是提高综合素养、增强业务技能的重要而有效的途径。从农村文化工作实际出发，把切实提升农村文化人员的综合素质和业务能力作为培训工作的出发点和落脚点，充分发挥各级文化馆(站)的职能作用，精心组织培训师资，科学设置教学课程，合理安排授课时间，结合农村群众文化活动的组织和开展，物质文化遗产与非物质文化遗产保护，农村文化市场管理等相关业务举办专题培训。加大对村级文化管理人员的培训工作力度，切实提高村级文化从业人员的技能水平和业务素质。构建常态化的培训学习机制，建立公共文化服务体系的层级培训职能，推动培训工作的常态化开展。

③以"制度励人"，建立评估机制。确定由财政安排专项资金，对村级文化管理人员给予服务性津贴补助标准。制定相关的管理办法，将村级文化管理人员纳入相应的职能职责管理范畴，探索采用县聘、乡管、村用的体制机制，实行任期制的考核与续聘。完善业务考核制度，建立业务人员考评档案，将业务考核作为评定职称和晋升职务的专业资质，切实解决"专干不专"的现象。把村级文化专业管理队伍建设作为推动农村公共文化服务体系建设的一项重点工程，着力做好选聘、培训、管理、激励等工作，有力推进公共文化服务体系建设和村级文化管理人员队伍建设，为切实造就一支扎根基层、服务群众的专业

化队伍夯实制度基础。

（3）构建资源互联互通"总分馆"运行机制

县级文化馆图书馆总分馆制建设，是构建基层公共文化服务机制，有效整合资源，打通公共文化服务"最后一公里"的有效举措。①破除体制障碍。总分馆制建设重点在"制"，将过去分级断层的格局有效整合，总分馆制不仅要在资源整合上有进展，还要在体制机制上对县、乡、村的公共文化建设、产品供给和服务效能方面有创新和突破，构建"建、管、用"一体，"人、财、物"统筹的体制机制。②整合辖区资源。优化总分馆之间的功能定位及职责标准，实现设施统管、人员统用、经费统筹、形成总馆统筹规划、集中管理、全面协调、整体运作，各分馆紧密配合的全域格局。③发挥联动效能。充分发挥总馆的"龙头"作用，实现"以城带乡"，全域联动，有效带动分馆承上启下、中转联动、资源衔接、信息反馈、供需对接的作用，打通公共文化建设"最后一公里"。

（4）促进农村公共文化建设。农村文化事业必须深深扎根于当地的民族民间文化，才会根深叶茂，充满生机与活力，农村文化建设只有与当地民族民间文化资源结合，才能为群众口传心授、喜闻乐见。以公共文化服务机构为依托，以农村群众为主体，开展具有民族民间特色的文化活动。这就要求正确处理好保护与利用的关系。一是要注重保护，保护好当地的民族民间文化资源，如古镇村落、历史风貌、古代建筑等不受破坏和损毁，为农村提供公共文化服务资源。二是要深入挖掘民间节庆、传统民俗等文化内涵，通过深入发掘历史建筑、风土人情、名人古籍，培育文化名镇、名村等，增强农民热爱家乡的自豪感。通过整理民间故事、民间传说和开发民间工艺等发展农村特色文化服务，夯实公共文化服务活动的历史和社会基础。

（三）加大对农村公共文化服务政策倾斜力度

随着社会主义新农村建设的深入推进，农村公共文化建设取得了一定发展，但同时也必须看到，城乡公共文化服务水平差距很大，特别是村级文化建设仍然缺乏制度性保障，还存在组织不健全、设施不完善、内容不丰富、投入不足、人才奇缺、服务水平不高，社会参与不畅等问题，是制约农村公共文化建设和发展的关键因素。

（1）实施城市反哺农村。农村公共文化服务能力和水平整体不高，与农村群众共享改革发展成果的期待还不相适应，与推进城乡经济社会发展一体化的新要求还不相适应，与社会主义新农村的建设的进程还不相适应。要推动农村文化建设和发展，必须大力实施特殊的扶持对策，进行资源结构调整，以城市反哺农村，实现公共文化服务"重心下移、资源下移、服务下移"，在资源配置上增加农村文化建设供给量，在队伍建设上加大对农村公共文化人才的培训力度，在政策保障上要提升农村工作人员的待遇水平和保障标准。发挥县级扶助乡村文化建设作用，促进城乡统筹。完善乡镇文化站功能，把开展基层文化建设、组织文化活动、指导村级公共文化服务、创作和推出文艺产品作为中心工作。农村公共文化建设是公共文化服务体系建设的终端和重要环节，是保障农村群众基本文化权益、促进公共文化服务均等化的着力点，对促进农村经济发展和社会进步具有不可替代的作用。

（2）强化资源重心下沉。农村公共文化服务建设状况最突出的矛盾表现在资源不足。

将建设的重点向基层、乡村聚集，将资源配置方向向基层靠拢，合理确定各级公共文化服务机构在公共文化服务中的职能，更重要的是体制机制的建立和保障体系的支撑。落实经费预算的基本筹措，充分用好财政资金，用时有效利用社会资金参与文化服务。实现农村文化资源、信息、服务整合，推动队伍融合、工作融合、信息融合、考核融合，形成公共文化服务融合联动机制。构建常态化扶持基层工作机制，构建下基层人员轮转派驻机制，建立深入基层工作业绩积分制机制，建立资源联动机制，通过以机制建设模式推动公共文化资源下移，优化基层资源配置，做实基层文化服务能力，切实破解群众需求无法满足的供需矛盾。

（3）推动文化服务下行。公共文化服务是老百姓的生活日常、精神"口粮"，乡村文化阵地是联系群众最密切，服务群众最直接的文化载体，构建文化服务链条，切实满足"基本有、便捷用、感觉好"基本条件，是满足群众文化需求的根本所在。乡（村）文化站（室）在巩固完善阵地的基础上，应发挥组织引领作用，挖掘本土文化资源，构建适应农村文化需求的建设方式，引导激发群众自办文化活力，创建文化大院、农民之家、乡土能人等乡村文化"细胞工程"，鼓励农民以自家院落、服务乡邻、愉悦自己的自办文化模式，展示农村群众因地制宜的文化精神和人文情怀。成立农民文化组织，发现和吸引组织能力强，积极性高，有专业爱好的积极分子参与基层文化服务，引导开展共建共享的农村文化建设模式，使农村文化呈现出崭新面貌。

五、结语

乡村是生活之源，是生存之所，关系到民族生存和社会稳定，农村的繁荣和发展，文化建设不能缺位，农村公共文化建设是促进乡村振兴的重要内容。

在城市化进程不断加速的背景下，在农耕经济融入现代经济的过程中，现代都市生活对农村的辐射影响更加明显，面临种种外在的文化冲击，返乡人员的信息传递与生活描绘，村民的思想观念更趋复杂，文化需求也趋于多元，农村文化在求平安、求富裕的同时，对人际关系的思想交流和情感沟通，对现实生活中的烦恼倾诉和意见表达都非常渴望，但是往往缺少组织者和引导者，缺少公开畅达的交流平台和文化场所。所以，公共文化服务一定要跟当地的理念、意识紧密联系，因地制宜，具有可操作性和实践性。要以心系群众，服务群众的人文情怀，提高人民群众文明素质和生活质量，让群众获得实惠，才能成为社会有用的，也才是群众需要的。进一步加强农村公共文化建设，巩固文化阵地，配置文化资源，培育文化人才，构建良好的文化生态，为乡村振兴发挥文化引领作用。

毋庸讳言，农村文化建设还面临诸多的发展困难，广大农村经济建设相对滞后，人才流失比较严重，公共资源配置相对缺乏，给农村文化建设带来前所未有的挑战。推动乡村振兴战略的有效实施，需要政策精准发力，采取符合农村实际的政策措施，提升建设标准，优化资源配置，提升农村文化建设水平和质量，为农村建设和发展增添文化自信，为乡村振兴战略的有效实施提供精神力量。

◎ **参考文献**

[1]耿达，罗婧．乡村振兴战略下农村公共文化服务体系建设的困境与进路[J]．领导科学，2021(14)：103-107.

[2]韩俊．乡村振兴战略五处发力[J]．中国乡村发现，2020(1)：1-6.

[3]孙琦，田鹏．基层社区文化治理体系转型及重建的实践逻辑——基于苏北新型农村社区的实地调查[J]．南京农业大学学报(社会科学版)，2022，22(1)：118-127.

[4]刘依杭．新时代乡村振兴和新型城镇化协同发展研究[J]．区域经济评论，2021(3)：58-65.

[5]孙运宏．农村公共文化服务的基层实践及其政策启示——基于D县文化惠民工程的个案研究[J]．艺术百家，2016，32(3)：234-235，238.

高质量发展背景下公共图书馆读者的诉求分析
——基于湖北省图书馆 402 份问卷调查①

彭雷霆② 刘 锦③

摘要：满足读者诉求是促进我国公共图书馆高质量发展的关键，本文基于湖北省图书馆的 402 份调查问卷数据，运用 Kano 模型分析新时期的读者诉求特征。研究发现当前读者对于公共图书馆没有必备型需求，但有 5 项期望型需求、2 项魅力型需求和 19 项无差异型需求，且不同类别读者的诉求存在明显差异。因此，应推动公共图书馆向"以人为中心"转型，优先改善读者的期望型需求和魅力型需求，并基于分众服务理念提供差异化服务，以提高公共图书馆的服务效能，实现高质量发展。

关键词：读者诉求；公共图书馆；高质量发展；Kano 模型

引言

2021 年 4 月，文化和旅游部、国家发改委和财政部联合出台了《关于推动公共文化服务高质量发展的意见》，明确指出：推动公共文化服务高质量发展，是让人民享有更加充实、更为丰富、更高质量的精神文化生活，保障人民群众基本文化权益，满足对美好生活新期待的必然要求。④ 这标志我国公共文化服务体系建设进入高质量发展的新阶段，也是"以人民为中心的发展思想"在公共文化领域的具体体现。公共图书馆作为我国构建现代公共文化服务体系的重要组成部分，在"十四五"时期也应适应高质量发展要求，建设"以人为中心"的现代图书馆。换言之，新时期公共图书馆高质量发展应以"人"为突破口，关键在于满足读者新形势下的文化诉求。

事实上，关于如何从读者需求侧"倒逼"公共图书馆发展的问题，一直为学界所瞩目。

---

① 本文系国家社科基金艺术学项目"高质量发展视野下公共文化服务效能评价研究"（项目编号：21BH166）研究成果。

② 彭雷霆，男，1981 年生，武汉大学国家文化发展研究院副院长、副教授。

③ 刘锦，武汉大学国家文化发展研究院硕士研究生。

④ 中国政府网．文化和旅游部 国家发展改革委 财政部关于推动公共文化服务高质量发展的意见［EB／OL］．［2021-08-26］．https：//www.mct.gov.cn/whzx/bnsj/ggwhs/202104/t20210401_923473.htm（2021-04-01）．

如张汉强等(2014)①、于家利(2016)②和陈瑶(2020)③认为读者大多通过投诉、建议等方式来表达自身诉求,建立并利用好图书馆服务供给侧和需求侧之间的双向互动信息流动循环系统,有利于提升公共图书馆服务效能。李晓露等(2017)④和孙静静(2019)⑤主张贯彻"以人为本"的管理理念,让读者亲身参与到多种公共图书馆服务工作中来。胡嫣然(2018)⑥提出无论读者来到图书馆是追求何种需求,但总是需要一个舒适、美观、安静的阅读环境作为载体,应从馆址选择、场馆设计、内部环境三方面改进公共图书馆建筑,以达到满足读者心理需求的目的。张鹏(2018)⑦关注到大数据带来的统计便利,认为通过大数据分析可以精准匹配到读者真实、有效的诉求。除上述定性研究外,林志成等(2012)⑧、李婉彬等(2013)⑨、陈骅等(2014)⑩和郑卫光等(2018)⑪从不同读者群体出发,针对读者需求数据做分类、收集、汇总、图表描述、概括等简单统计分析,结合分析所得的需求特征规律,揭示公共图书馆发展的不足与困境。韦景竹等(2015)⑫、杨嘉骆(2017)⑬、施衍如(2019)⑭和刘珂志等(2020)⑮则以某一类别读者群体或某一公共图书馆为例,引入Kano等模型分析读者不同需求类型,提出差异化的公共图书馆发展策略。

---

① 张汉强,刘元珺,郑强. 面向多元化需求的公共图书馆服务反馈机制研究[J]. 现代情报,2014,34(11):99-103.

② 于家利. 我国公共图书馆读者需求反馈模式研究[J]. 图书馆工作与研究,2016(7):41-45.

③ 陈瑶. 读者意见档案视阈下的公共图书馆服务效能提升探析——以四川省图书馆为例[J]. 四川戏剧,2020(2):194-197.

④ 李晓露,古婷骅. 基于文化引导视角下的公共图书馆读者决策采购探究[J]. 图书馆理论与实践,2017(10):18-23.

⑤ 孙静静. "互联网+"时代公共图书馆图书采购策略研究[J]. 出版广角,2019(23):82-84.

⑥ 胡嫣然. 公共图书馆建筑设计与读者心理需求分析[J]. 图书馆工作与研究,2018(S1):172-174.

⑦ 张鹏. 大数据环境下公共图书馆精准服务研究[J]. 图书馆工作与研究,2018(9):115-118,123.

⑧ 林志成,张伟,黄洁晶. 公共图书馆的读者认知度与服务需求的调查研究——以广州图书馆为例[J]. 图书馆论坛,2012,32(5):51-56.

⑨ 李婉彬,李燕娜. 公共图书馆视障读者信息需求调查及分析[J]. 图书馆论坛,2013,33(4):77-81,53.

⑩ 陈骅,包平. 老龄人阅读现状与公共图书馆服务建设研究——基于南京市的调查[J]. 南京农业大学学报(社会科学版),2014,14(5):113-119.

⑪ 郑卫光,徐建华,楼芳娟. 芝麻信用读者阅读需求分析[J]. 图书馆论坛,2018,38(9):8-13.

⑫ 韦景竹,曹树金,陈忆金. 基于读者需求的城市公共图书馆服务质量评价模型研究——以广州图书馆为例[J]. 图书情报知识,2015(6):36-47,88.

⑬ 杨嘉骆. 基于KANO模型的公共图书馆读者需求研究——以广州图书馆为例[J]. 图书馆杂志,2018,37(1):58-65.

⑭ 施衍如. 基于Kano模型的少儿图书馆服务质量影响因素分类研究[J]. 图书馆,2019(10):106-111.

⑮ 刘珂志,杨萍,谢娟,侯胜超. 基于Kano模型公共图书馆视障读者需求调查与分析[J]. 新世纪图书馆,2020(9):22-27,66.

同时，国外学界亦开展了类似的探讨。如 Kraaykamp 等（2008）①、Angelof 等（2010）②与 Vodeb 等（2012）③研究发现公众性别、年龄、职业、受教育水平、经济水平、经济成本及图书馆资源等内外在因素都会在不同程度上影响读者参与情况和行为决策，图书馆从业人员应据此进行服务的优化调整。

上述研究成果为理清读者需求及探讨从需求侧推动公共图书馆建设都做出了有利的尝试。但当前我国公共文化服务体系建设进入高质量发展阶段，面对信息技术的日新月异、纷繁复杂的文化消费生态，读者的诉求也随之发生着多方面的变化。与一般的公共产品消费不同，公共文化产品的消费伴随着"文化再生产"过程。读者对于公共图书馆的文化参与相当程度依赖于读者个体的"文化解码能力"，也就是布尔迪厄所言的"文化资本"，包括个体的"兴趣、审美、习惯、品位和生活方式"等。④ 这意味着微观个体的读者诉求不仅受到整个文化消费环境变迁的整体制约，也受限于不同读者群体拥有的"文化解码能力"。因而不同的读者对于图书馆的需求存在群体差异和时代差异。公共图书馆作为保障人们基本阅读权益的公共文化机构，其高质量发展及服务效能提升的关键在于精准对接读者需求，根据时代变化及时回应不同读者群体的差异化诉求。鉴于此，本文将运用 Kano 模型，分析新时期读者诉求变化并据此提出推动公共图书馆高质量发展的针对性建议。

一、数据分析模型：Kano 模型

（一）Kano 模型的内涵与实践

关于读者诉求的辨识、收集与回应，学界已探索了多种研究方式，其中 Kano 模型近年较为常用。

为更好地了解顾客需求，揭示顾客满意度与产品（服务）质量的内在逻辑，日本学者狩野纪昭与他的同事于 1979 年首次提出客户满意度模型；1984 年狩野纪昭又进一步提出 Kano 模型（又称卡诺模型）的完整模式，认为产品（服务）质量在满足顾客需求方面并不是单一变化的影响。⑤ 1996 年美国学者 Kurt Matzler 在此基础上将 Kano 模型做了改进，其模

---

① Gerbert Kraaykamp, Wouter van Gils, Wout Ultee. Cultural participation and time restrictions：Explaining the frequency of individual and joint cultural visits［J］. Poetics，2008，34(4)：316-332.

② Francesca D Angelo, Donatella Furia, Alessandro Crociata, Alina Castagna. Education and culture：evidence from live performing arts in Italy［J］. Procedia—Social and Behavioral Sciences，2010，9(none)：1373-1378.

③ Vlasta Vodeb, Gorazd Vodeb. Spatial Analysis of the Public Library Network in Slovenia［J］. Journal of Library Administration，2012，34(1)：13-21.

④ Bourdieu P. Distinction：A social critique of the judgement of taste［M］. London：Routledge，1984：176.

⑤ Kay Chuan Tan, Min Xie, Xiao-xiang Shen. Development of innovative products using Kano's model and quality function deployment［J］. International Journal of Innovation Management，1999，3(3)：271-286.

型中包括 Kano 调查问卷、评价表、结果分析表三个工具。① 通过这些分析工具，Kano 模型可以将顾客需求分为五大类：必备型需求(M)是顾客必须被满足的需求，当提供此类产品(服务)时，顾客满意度不会得到太大提升，但缺少却会造成满意度大幅下降；期望型需求(O)是顾客希望被满足的需求，产品(服务)质量与顾客满意度基本成正比；魅力型需求(A)是顾客一般不会过分期许的需求，如果被满足会给顾客带来意外之喜，但没有也不会产生太大影响；无差异型需求(I)是对顾客满意度影响非常微小的需求；反向型需求(R)是顾客不喜欢甚至是厌恶的需求。② 因此，Kano 模型不仅能将顾客需求分类，而且能将需求层次进行准确的区分。

近年 Kano 模型也被引入到我国图书馆研究领域。如前述成果中，Kano 模型已应用于分析广州市图书馆读者诉求特征、少儿公共图书馆服务质量影响因素、视障读者需求等方面[15-18]。鉴于 Kano 模型能较客观的理清公共图书馆读者诉求及不同诉求的重要程度，本文也采用这一模型来探讨新时期我国读者对于公共图书馆的需求。

(二)Kano 模型的计算方法

Kano 模型是基于问卷进行的数据采集。遵循 Kano 模型理论要求，问卷里的每一道题都需要设计正反两类问项，因此针对一个指标受访者就有 25 种答项组合。得到每一项指标的答项组合类别之后，再根据表 1 统计出各项指标的属性频数，频数最大的确定为最终 Kano 属性。

表 1　Kano 模型属性二维分类表

正向 ＼ 反向	很满意	比较满意	无所谓	不太满意	很不满意
很满意	Q□	A	A	A	O
比较满意	R	I	I	I	M
无所谓	R	I	I	I	M
不太满意	R	I	I	I	M
很不满意	R	R	R	R	Q

□ 为可疑结果。

同时，为弥补 Kano 模型不能判断同一类别属性不同指标重要程度的不足，这里引入

---

① Kurt Mauler, Hans H Hinterhuher, et a1. How to delight your customers[J]. Journal of Product & Brand Managerment, 1996, 5(2)：6-18.

② N Kano, K Seraku, F Takahashi, S Tsuji. Attractive quality and must-be quality[J]. The Journal of the Japanese Society for Quality Control, 1984, 14 (2) ：39-48.

C. Berger 等人 1993 年提出的 Better-Worse 系数分析法①。计算公式如下：

$$Better 系数 = (A+O)/(A+O+M+I)$$
$$Worse 系数 = (O+M)/(A+O+M+I)×(-1)$$

其中，Better 系数越大，读者满意度越显著，Worse 系数越小，读者不满意程度越显著。为综合反映 Better-Worse 系数的影响，以 Better 系数为横坐标，Worse 系数为纵坐标，可得 Better-Worse 系数散点图，每一对 Better-Worse 坐标到原点(0，0)的距离代表该项指标的重要程度，距离越远表明该项指标的影响越重要，反之同理。

二、数据采集与检验

(一)设计调查问卷

依据 Kano 模型的要求，本研究设计了调查问卷。该问卷由两部分组成：一是基本信息，包括读者性别、年龄、学历和职业；二是诉求信息。具体如表 2 所示，研究从过往文献中整理出馆藏建设、文化活动、馆员服务、环境设备、内部管理、读者交流 6 个维度 26 个指标。调查问卷的第二部分题项均来源于此，具体题项形式如表 3。

表 2　公共图书馆读者诉求指标

维度	序号	指　　标	参考来源
馆藏建设	1	丰富馆藏形式(纸质、电子、音像等)	韦景竹等[15]；杨嘉骆[16]；刘珂志等[18]
	2	及时更新馆藏资源	刘珂志等[18]
	3	补齐和修复老旧馆藏文献	陈瑶[6]
文化活动	4	开展形式、主题多样的文化活动	韦景竹等[15]；刘珂志等[18]
馆员服务	5	馆员具备解答读者问题的知识和技能	韦景竹等[15]；杨嘉骆[16]
	6	馆员态度友好、热情、耐心、主动等	韦景竹等[15]；刘珂志等[18]
环境设备	7	馆址位于市中心等交通便利位置	胡嫣然[9]；杨嘉骆[16]
	8	馆周边环境优美、舒适等	胡嫣然[9]；杨嘉骆[16]
	9	馆内卫生、安静、有氛围、光线充足等	韦景竹等[15]；刘珂志等[18]
	10	设有明显的指引标识	韦景竹等[15]；刘珂志等[18]
	11	加强和完善免费网络设施建设	陈瑶[6]；杨嘉骆[16]
	12	自助化设备工作稳定、有效	杨嘉骆[16]

---

① C Berger, R Blauth, D Boger, C Bolster, G Burchill, W DuMouchel, F Pouliot, R Richter. Kano's Method for understanding customer-defined quality[J]. Center for Quality Management Journal, 1993, 2(4)：3-36.

维度	序号	指　　标	参考来源
内部管理	13	降低借阅门槛	陈瑶[6]；郑卫光等[14]；刘珂志等[18]
	14	增加开架借阅资源	杨嘉骆[16]
	15	增加流动图书馆服务点（借书、还书等）	杨嘉骆[16]
	16	开通线上服务（电子文献借阅、参与活动等）	陈瑶[6]；韦景竹等[15]
	17	开闭馆时间合理且方便	韦景竹等[15]；刘珂志等[18]
	18	拓宽信息发布渠道，及时发布信息	于家利[5]；刘珂志等[18]
	19	及时更新和完善规章制度	陈瑶[6]；刘珂志等[18]
	20	开通读者意见反馈渠道，重视并及时解决问题	于家利[5]；陈瑶[6]；刘珂志等[18]
	21	做好便民服务（雨伞、停车等）	杨嘉骆[16]
	22	允许民众参与管理（图书采购等）	李晓露等[7]；孙静静[8]
	23	建立读者档案，并严密保护读者个人信息	韦景竹等[15]；杨嘉骆[16]
读者交流	24	加强网络社交平台建设（微博、微信公众号等）	潘飞[27]
	25	适合学习和讨论的空间（茶吧、餐吧、咖啡吧等）	陈瑶[6]；林志成等[11]；杨嘉骆[16]
	26	开展读者交流活动（读者联谊等）	王旭明[28]

表 3　调查问卷题项示例

题项	很满意	比较满意	无所谓	不太满意	很不满意
如果图书馆及时更新馆藏资源，您觉得？					
如果图书馆没有及时更新馆藏资源，您觉得？					
……					

（二）调查问卷的发放与回收

本次调查以发放纸质问卷的形式展开，随机向湖北省图书馆①500 名到馆读者发放问卷，回收问卷 417 份，去除填写缺漏、不规范等 15 份不合格问卷，余下有效问卷 402 份，问卷有效率达 96.4%，被调研对象基本覆盖各个读者群体，有效问卷的读者基本信息情

---

①　湖北省图书馆作为省级公共图书馆，曾荣获"全国文化先进集体""国家一级图书馆""省级最佳文明单位"等奖项，2019 年其文献总藏量达 879.21 万册，总流通人次达到 333.71 万人，拥有各类阅览座席 6300 个，年数字资源加工能力 500GB，在线储存能力 150TB。以湖北省图书馆为样本开展读者诉求调查，基本能涵盖我国当前公共图书馆的各个读者群体。

况如表4。研究使用 SPSS 对问卷整体进行信效度检验。结果显示，问卷 Cronbach α 系数达 0.886，大于 0.8，信度较好；KMO 值为 0.942，大于 0.9，效度合适。

表4 读者基本信息统计

题项	选项	频数	占比	题项	选项	频数	占比
性别	男	194	48.26%	职业	学生	130	32.34%
	女	208	51.74%		企业员工	67	16.67%
年龄	20 岁及以下	84	20.9%		公务员和事业单位员工	89	22.14%
	21~40 岁	254	63.18%		自由职业者	39	9.7%
	41~60 岁	30	7.46%		离退休人员	31	7.71%
	61 岁及以上	34	8.46%		其他	46	11.44%
学历	初中及以下	30	7.46%				
	中专或高中	57	14.18%				
	大专	58	14.43%				
	本科	187	46.52%				
	研究生及以上	70	17.41%				

三、湖北省图书馆读者诉求的实证分析

(一) 综合归类结果

按照 Kano 模型计算方法得出 Kano 属性归类如表5。26 个指标中，魅力型需求(A)有指标 2 和 10；期望型需求(O)有 5 个，分别为指标 6、7、8、9、17；剩余指标皆为无差异型需求(I)，共 19 个。

表5 湖北省图书馆读者诉求的 Kano 属性归类与重要度情况

序号	指标	魅力型/A	期望型/O	必备型/M	无差异型/I	反向型/R	可疑结果/Q	Kano 归类	Better 系数	Worse 系数	重要程度
1	丰富馆藏形式(纸质、电子、音像等)	144	52	36	156	6	8	I	0.505	-0.227	0.554
2	及时更新馆藏资源	148	53	42	147	1	11	A	0.515	-0.244	0.570
3	补齐和修复老旧馆藏文献	148	42	36	163	0	13	I	0.488	-0.201	0.528

续表

序号	指标	魅力型/A	期望型/O	必备型/M	无差异型/I	反向型/R	可疑结果/Q	Kano归类	Better系数	Worse系数	重要程度
4	开展形式、主题多样的文化活动	126	42	34	182	7	11	I	0.438	-0.198	0.480
5	馆员具备解答读者问题的知识和技能	115	84	59	135	2	7	I	0.506	-0.364	0.624
6	馆员态度友好、热情、耐心、主动等	90	121	75	105	3	8	O	0.540	-0.501	0.737
7	馆址位于市中心等交通便利位置	110	117	46	108	10	11	O	0.596	-0.428	0.733
8	馆周边环境优美、舒适等	117	133	43	85	8	16	O	0.661	-0.466	0.809
9	馆内卫生、安静、有氛围、光线充足等	103	157	63	57	8	14	O	0.684	-0.579	0.896
10	设有明显的指引标识	136	93	42	118	1	12	A	0.589	-0.347	0.683
11	加强和完善免费网络设施建设	114	83	57	134	10	4	I	0.508	-0.361	0.623
12	自助化设备工作稳定、有效	117	87	57	125	6	10	I	0.528	-0.373	0.647
13	降低借阅门槛	99	77	53	155	7	11	I	0.458	-0.339	0.570
14	增加开架借阅资源	122	88	60	124	3	5	I	0.533	-0.376	0.652
15	增加流动图书馆服务点(借书、还书等)	122	62	41	170	4	3	I	0.466	-0.261	0.534
16	开通线上服务(电子文献借阅、参与活动等)	126	71	50	146	5	4	I	0.501	-0.308	0.588
17	开闭馆时间合理且方便	105	119	61	108	3	6	O	0.570	-0.458	0.731
18	拓宽信息发布渠道,及时发布信息	113	65	47	168	5	4	I	0.453	-0.285	0.535
19	及时更新和完善规章制度	108	65	44	174	6	5	I	0.442	-0.279	0.523
20	开通读者意见反馈渠道,重视并及时解决问题	116	88	60	129	4	5	I	0.519	-0.377	0.641
21	做好便民服务(雨伞、停车等)	127	62	50	155	4	4	I	0.480	-0.284	0.558

序号	指标	魅力型/A	期望型/O	必备型/M	无差异型/I	反向型/R	可疑结果/Q	Kano归类	Better系数	Worse系数	重要程度
22	允许民众参与管理（图书采购等）	102	41	42	209	4	4	I	0.363	-0.211	0.420
23	建立读者档案，并严密保护读者个人信息	81	106	82	125	3	5	I	0.475	-0.477	0.673
24	加强网络社交平台建设（微博、微信公众号等）	114	56	49	175	5	3	I	0.431	-0.266	0.507
25	适合学习和讨论的空间（茶吧、餐吧、咖啡吧等）	96	61	56	175	8	6	I	0.405	-0.302	0.505
26	开展读者交流活动（读者联谊等）	94	41	37	226	3	1	I	0.339	-0.196	0.392

Kano理论中，不同属性需求得到满足的优先顺序为必备型需求（M）>期望型需求（O）>魅力型需求（A）>无差异型需求（I）。结合重要程度数值，可得各项指标的综合重要度排序：期望型需求（9>8>6>7>17）>魅力型需求（10>2）>无差异型需求（23>14>12>20>5>11>16>13>21>1>18>15>3>19>24>25>4>22>26）。从统计结果来看，被调查的26个指标中没有必备型需求，但有5项期望型需求、2项魅力型需求和19项无差异型需求。之所以出现读者没有必备型需求的原因：一方面是信息化社会的快速发展，使得公众获得知识信息的渠道与方式更为多样，公共图书馆原有的各项功能已不再具有不可替代性；另一方面进入新时代以来，人民对美好生活的需要日益增加，读者对公共图书馆的诉求也呈现出多元化特点，绝大多数读者不再执着于公共图书馆的某一项或几项功能的服务质量，而是期望可以获得更多高品质服务。

（二）分类归类结果

1. 按性别分

男性读者群体仅将"馆内卫生、安静、有氛围、光线充足等"（9）和"馆周边环境优美、舒适等"（8）两个指标归为期望型需求，提高这两个指标的服务质量可以有效提升该类读者的满意度水平，并且服务质量和读者满意度之间呈正向线性相关关系。女性读者因为有比男性读者更加敏感、细腻的心理特征，对大多数的指标表现出较高关注度，表6显示女性读者群体分别有7个期望型需求和10个魅力型需求。

表 6　不同性别读者的 Kano 属性归类和重要度排序①

性别	期望型/O	魅力型/A	无差异型/I
男	9>8	—	17>6>7>10>14>12>23>5>11>20>21>13>2>16>1>3>24>18>19>15>4>25>22>26
女	9>8>7>6>17>23>20	10>14>12>16>11>5>2>15>1>3	13>18>19>21>25>24>4>22>26

2. 按年龄分

不同年龄群体对于图书馆的需求也存在差异。研究表明，20 岁及以下的读者有 7 个期望型需求和 18 个魅力型需求，仅有"降低借阅门槛"(13)一个无差异型需求；61 岁及以上亦有 7 个期望型需求和 7 个魅力型需求。相比之下，21~60 岁年龄读者群体的诉求偏好就相对集中，如青年读者群体仅有 1 个期望型需求和 2 个魅力型需求；中年读者群体只有 4 个期望型需求和 2 个魅力型需求。这主要是由于时间与需求的因素，20 岁及以下的群体与 61 岁及以上的老年人群体是最愿意且倾向于频繁使用公共图书馆的群体②，因而这两类读者大多会在公共图书馆上倾注更多的注意力，对其服务质量水平也会有高于其他读者群体的心理预期。

表 7　不同年龄读者的 Kano 属性归类和重要度排序

年龄	期望型/O	魅力型/A	无差异型/I
20 岁及以下	9>8>23>17>7>6>20	12>14>19>10>2>25>18>3>21>15>16>4>5>11>1>24>22>26	13
21~40 岁	9	8>10	7>17>6>12>11>23>5>14>20>16>13>21>2>1>18>24>15>3>19>25>4>22>26
41~60 岁	9>14>6>8	1>2	10>7>12>23>11>20>13>5>17>3>16>15>18>4>25>19>21>24>22>26
61 岁及以上	9>6>7>10>14>17>20	8>13>5>4>21>12>25	15>2>18>19>1>11>16>3>24>22>23>26

---

①　为精简篇幅，不再如表 5 呈现详细的统计数据，而是直接给出属性归类和重要度排序结果，表 7、表 8 和表 9 同理。

②　潘飞. 基于 4C 理论的公共图书馆阅读推广活动创新研究——以广州图书馆"健康大讲堂"为例[J]. 图书馆工作与研究，2020(2)：104-109，128.

3. 按学历分

有研究表明，部分中低学历的群体出于提升自我的需要，对政府提供的公共文化服务表现出较强的参与积极性。① 如表 8 所示，大专及以下读者群体就呈现出如上所述特征，这一群体的幸福感、获得感受到多项公共图书馆服务质量的显著影响。本科及以上学历的读者群体将指标 9、8、10 列为期望型需求和魅力型需求，这意味着馆外环境优美、舒适且馆内空间卫生、安静、有氛围的公共图书馆会成为他们的首要选择。

表 8　不同学历读者的 Kano 属性归类和重要度排序

学历	必备型/M	期望型/O	魅力型/A	无差异型/I
初中及以下	15	7>9>6>23>20>17>8>14>21>12>13>10>5	25>2>3	19>11>4>1>16>18>24>26>22
中专或高中	—	8>9>17>23>7>6	4>20>19>10>2>3>1>12>14>5>21>18>11>15>25>16>24>26>22	13
大专	—	9>7>23	8>6>14>5>10>12>11>13>20>15>17>16>1>3>2	18>21>19>24>22>25>4>26
本科	—	9	8>10	7>6>17>12>14>11>20>16>23>5>13>2>1>21>24>19>18>15>3>25>4>22>26
研究生及以上	—	9	—	17>6>7>8>23>10>12>14>11>5>20>2>21>16>18>1>13>3>25>15>24>19>4>22>26

4. 按职业分

一般而言，决定公众是否或怎样参与公共图书馆服务的因素主要有文化资本、经济资本与时间成本。② 相较于其他职业的读者群体，学生、自由职业者和离退休人员有更多的时间和精力到馆对公共图书馆服务进行深度参与体验，故这类读者尤其在意公共图书馆各项服务"好不好"的问题。同理，职业为企业员工、公务员和事业单位员工的读者受制于固定的工作时间，不得不特别关注享有公共图书馆服务所需付出的时间成本，因而表现为：他们将"馆址位于市中心等交通便利位置"（7）和"增加开架借阅资源"（14）两个指标

---

① 王旭明. 国内图书馆读者活动的研究及思考[J]. 图书馆，2013(2)：98-100，102.

② 傅才武，王文德，傅墨庄. 免费开放环境下图书馆公众参与行为决策模式及其影响因素研究——以湖北省图书馆为中心[J]. 中国软科学，2020(2)：138-157.

列为期望型需求和魅力型需求，以求降低到馆交通和停留在馆内的时间。

表 9 不同职业读者的 Kano 属性归类和重要度排序

职业	期望型/O	魅力型/A	无差异型/I
学生	9>8>23>17>7>6	20>12>14>10>21>5>11>18>19>2>16>1>15>3>4>24	25>13>22>26
企业员工	9	14	6>8>7>10>17>12>11>5>20>23>13>16>2>24>1>3>19>18>15>25>21>22>4>26
公务员和事业单位员工	9>8>7	—	17>6>10>12>23>14>11>20>16>5>13>2>18>3>21>24>25>1>15>19>4>22>26
自由职业者	—	9>16>1>10>8>2>3	17>23>12>11>7>14>6>5>21>18>15>20>13>19>24>4>25>26>22
离退休人员	9>6>10>14>20>17	8>7>13>4>5>21>12	15>2>1>19>25>11>24>22>16>3>23>26>18
其他	9>8>6	10>11>14>17>5>7>15>21>2>3	12>20>23>1>13>16>19>18>24>4>25>26>22

四、研究讨论

基于本次湖北省图书馆的问卷数据，通过 Kano 模型分析，可以发现：(1)当前读者对于图书馆没有必备型需求，但有 5 项期望型需求、2 项魅力型需求和 19 项无差异型需求；(2)"馆内卫生、安静、有氛围、光线充足等""馆周边环境优美、舒适等""馆员态度友好、热情、耐心、主动等""馆址位于市中心等交通便利位置""开闭馆时间合理且方便""设有明显的指引标识""及时更新馆藏资源"这 7 项属于当前读者关注的期望型需求和魅力型需求，具有显著提升读者满意度的效用；(3)由于读者自身存在的个体差异性，不同类别读者的诉求表现出明显区别。因而要促进我国公共图书馆高质量发展，实现"提质增效"目标，可从以下三个方面着力：

(一)转变办馆理念，推动"以人为中心"的图书馆建设

相当一段时间我国图书馆是"以书为中心"，围绕藏书、借书、还书、看书等来安排图书馆职能。但随着信息社会的到来，不仅书的形态发生了改变，人们获取知识、信息的渠道也日益多样，公共图书馆原有的各项功能对于读者而言已不再具有不可替代性。面对新形势，2018 年在南京召开的中国图书馆事业发展高层论坛发布了《图书馆事业发展南京

宣言》，明确提出："为用户提供基于不同需求、不同层次、不同方式的图书馆服务是图书馆的核心价值和根本任务。图书馆事业的发展必须坚持以人为本，坚持以用户为中心。"①公共图书馆的发展应是为人服务、为人所用。因而要实现我国图书馆事业高质量发展，应转变办馆理念，加快推动公共图书馆向"以人为中心"转型，以满足读者需求为出发点，重塑公共图书馆发展目标、重组图书馆业务逻辑、重构内部组织结构，让公共图书馆切实融入人们的日常生活。

（二）优先改善公众对图书馆的七项期望型需求和魅力型需求，打造"作为第三空间的图书馆"

"作为第三空间的图书馆"是2009年国际图联卫星会议的重要议题，也成为当前公共图书馆新的职能定位。所谓"第三空间"是相对第一空间（住所）、第二空间（办公场所）而言的，在第三空间里，人们能够时刻享受自由、无拘束、无压力的放松状态。② 伴随加速社会的到来，社会节奏加快，工作压力加大，导致焦虑成为普遍的社会现象。在此背景下，公共图书馆应成为家庭、工作之外的第三空间，成为滋养人们心灵、培育文化自信的重要场所，承担起社会减速岛③的作用。具体来讲，就是从空间环境舒适化、空间功能多元化、空间服务贴心化三方面入手，优先改善公众对图书馆的七项期望型需求和魅力型需求，优化公共图书馆环境和功能，让图书馆成为舒缓人们快节奏生活的文化空间。

一是空间环境舒适化。从外部环境来说，公共图书馆选址首要考虑交通便利的读者诉求，周边尽量僻静、开阔，布局以铺设绿化植物为主，辅以休息座椅、雕塑等，体现人与自然和谐统一；从内部环境来说，主要从空气质量、卫生条件、灯光设计、静音设备等方面调整改进，让读者时刻能够沉浸于最适宜的室内阅读、社交、活动空间中。二是空间功能多元化。在满足读者阅读空间的同时，让图书馆融入人民日常生活，成为有温度的文化社交空间、有高度的生活品质空间、有深度的文化传承空间、有广度的文化活动空间。三是空间服务贴心化。一方面是馆员服务的贴心化。馆员作为图书馆内与读者直接发生交流互动的行为主体，其形象和素质在很大程度上会影响读者对图书馆的服务感知。这要求公共图书馆进一步做好馆员服务建设，提升馆员知识、技能水平，通过激励机制促进馆员服务质量提升。另一方面是服务制度人性化。公共图书馆的各项制度设计都应坚持以"人"为中心的原则，实现读者享有公共图书馆服务的便捷化。如开闭馆时间安排是读者的期望型需求之一，也是增加公众图书馆参与度的关键。图书馆应充分考虑上班族的时间结构，采取延时服务、错时服务等方式，合理设置开闭馆时间。

（三）基于分众服务理念开展差异化服务策略

分众的概念出自传播学范畴——分众传播，是一种锁定目标群体，优化传媒信息，细

---

① 图书馆事业发展南京宣言（2018）[J]. 图书情报工作，2018，62（18）：33.

② 杨其勇. 基于第三空间的公共图书馆主题服务"四维一体"框架——以儿童图书馆为例[J]. 图书馆建设，2020（S1）：162-165.

③ 哈尔特穆特·罗萨著. 加速现代社会中时间结构的改变[M]. 董璐，译. 北京：北京大学出版社，2015：99-104.

分信息内容，通过数字技术将信息直击受众的传播方式。分众理念对于公共图书馆也有借鉴意义，即按照分类归类结果，向不同性别、年龄、学历和职业的读者群体提供有针对性、高品质的图书馆服务，让每一位读者都能在公共图书馆得到其期望的文化服务和体验。以不同职业的读者群体偏好为例，学生和自由职业者比其他职业者人群明显更加在意公共图书馆馆藏资源建设水平，进行图书馆采购工作时，可以优先考虑参考此类读者的建议。

同时，由 Kano 模型理论可知，读者需求属性并不是一成不变的，而是受外部环境、读者个体社会条件等因素的影响，发生一定变动。一般来说，转变顺序为无差异型需求(I)→魅力型需求(A)→期望型需求(O)→必备型需求(M)。对此，可以通过建立线上线下读者需求反馈机制的方式，及时了解读者诉求变化情况，分重点、按主次满足不同读者群体的诉求，及时调整公共图书馆发展策略。

五、研究局限与展望

由于时间及疫情等多种因素的影响，本研究的调查对象仅限于湖北省图书馆，发放问卷的读者数量也仅为 500 份，而没有对市、县等不同层级的公共图书馆进行抽样，因而所得结论可能存在一定局限性。未来研究将考虑不同层级、按照东中西不同区域的公共图书馆进行抽样，了解不同区域、不同层次图书馆的读者需求是否存在差异，并在 Kano 模型基础上进行拓展，进一步探讨影响读者需求类型的制约因素。

乡村振兴战略下图书馆全民"悦"读探析

邓　辉①

摘要：乡村文化是中国传统文化的瑰宝与结晶，它的传播与发展关乎中国传统文化在未来的传承与发扬。十八大以来，习近平总书记多次强调，没有农业农村的现代化，就没有整个国家的现代化。党的十九大报告正式提出"实施乡村振兴战略"，并将之列入决胜全国建成小康社会需要坚定实施的七大战略之一。乡村振兴，既要塑形，更要铸魂。图书馆作为公共文化服务机构，在农村公共文化服务建设中必然要发挥更为重要的作用。本文研究了当前图书馆助力乡村文化振兴的模式，对图书馆阅读推广进行了综合性阐述，并提出图书馆助力乡村文化振兴的全民"悦"读推广策略及优化路径。

关键词：乡村振兴战略；图书馆；乡村阅读；全民阅读

引言

文化是国家的灵魂，是民族的根脉，要振兴发展乡村，必须重视乡村文化建设。没有文化内核支撑的乡村振兴，经济再发达，也只是缺乏灵魂的空壳，没有持久的发展后劲。习近平总书记在党的十九大报告中首次提出"实施乡村振兴战略"，明确"产业兴旺、生态宜居、乡风文明、治理有效、生活富裕"的总要求。② 实施乡村振兴战略是我国全面建成小康社会的重要内容，涉及众多方面和问题，其中，振兴乡村文化是乡村振兴战略的重要组成部分和题中应有之义。

费孝通在《乡土中国》中将乡村文化定义为乡土文化，认为乡村文化是在中国特有的乡村基础上形成的，具有文化的普同性和明显的乡土性。③ 在当前中国从农耕经济主导的乡村社会向工业经济主导的城市社会转型过程中，乡村被忽略、被边缘化甚至快速衰落，这导致传统文化资源的流失，同时也使得乡村文化缺乏与现代文化的对接能力，最终导致乡村文化精神和道德伦理的缺失，并成为制约乡村振兴的瓶颈。复兴乡村文化，不仅可以满足广大乡村群众日益增长的精神文化需求，而且将为实现乡村振兴提供文化支撑和精神动力。

---

① 邓辉，襄阳市图书馆研究馆员。
② 习近平在中国共产党第十九次全国代表大会上的报告[N]. 人民日报，2017-10-28（1）.
③ 费孝通. 乡土中国[M]. 上海：上海人民出版社，2013：4.

图书馆作为我国公共文化服务体系的重要组成部分，在乡村文化振兴中具有先天优势和责任来传承中华文明、弘扬传统文化、助力乡村振兴。这既由图书馆自身的公共文化服务属性决定，也是当前党和国家的重大制度安排。《中华人民共和国公共图书馆法》规定：公共图书馆应当传承发展中华优秀传统文化，继承革命文化，发展社会主义先进文化，以及保存和传承地方文化。同时还规定县级人民政府应当因地制宜建立符合当地特点的以县级公共图书馆为总馆，乡镇（街道）综合文化站、村（社区）图书室等为分馆或者基层服务点的总分馆制，促进公共图书馆服务向城乡基层延伸。① 《乡村振兴战略规划（2018—2022年）》就公共图书馆服务乡村振兴做了具体部署：推动县级图书馆、文化馆总分馆制，发挥县级公共文化机构辐射作用，加强基层综合性文化服务中心建设，实现乡村两级公共文化服务全覆盖，提升服务效能……推进农家书屋延伸服务。② 图书馆应当依据这些法律规定以及制度安排，充分发挥自身效能，为农民提供更为广泛实用的文化服务，为乡村振兴战略提供更有力的智力支持。

一、乡村振兴与乡村文化振兴

长期以来，在城乡二元结构的历史框架下，农村在政治、经济、文化领域都处于边缘化地位。改革开放以来，国家对"三农"问题越来越重视，尤其是中共十九大以来，乡村振兴战略的提出有力地推动了乡村文化的发展与城乡文化的融合。《中共中央国务院关于实施乡村振兴战略的意见》明确提出：深入推进文化惠民，公共文化资源要重点向乡村倾斜，提供更多更好的农村公共文化产品和服务。2016年12月25日，第十二届全国人大常委会通过了《中华人民共和国公共文化服务保障法》，其中第三十五条规定，国家应当重点增加乡村公共文化产品供给，有针对性和实效性地保证农村地区图书和报刊的供应，推动城乡基本公共文化服务均等化的实现。③ 2017年11月4日通过的《中华人民共和国公共图书馆法》，其中第十四条和第三十一条也明确了政府对乡村图书馆的责任，要求地方人民政府加强乡村设施建设，建立乡村图书馆，联通地区的总分馆资源，构建乡村图书馆的数字化和网络化服务体系，促进公共图书馆服务向乡村延伸，切实保障农民的文化权利，承担起满足居民阅读需求的责任。④

在政策的引领下，乡村文化设施建设也在稳步开展，为乡村阅读推广提供技术和传播渠道支持。由政府组织的全国性公益文化工程农家书屋，在于解决农民的"买书难、借书难、看书难"的问题，与"村村通"、乡镇综合文化站、文化信息资源共享、农村数字电影

---

① 中国人大网．中华人民共和国公共图书馆法［EB/OL］．［2022-8-13］．http：//www.npc.gov.cn/npc/c12435/201811/3885276ceafc4ed788695e8c45c55dcc.shtml．

② 中国政府网．中共中央 国务院印发《乡村振兴战略规划（2018—2022年）》［EB/OL］．［2022-8-13］．http：//www.gov.cn/zhengce/2018-09/26/content_5325534.htm．

③ 中国人大网．公共文化服务保障法［EB/OL］．［2022-8-13］．http：//www.npc.gov.cn/zgrdw/npc/xinwen/2016-12/25/content_2004880.htm．

④ 中国人大网．中华人民共和国公共图书馆法［EB/OL］．［2022-8-13］．http：//www.npc.gov.cn/npc/c12435/201811/3885276ceafc4ed788695e8c45c55dcc.shtml．

放映构成了五大公共文化惠民工程，协同推进乡村文化建设，保障农民的文化权利。2005年12月，农家书屋试点工作展开，首批试点建设在甘肃省15个行政村启动。经过七年的建设和推广，到2012年9月，全国农家书屋工程建设总结大会召开，宣布"农家书屋村村有"的任务提前三年完成。在农家书屋工程开展之前，农民人均拥有图书0.13册，而到农家书屋建设十周年时，农民人均图书拥有量达到了1.63册。到2019年，农家书屋已向全国乡村累计配送11.6亿册图书。①

以此同时，乡村数字阅读建设也取得了一定的成就。在"十一五"期间，国家实施"村村通"信息化建设，在全国乡村普及电话和因特网；"十二五"期间，工信部启动"宽带中国"专项行动，普及乡村网络基础设施建设。农家书屋的数字化建设也在同步进行，截至2019年，全国具备数字阅读服务能力的农家书屋已有12.5万家，可以提供近百万种数字阅读内容，江苏省已经基本实现了农家书屋数字阅读设施的全覆盖。湖北省还推广了"数字电视阅读"模式，整合新闻出版与网络电视资源，建立数字电视阅读平台，将图书和电子音像出版物内容通过数字电视面向当地农民进行传播。

二、乡村振兴战略下全民"悦"读调查分析

全面脱贫是实现乡村振兴战略的基础，也是实现乡村振兴战略的主战场。2021年我国脱贫攻坚战取得了全面胜利，现行标准下9899万农村贫困人口全部脱贫，832个贫困县全部摘帽，12.8万个贫困村全部出列，区域性整体贫困得到解决，完成了消除绝对贫困的艰巨任务。② 截至2020年底，襄阳剩余贫困人口实现清零，577户1326人已经全部通过脱贫验收。襄阳市南漳、保康、谷城三个贫困县全部"摘帽"，346个贫困村全部出列，37.5万贫困人口全部脱贫。全市贫困学生教育扶贫资助政策"应助尽助"，义务教育阶段贫困家庭子女失学、辍学现象全面消除，义务教育有保障率达到100%。与此同时，阅读作为每个人的文化权利，在全民阅读的背景下，所有人都应该参与其中。

本次调查主要针对襄阳市襄州区龙王镇、峪山镇、张家集镇部分村居民的阅读需求和阅读现状进行调查研究，采取对农民、学生、村干部、公务员等当地居民发放调查问卷的形式，问卷内容主要涉及阅读频率、阅读目的、阅读倾向、获取阅读信息的途径等阅读文化的主要方面，发放问卷700份，经过近5个月的调查，回收有效问卷679份，回收率为97%，使用SPSS19.0软件对实验数据进行统计分析。

（一）基本情况

此次调查的镇、乡、村社区大多是以地缘和血缘为关系纽带的社会共同体，镇、乡、村之间的地理环境、发展状况、习俗文化相差不大，其社会交往和生产劳动较为相似，具有较强的可信度和科学性。

---

① 于良芝，李亚设，权昕. 我国乡镇图书馆建设中的话语与话语性实践——基于政策文本和建设案例的分析[J]. 中国图书馆学报，2016，42（4）：4-19.
② 杨云云. 走读广州：乡村振兴战略引领下的阅读推广实践探索[J]. 图书馆建设，2019（01）：104-108.

表 1　样本基本信息统计分析(一)

变　量	选　项	频　率	百分比(%)
性　别	男	367	54. 05
	女	312	45. 95
年　龄	12 岁及以下	86	12. 7
	13~18 岁	185	27. 2
	19~30 岁	55	8. 1
	31~40 岁	79	11. 6
	41~50 岁	104	15. 3
	51~60 岁	133	19. 6
	61 岁及以上	37	5. 5
家庭月收入	1000 元以下	111	16. 3
	1000~3000 元	221	32. 5
	3000~5000 元	225	33. 1
	5000~10000 元	95	14. 0
	10000 元以上	27	4. 1

表 2　样本基本信息统计分析(二)

变　量	选　项	频　率	百分比(%)
文化程度	小　学	189	27. 8
	初　中	131	19. 3
	高　中	171	25. 2
	专　科	117	17. 2
	本科及以上	71	10. 5
职业状况	老　师	17	2. 3
	学　生	232	34. 2
	农　民	151	22. 3
	村干部	31	4. 6
	工　人	31	4. 6
	医　生	26	3. 8
	个体户	65	9. 6
	公务员	71	10. 5
	其　他	55	8. 1

由表 1、表 2 可看出，调查对象在性别与年龄段的人数分布较为均衡：男性有 367 人，占总数的 54.05%，女性有 312 人，占总数的 45.95%；被调查者的年龄在"13～18 岁"较为集中，占总数的 27.2%，其次是"51～60 岁"，占总数的 19.6%。在家庭月收入方面，低于 3000 元的人占调查总数的 48.8%。在文化程度方面，小学文化程度的人占比最大，为 27.8%，高中及以下的比例达到 72.3%。在被调查职业状况方面，以学生和农民占比较高，分别为 34.2% 和 22.3%。

(二) 阅读情况统计分析

由图 1 可知，每天都有阅读活动的被调查者仅占总数的 36.5%，将职业和阅读频率问卷数据进行关联分析，在"每天都有阅读活动"被调查者中，73.2% 的是学生群体，由此可见，学生是调查者中阅读的主力军。其他群体的阅读状况则不容乐观，文化程度较低的成年人基本没有阅读活动。

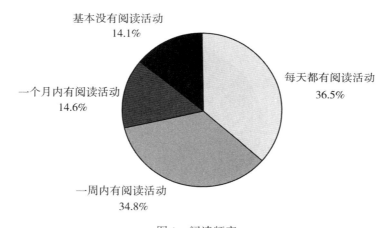

图 1　阅读频率

"十二五"期间的"宽带中国"工程使全国乡村普遍建立起完善的网络基础设施，读屏、手机阅读已成为农村居民普遍的阅读方式。由图 2 可知，在襄阳市襄州区龙王镇、峪山镇、张家集镇部分村居民的调查者中，51.3% 的人选择通过电子设备进行线上阅读。可见，具有巨大传播潜能的网络，是乡村阅读推广的重要渠道。

由图 3 可知，选择线上购书的人占 47.7%，选择实体书店购书的人占 21.5%，其中原因是当地书店集中分布在县城，村内没有书店，村民到实体书店较不方便，而线上购书更便捷并可享受更多优惠；另外，还有 30.8% 的被调查者没有购书习惯，且所占比重较大。由图 4 可知，愿意购买单价在 30 元以内图书的人占 67.2%，仅有 4.8% 的人接受 50 元以上单价的图书。

由图 5 可知，大部分人认为阅读可以增长知识，提高技能，因农业生产具有较高风险，而农民更关注事物带来的实际收益，因此，农民更偏向于从阅读中获取实用技能，故"增长知识"和"提升技能"所占比例最高。还有 17.5% 的人以自身兴趣爱好、15.6% 的人以获取新资讯为阅读目的，仅有 9.3% 的人没有发现自己的阅读需求，需要对其进行积极的阅读引导。

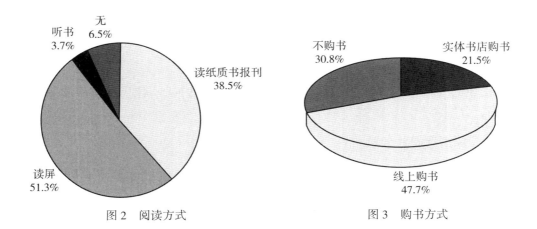

图 2　阅读方式

图 3　购书方式

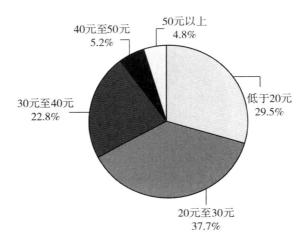

图 4　购书单价

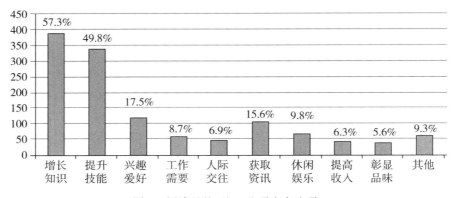

图 5　阅读目的（注：此项为多选项）

由图 6 可知，43.2%的被调查者认为自己工作繁忙，没有时间和精力阅读；37.1%的被调查者被看电视、打麻将、玩手机游戏等娱乐休闲活动占据了空余时间；除此之外，还有村民受限于文化水平、物质条件、视力状况和阅读方法而无法顺利开展阅读活动。

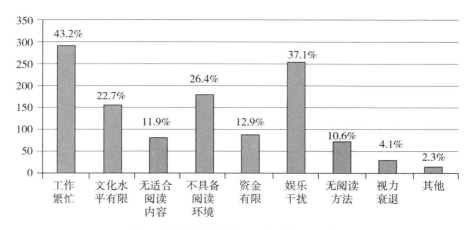

图 6　阅读干扰因素(注：此项为多选项)

由图 7 可知，有 26.1%的人没有去过农家书屋，有 33.6%的人去过一两次，仅有 9.3%的人每周去一次，14.3%的人每月去一次农家书屋阅读的习惯，说明当地农家书屋的利用率较低。其中，每周都去的人数占定期到访总人数的 39.3%，当地农家书屋阅读推广的工作有待开展。

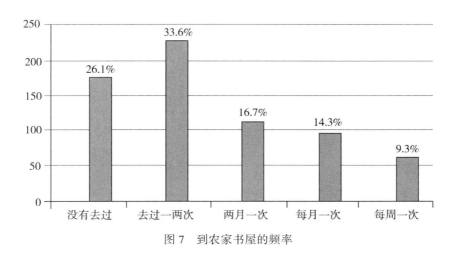

图 7　到农家书屋的频率

由图 8 可见，没有听说过乡村振兴战略的人占 37.6%，而 31.4%的人选择听说过，仅有 31%的人对乡村振兴战略较为了解。作为乡村振兴战略的实践主体，这样的认知情况并不乐观。由图 9 可知，每天关注乡村政策和法律的人占 17.3%，60.9%的人偶尔关注，还有 21.8%的人选择"不关注"。由图 10 可知，有 19.3%的人通过"纸质书、报、刊"获取农业政策和法律信息，30.9%的人通过电视和广播获取信息，37.9%的人通过手机和互联网获取信息，9.9%的人通过村里组织学习获取信息，还有21.6%的人表示没有获取相关信息的途径，在一定程度上说明，农民关注信息的程度高低可能与有无获取信息的渠道有关。

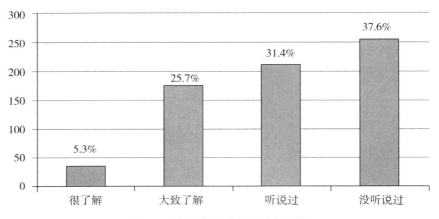

图8　对乡村振兴战略的了解程度

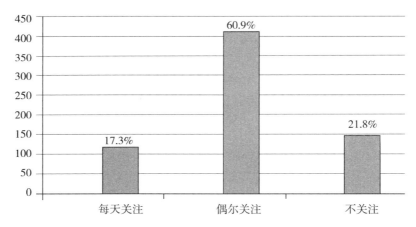

图9　对农业政策与法律的关注度

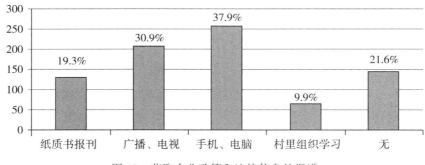

图10　获取农业政策和法律信息的渠道

三、乡村振兴战略下全民"悦"读存在的问题

（一）区域发展不平衡，资源浪费

在全民阅读的社会背景下，不仅城乡之间在阅读环境、阅读内容以及阅读基础设施方面存在差距，乡村与乡村之间的阅读推广也呈现出区域发展不平衡的特点，经济欠发达的阅读基础设施建设与阅读推广活动在数量和质量上落后于经济发展良好的乡村。农家书屋工程在 2005 年试点建设成功后，于 2007 年正式向全国推广，经过 5 年的发展，提前实现了"农家书屋村村有"的目标。[①] 此后，农家书屋在运营方面取得了进一步的成就，书报刊资源定期更新，数字农家书屋的建设也在稳步发展。但是，在取得成就的同时，农家书屋的运营也面临困境，存在利用率低和资源浪费的现象。一些村的农家书屋刚建起来时，农民还去看一看，结果败兴而归。其中科技、农业实用方面的图书较少，文学、武侠类图书较多，农民只翻阅几份报纸，平时几乎无人问津，从而导致阅读资源的利用率较低。

（二）阅读素养、辨别力不足

阅读素养是个人以获取信息、积累知识、增长智慧、振奋精神为目的，对文章进行解读、辨别、内化吸收和实践应用的能力。农民受农业生产劳动的影响，对文字依赖的程度较低，语言文字基础较为薄弱。[②] 首先，大部分农民没有持续接受阅读教育，在文本识、读、写、理解等方面缺乏系统性训练，还有部分农民文化程度较低，无法感知或准确解读文字符号所传递的信息，语言文字能力较弱，造成了心理上对阅读的畏惧和排斥。其次，农民对阅读效果的预期有功利化的一面，思想性和理论性较强的阅读内容难以吸引他们，农民由此缺乏阅读的动力，这在一定程度上对乡村"悦"读推广形成了阻碍。再者，互联网的普及虽然拓宽了农民获取信息的渠道，但也对乡村优秀文化的传承形成了冲击，在信息纷繁复杂，内容质量良莠不齐的网络空间中，农民缺乏引导和正确的管理，容易被不良信息所误导。甚至还有村民存在"读书无用"等消极思想，这同样也阻碍了乡村阅读的全面推广。

（三）缺乏对农民阅读需求的调查

因地理环境和发展程度的不同，独特的社会交往、生产劳动方式以及生活环境使农民具有区别于其他阅读群体的特点，也造成了农民与农村区域间的差别。然而在现实中，阅读推广活动大多集中在城市，更适合城市环境，而社会对农村、农业、农民的认识不深刻，在某些方面还存在偏见。这使得一些阅读推广者在开展活动时未结合农民阅读群体的

---

① 王春梅.农村阅读服务活动中文化焦虑探微——以图书馆农村阅读调研为例[J].图书馆理论与实践，2018（2）：10-15.

② 胡东，王晓琳.全民阅读背景下农村居民阅读现状及对策研究[J].图书馆研究与工作，2017（4）：62-66.

实际情况，无法引起农民的共鸣，导致信息传播效能较低。从乡村阅读推广现状来看，政府、社会和企业面向农民的阅读推广活动形式较为单一，而且缺乏与农民交流及问卷调查和反馈的收集。而对于农民来说，相比于阅读兴趣的激发，他们更需要的是阅读引导。大部分农民能够认识阅读的价值，但是被自身文化素养和劳动环境所限，同样导致未能得到阅读推广者的重视，从而缺乏相关的阅读引导服务。

（四）阅读服务方面的不足

农民受教育程度普遍较低，阅读素养和阅读意志比较薄弱，对自身的阅读需求不够重视，主动获取和利用阅读资源方面的能力也有所欠缺，这就需要阅读推广者凭借阅读推广相关知识和对受众的阅读需求调查来引导农民阅读。从乡村阅读推广的现状来看，虽然乡村阅读资源不断增加，阅读环境也有所改善，但能够主动开展图书推荐、阅读引导、激发阅读兴趣等方面工作的阅读推广者还很欠缺。农家书屋管理员和农村图书馆馆员作为与农民直接对接的工作者，整体专业性较弱，其阅读推广方面的素质也参差不齐，不利于弥补农民与阅读资源之间的断裂。此外，农民阅读素养的提升是一个长期过程，大部分阅读推广公益活动只是蜻蜓点水般形成短暂影响，难以产生长期持久的效果。最后，部分农家书屋的资源利用率偏低，农家书屋管理人员也缺乏阅读服务意识，从而不能较好地满足农民的阅读需求。

四、乡村振兴战略下图书馆全民"悦"读推广策略

（一）政府引领，统筹推进

国民阅读权益是一项宪法性人权，每个公民都有阅读权益，农民是阅读的主体，农民的阅读权益必须得到保障。政府是乡村阅读推广的主导力量，乡村文化建设从整体规划到资金支持，再到具体实施，都需要由政府聚集和调用可利用的阅读资源，统一领导、发起、主持并推进。

在乡村阅读推广的过程中，政府应该以保证农民享有同等阅读权益为出发点，从政策、法律、财政和人员方面给予支持。乡村振兴也应以农民的利益和发展为基点，实现社会公平与城乡共同进步。首先，政府应提高对乡村阅读推广的重视，保障农民的阅读权益。其次，乡村阅读推广的持续运行需要资金支持，政府应起到整体规划与协调保障作用。可设立全民阅读专项基金、乡村阅读推广基金，在中央的领导下，发挥地方政府的主动性、创造性与灵活性，通过财政预算与社会捐赠等方式多渠道为乡村阅读推广筹集资金。同时，政府可平衡城乡阅读推广的投入，在社会公平的基础上缩小城乡差距，支撑相关政策的落实。

（二）明确标准，阅读推广

为了保障农家书屋的运行和阅读资源的供给，奠定乡村阅读推广的现实条件，政府应进一步完善乡村阅读推广政策，细化各项标准，针对阅读推广者的资质与责任、推广活动

的频率与规格、推广效果的监督与考核等方面提出更明确的要求与目标。

由于乡村农民的文化程度普遍偏低，更依赖于乡村阅读推广人的正确引导，首先，政府应当制定相应的政策，加强对乡村阅读推广人的培养，对优秀的乡村阅读推广人应给予认可，增强社会的重视度。其次，农民阅读情况的改善需要稳定而长远的阅读推广活动，只有不断培养农民的阅读习惯，通过营造良好的阅读氛围，规定乡村阅读活动举办的频率与规格，才能持续性地促进乡村阅读，更好地发挥农家书屋的价值。在乡村阅读推广的过程中，政府不仅要给出决策与建议，更应加强活动后效果的考核，不断总结问题与经验，并通过政策进行固化，切实解决农家书屋政策"内卷化"的问题，并对相关责任人进行鼓励或追责。

(三) 多方融合，协调指导

乡村阅读推广是长期而系统的工程，政府应该统筹社会各方力量，进行全方位、多角度的把控与调节，统筹多方力量与资源，推进乡村阅读的发展。并从全局、宏观、微观的视角，协调乡村政治、经济、文化、社会和生态的发展，让阅读推广在乡村振兴中发挥应有的作用，成为乡村整体建设中的重要一环。政府还应加强协调指导，解决乡村阅读推广中资源配置的问题，解决阅读推广中人力和物力的浪费，以及重复消耗、劳动的问题。针对区域发展不平衡，政府可以搭建乡村互通、互建、共融的阅读推广交流总平台，开展地区间、区域间、跨(省、市、镇、乡、村)域间的帮扶活动，"以强带弱"，共同发展，避免"强者愈强，弱者愈弱"。同时，政府还应当因地制宜，把握阅读推广的现实情况，使阅读推广与乡村政治、经济、文化、社会和生态文明建设的发展相互促进，形成良性循环。

(四) 数字赋能，跨越发展

随着"村村通"与"宽带行动"的开展、互联网的普及，线上阅读服务也在不断完善，数字化的阅读推广已在迅猛的发展。图书馆可以从行政人员、阅读推广队伍和农家书屋管理三个方面提升专业化水平，对农民的文化背景、生产劳动、受教育水平、阅读现状和需求等方面进行全面彻底的了解。对书屋管理员进行培训，培养乡村阅读推广人，建设专业的乡村阅读推广队伍，鼓励并支持社会成员加入乡村阅读推广中来。通过网络数字化、社交性、移动性和智能性的特点，从硬件配置、平台应用和线上阅读服务三个方面进行同步提升。同时，借助已有的线上平台，例如"快手"和"抖音"App在中央宣传部和农业农村部的支持下发起"新时代乡村阅读季"栏目，面向数以万计的农民用户进行阅读分享，为农民提供线上阅读咨询、阅读答疑、信息查询、科技引导等跨越式发展渠道，加强与农民读者的线上互动。

(五) 城郊融合，特色保护

城郊聚合类村庄为城市与乡村过渡地带的村庄，它的人口较为密集，靠近城市，人口流动性大，具有较强的独特性。这类村庄不仅在地域范围内接近城市，在社区功能方面也受到城市的影响，是城乡协调发展的重要枢纽。在阅读推广方面，图书馆可以依托城市阅读推广的成果经验,推进城乡公共阅读空间或平台的融合共建,实现城乡文化公共服务的共创共享。其书店、知识付费平台等均可尝试在城郊融合类乡村进行市场、研究与开发,针对城郊融合农民的阅读需求,联合推广阅读产品,提供公益阅读服务。针对传统文化名村、历史文化名村、古籍保护名村、特色自然景观名村等特色保护类村庄,要充分展示其地域特色的文化载体,体现所具有的较高文化价值和生态价值。还可充分挖掘村落文化和景观文化,调动农民对本土文化的认知、思想和传承,让农民作为乡村社区的成员或阅读推广人,传承本土乡村文化和根脉,振奋村民的精神,推动区域的发展。

(六)科研助力,网络传播

在乡村振兴战略中,图书馆可以借助高校和科研机构的"专、精、尖"人才,充分发挥他们的资源优势及社会影响力,为乡村阅读推广提供理论支撑和方法指导,使其成为社会公益的核心力量。并通过电视、互联网、电商平台等大众传媒,对农民及其他受众进行一种渐进式的、潜移默化式的培养过程,让阅读逐渐成为社会成员的共识,形成深刻的影响。此外,高校和科研机构还可对乡村展开深入研究,对乡村文化、乡村治理、乡村社会、生态保护、农业技术等方面的发展进行深入探索,带动乡村之外的社会对农村、农业、农民形成正确的认识,提出切实可行的"长、中、短"期规划,为乡村阅读推广提供理论支持和智力支撑。同时,发挥"快手""抖音""火山小视频""西瓜视频"等短视频的网络传播价值,使受众在"听"和"看"的过程中加深对文字的感知,激发农民与名家经典的阅读兴趣和情感共鸣,在乡村文化市场树立自己的品牌。

数字文化馆建设从"增亮"到"增量"的思考

张蓝尹①

摘要： 近年来各地大力实施数字文化馆建设，充分利用数字互联网技术提升公共文化服务水平，使普通民众能够随时随地享受公共文化服务，提高公共文化服务的质量。但在各地大力推进文化馆数字化的过程中，出现了不少问题，同时，随着科学技术的飞速发展，公众对公共文化数字化的需求也发生了变化。本文概述了数字文化馆的现状和问题，并对数字文化馆建设和发展战略进行探讨。加强文化馆的数字建设，促进其长足发展，是与互联网技术和公共文化服务发展相一致的重要方向。

关键词： 数字文化馆；公共文化数字化；公共文化服务

文化馆是公共文化领域的重要组成部分，旨在提高群众文化素质，促进当地精神文明建设。信息技术的快速发展，为公共文化数字化建设提供了良好机遇，在互联网环境中，如何充分利用"互联网+"公共文化服务，牢牢把握文化发展主导权，坚持以人民为中心，让群众可以随时随地享受公共文化服务，提高公共文化服务效能，是数字文化馆目前的任务。

一、数字文化馆"增亮"传统公共文化服务阵地

数字文化馆是现代公共文化服务体系建设的重要组成部分，依托数字化技术，突破公共文化服务空间和时间的制约。自2015年中共中央办公厅、国务院办公厅发布《关于加快构建现代公共文化服务体系的意见》以来，全国各地都做出了积极响应，着力发展数字文化馆建设。有一段时间，数字化建设已经成为传统文化馆的一个亮点项目，取得了诸多成效。

(一) 精心打造，建成线下互动体验点

实体文化馆通过引入数字化设备或声光电等智能系统，实现群众自主互动的沉浸式体验，优化和创新场馆设施服务。如资源共享一体机、综合大屏、数字电视、阅读亭、书法绘画台等，群众既可了解文化资讯、获取文化资源，又可互动参与，增强体验感，为文化服务智能化开展注入活力；又如线下展馆的声光电系统与3D、VR、AR等技术的应用，

---

① 张蓝尹，乐山市文化馆信息部工作人员，研究方向为群众文化理论研究。

可增强参观者全方位体验感。现代多媒体技术与传统文化艺术内容二者相辅相成、相互融合，使得各场馆获得绝佳的视觉观感与互动体验从而吸引群众，参观者由被动参观变为主动参与，信息传递得到更为有效的提升，搭建起了文化内容与参观者之间沟通的"桥梁"。

（二）依托"互联网+"，建设线上数字平台

利用数字平台可更好地整合与应用文化资源，它将各种设备、方案、网络和其他优质文化资源有机结合起来，利用一个广域网和局域网实现运输、计算、储存、处理和参与。信息资源、技术平台和行政应用可以有效地结合起来，形成一套完善的能够有效利用的公共文化资源。数字平台是数字文化馆的主要组成部分，依托各平台公众可足不出户且随时随地获得、观看和参与各类公共文化活动。充分借助多媒体、网络、手机等载体，以覆盖面广、多终端访问、多通道发布的创新服务形式，利用公共文化云、App、微信公众号、小程序、微博、抖音、视频号等，实现文化咨询、网络直播、艺术培训、活动报名、展览展示、志愿服务、场馆预约、文化点单等功能，重在满足群众随时随地的公共文化服务需求和公共文化服务的管理需求。

（三）深入挖掘，丰富数字文化资源库

数字资源库将不同形式的文化艺术资源整合起来，并根据不同的类别进行科学分类。其建设可方便城乡居民及时知悉海量的数字化资源，体验高品质的公共文化服务。数字文化艺术资源库是数字文化馆的内在精神，丰富的文化艺术资源可以为公众提供更好的公共文化服务，推动文化馆数字化进程，促进当地精神文明与公共文化的长足发展。数字文化艺术资源库包含线上美术书法展厅、全民艺术普及课程、电子阅读、优秀群众文艺作品、文学内容、非遗项目展示等，其文本、图像、音视频以及立体空间极大地丰富了文化内容的表现力，在公共文化云技术的推动下，数据资源的上传、下载和使用更加便捷，多媒体应用也更加有针对性。此举极大地扩大了群众文化服务的受众面，有利于更加方便快捷地共享公共文化资源，同时提高文化馆的数字水平及其影响力。

二、数字文化馆建设中显现的问题

（一）线下场馆设备不适用，且服务功能缺失

近年来我国一直大力推进公共文化建设，全国各地高度重视，积极响应，数字文化馆建设也放在了重要的位置。为了让线下场馆真正"活起来"各地亦是大力投入，在各场馆引进如声光电手段、3D全息技术、文化艺术体验设备、触屏机等数字化产品，旨在为群众提供更好的文化产品及服务，让更多人来体验和享受这些设备。但大多数字设备往往过于看重技术的运用，而忽视文化作本身的需求和体验者的个人感受，存在不合理使用数字化手段及滥用设备的情况。据调查，很多线下设备在参观者新鲜感过去后便出现了无人问津的局面，甚至有设备损坏、配件丢失，出现年久失修无法使用等情况出现，这不仅不能发挥数字设备的作用还严重限制了数字文化馆的发展。

部分文化馆自身服务功能缺失也严重影响了数字文化馆的发展。一是数字文化馆的服务评估和评价缺乏统一标准，导致服务质量不稳定，时间一长，将极大降低群众的积极性；二是各级文化资源与数字化建设缺乏协调和规划，无法形成合力，降低了群众的参与体验感；三是数字文化馆建设初期缺乏统筹考虑，无法持续顺应科技的发展，导致数字化水平滞后；四是目前文化馆专业技术人才大多以文化艺术类为主，而数字化建设要求极强的专业性，许多文化馆数字技术方面人员相对匮乏，设备维护不到位。以上这些文化馆自身服务功能的缺失，不仅不利于数字文化馆的可持续发展，更是带来了很多不必要的隐患。

（二）线上平台内容重复，且服务内容与功能技术不完善

目前，各级文化馆都建成了独立的数字服务网站，开通了微信公众号、视频号、微博、抖音等账号，设计制作了小程序、App 等，在支持数字文化资源的基础上，使用户能够利用互联网进行实时访问和共享。但近年来因平台过多，出现了内容功能重复且部分平台使用率低的情况，且各级平台彼此之间缺乏沟通和联系，未能实现资源的有效共享，造成了人、财、物等资源的极大浪费。

另外，许多文化馆的数字化平台建成后仍以文化咨询功能为主，少有开展与场馆服务相关的数字化建设内容，这也导致了线上线下内容脱节，群众满意度降低。同时，部分平台及产品在开发时并未深入了解文化馆实际需求与使用，存在功能与需求不相匹配的情况，这也使得包括线上群众文化活动在内的文化点单功能在实际操作中有一定的局限性。

（三）数字资源标准不一，且实用性和推广力度有待提高

随着数字文化馆的发展，各类文化资源借助文字、图像、声音、视频等手段被转化为数字资源，时间越久，海量数据的采集、存储、管理和使用上的问题也随之显现。如采集标准不统一，采集设备、技术或人员达不到所需标准，部分资源音、画质差，未能如期呈现出文化内涵；又如资源采集及存储空间购买所需的资金地方财政无力承担；加之大多数文化馆缺乏数字技术类专业人才，缺乏人员对技术进行把关和专业化的管理，如此一来，人力财力无法保障，数字资源库的建设与发展缺乏支撑，使得大量文化资源并未物尽其用，真正发挥其应有的价值。

三、数字文化馆建设"增量"的对策思考

文化馆是构建公共文化服务体系的重要组成部分，引导群众参与文化活动，是提高群众文化素质的激活器。随着社会的发展，不同年龄、不同职业的人对文化服务的需求随着科技的进步而越来越大，这要求各地文化馆更应与时俱进，因地制宜，满足群众对公共文化服务的需求。党的十九届五中全会明确提出"推进城乡公共文化服务体系一体建设，创新实施文化惠民工程，广泛开展群众性文化活动，推动公共文化数字化建设"，这一要求为公共文化事业发展指明了方向。

（一）多措并举，增加来访和推广数量

1. 增加线下场馆来访量，提升数字化系统及设备使用率

推进数字文化馆建设，应立足于人们对公共文化服务的实际需求。以地方文化品牌为基础提高数字文化馆的品牌影响力，利用具有地方特色的文化品牌，在一定程度上扩大宣传范围和力度。例如，在具有民族特色的地区，可以打造与当地文化特色相关的展览馆、艺术节、民俗舞台等活动，实现文化品牌的多方位建设，突出当地文化品牌在推动数字文化馆建设中的作用，将文化品牌建设与公共关系相结合。在一些群众性的文化品牌活动中，人们对文化的热情高度集中，可以用通俗易懂的方式融入数字文化馆中，形成宣传效应，吸引更多的人参与到线下活动中来。这样一来，人们对数字文化馆的认识和兴趣将得到有效提升，为文化馆的进一步发展奠定了坚实的基础。

2. 增加线上信息推广和传播量，扩大推广面

数字文化馆应广泛利用网站、微信、小程序、微博、抖音等社交媒体平台，提供全方位的公共文化服务。应保持各平台信息发布频率与一定的发布量，维持各账号粉丝数量；着力提高信息发布的质量，如文字、图片、视频、音频等，确保信息采集的准确性，提升试听、观看等体验感；丰富平台内容涵盖的艺术门类和信息种类，发布包括音乐、舞蹈、文学、美术书法、非遗等相关内容，活动预告、展览展示、在线课堂、音视频欣赏、在线参与等。此外，也可尝试在其社交媒体平台上增加有关其文化创意产品及非遗商品等内容，让更多的人了解其文化和创意产品及其文化元素的来源。

（二）夯实基础，提高文化供给质量

1. 提高线下设备质量

数字文化馆虽是建立在"互联网+"的基础上，但文化馆真正存在的核心仍然是场馆本身，互联网只是促其实现更好发展的有效手段。文化馆场地的建设，硬件的配备和安装更需认真考虑。通常所需的如照明系统、音响系统和大屏幕，以及群众可参与体验的朗读机、智能书法机、K歌设备等，往往需要切合文化馆及当地实际选择真正适宜且实用的设备；同时还需计算机、大型服务器、存储和网络通信设备，以满足"互联网+"的运行要求。在建设数字文化馆之前，就必须充分考虑中心的具体设计规格和硬件设备要求，以确保各设备能够稳定、高效地运行。

2. 提高线上各平台建设质量

大数据技术是一种基于互联网和数字信息技术的数据分析和处理系统。因此，在建设数字文化馆时，必须重视网络化、数字化平台的建设，这样才能完善网络平台的功能结构，才能使各项业务顺利开展。具体来说，可以从以下几个方面着手。首先，根据各文化馆的服务宗旨和地方建设要求，引进基于数字文化馆的完善功能软件，在使用时发挥大数

据的作用，同时了解群众的反馈意见，并对反馈意见进行分析，从而对功能进行细化和调整，打造更具特色的数字服务平台。其次，在建设网站时，要把功能性、个性化放和实际使用放在同等重要的位置，不断拓展数字文化馆的服务职能。最后，在建设移动设备服务平台时，应以目前最常用的手机为主要参照，创新公共文化服务模式，逐步提高服务质量。

3. 提高数字资源质量

在资源的收集和整理时，我们需要对本土文化内容有深刻的理解和详细且专业的筛选。在进行二次信息处理时，更应由严谨、细致的专业人员牵头，选择适宜的数字化手段，利用专业的数字化设备多形式采样，明确标准，采样准确，确保还原文化资源最真实的一面；同时资源内容要专业、丰富、有代表性和传承推广价值，调动一切可利用的优质资源，吸引更多的用户关注，弘扬民族文化，鼓励群众进行探索和互动交流；此外还要整合本地优质文化资源，打造具有地方特色的公共数字服务平台，或通过国家、省、市级相关平台打通资源对接渠道，实现资源的互联互通，将地方特色文化资源纳入国家数字文化平台，促进地方文化的传播，实现公共文化服务从被动参与到主动参与互动的转变。

4. 提高数字化建设工作人员专业技能与管理水平

由于数字文化馆是在互联网等各种技术的基础上产生的，运营商需要满足某些要求，如网络技能、设备规定参数等。但文化馆大多工作人员以艺术类专业技术人员为主，他们可能无法充分利用所有技术和设备，为公众提供更好的数字化文化服务，在遇到问题时也不能第一时间处理与解答。考虑到新时期许多文化馆专业人才构成，应适当培养和引进计算机、信息技术等相关专业人才，以现代复合型人才为培养目标，而现有从业人员人亦可适当进行再培训，通过提供数字操作、数字化建设、新媒体运营等方面的各种专业课程，增强其综合能力，能够适当运营网站、微信等平台，确保能够独立发布信息、点播视频等，此外还应该有数字意识，学习掌握如摄影、摄像、设备操作等在内的各种数字技术，更好地为公众提供服务。

(三)场馆与参观者形成合力，提升群众参与量

1. 线上线下结合，提高群众参与度

大数据时代数字文化馆之所以充满活力和受欢迎，是因为它们提供了广泛、高时效、参与感优的公共文化产品，为观众提供了更好的服务。在各级数字文化馆线下设备与线上平台都已建成的前提下，文化馆更应关注如何利用这些条件为公众提供更好的数字化体验，为此，数字文化馆的服务必须突破信息提供的界限，将服务的方向和目标改为以群众为中心，充分考虑用户的需求，不断完善服务内容，将线上与线下活动结合起来，依托线下活动的阵地服务，充分发挥线上各平台传播优势，同时建立各级完善的互联互通机制，扩大公共文化服务辐射面，惠及更多群众。

2. 丰富群众文化活动种类，提高群众积极性

各级文化馆应主动思考，积极组织种类多样的群众文化活动，吸引公众，丰富群众的日常文化生活。可举办各种展览，在线上平台设立专门的展览区，举办书画、摄影、非遗等各种展览，促进文化的交流和传播；可组织各类文艺培训和文化讲座，定期聘请专家、文化名人授课，采取直播或采集讲座音视频、图像资料等，在数字平台上公开，供公众观看学习，丰富数字文化馆的空间，让更多的人享受数字文化馆带来的便捷；还可对各类文艺演出进行现场直播与线上展播，便于公众随时随地享受文化艺术大餐。如果条件合适，可在数字文化馆中，借助 3D、AR、VR 等特殊技术手段设置一定的三维体验空间，让观众进入体验馆，更真实、更近距离地感受本地文化内涵的同时也可与观者相互交流与学习。

3. 建立群众对数字文化服务需求的反馈机制

与传统文化馆相比，数字文化馆的受众面更广，传播文化信息的手段与方式也更多样，这实际上拉近了文化馆与民众的距离。随着各数字化设备体验和数字平台使用频率越来越高，参与关注的用户越来越多，文化馆更应建立良好的合理且健全的群众需求及意见反馈机制，如在固定平台开设长期意见专版、留言信箱，不定期发布群众需求调查问卷，甚至当面交流沟通等，负责运营和维护数字文化馆的工作人员将收集的意见认真整理，并分析群众反馈内容，形成群众反馈意见报告，将其作为下一步改进文化馆数字化服务和体验的重要指导。

文化馆是群众享受公共文化服务的重要阵地，科学技术的快速发展为数字文化馆的建设提供了强有力的技术支撑，极大地增强了文化的传播力、吸引力和感染力。中共中央办公厅、国务院办公厅印发的《关于推进实施国家文化数字化战略的意见》提出："促进文化和科技深度融合，集成运用先进适用技术，增强文化的传播力、吸引力、感染力"，指明了数字文化建设的重点与发展方向。推进公共文化数字化建设要从党和国家文化事业发展大局出发，针对不同地区群众用户的需求，深化具有本土特色的公共数字文化服务，拓展服务空间，扩大优质文化产品供给，促进文化馆在新时代更好地发挥其公共服务职能，更好地服务群众，推动文化事业高质量发展，实现文化成果全民共享。

◎ 参考文献

[1]姜曦，陈墨. 现代文化馆转型与创新的思考[J]. 中国民族博览，2020(1)：2.

[2]周雪婷. 互联网时代的文化馆数字化服务——以荆门市为例[J]. 参花：上，2021
   (1)：2.

[3]张金亮. 互联网思维助力文化馆数字化建设与服务[J]. 大众文艺：学术版，2021
   (1)：2.

[4]苏柯子. 基于大数据背景下的数字文化馆建设研究[J]. 文化产业，2021(1)：2.

[5]李晓东. 安徽省数字文化馆建设构想[J]. 大众文艺，2016.

[6]聂颖. 智能化时代背景下文化馆数字信息建设路径[J]. 文渊(中学版)，2019，000
   (001)：732.

全民艺术普及在线课程建设的网络思维与视频拍摄

刘重渔①

摘要： 随着时代发展和教育方式变革，在线课程成为当代人才培养的重要形式之一。研究群文在线课程建设的网络思维，对于文化馆全民艺术普及工作和群众文化活动的开展有积极意义。本文以全民艺术普及在线课程的视频拍摄为研究对象，通过大视野思维、开放性思维、多媒体思维以及"网络一代"思维四个方面探讨群文在线课程建设的网络思维，并从拍摄准备、形式选择、脚本设计以及问题处理等六个方面探析其视频拍摄过程。

关键词： 全民艺术普及；在线课程；网络思维；视频拍摄

目前，在线课程已成为社会各个领域教学方式的重要类型。从在线课程本身的内涵来看，其指的是通过互联网平台向社会开放课程的一种新形式，在线课程并非单纯的视频授课，而是通过视频的形式进行学习方面的引导，进而帮助学员实现更加自主化的学习。但是，在线课程的建设仍处于初级阶段，尤其容易受到传统教学理念的影响。针对这一问题，探讨全民艺术普及在线课程建设的网络思维与视频拍摄意义尤显重要。

一、全民艺术普及在线课程建设的网络思维

随着互联网的飞速发展，全民艺术普及在线课程的发展也呈现出快速变化的局面。由于互联网是在线课程呈现的平台，也是教育目标实现的有效路径，因此重视全民艺术普及在线课程建设的网络思维是十分重要的。

(一)大视野思维

在互联网迅速发展的时代背景下，在线课程逐渐突破了时间和空间上的限制，能够实现比较自由的流转。换言之，全民艺术普及在线课程突破了传统艺术普及的时空限制，能够拓宽群众学员的学习方式和受众人群，简化学员的学习流程。在线课程的建设必须具备大视野思维，即充分考虑当下的时代特征，有效充分地利用网络和各种多媒体技术。在其建设过程中，要不断体现在时间和空间两个层次的特色，真正促使群文课程内容和方式实现有效变革。大视野思维旨在实现学习者在时空层面的自由，使得学习者能够自发安排学习时间和调整学习状态，通过选择更优质的教学资源获得专业反馈。全民艺术普及的在线

---

① 刘重渔，重庆市群众馆馆员，研究方向：数字文化和合唱。

课程通过生动有趣的方式和多种多样的途径，让人们了解艺术的起源，了解各门类艺术的特点、特征、规律，激发人们对艺术的向往和热情，培养人们对艺术的兴趣和爱好。

（二）开放性思维

全民艺术普及在线课程的建设突破了传统课程对象在艺术专业方面的限制，它面对的是社会上的所有群体，这种变化充分体现了全民艺术普及在线课程的开放性思维。由于受到时间和空间的限制，全民艺术普及中开展的线下课程参与者多是未成年和中老年群体。现在，由于技术的发展，群文在线课程可以让更多的人群突破时空的限制参与其中，中青年甚至一些特殊群体的参与都成为可能。因此，在进行全民艺术普及在线课程建设时，在保证导向正确、符合社会主义核心价值观的前提下必须重视其开放性，以便满足不同群体不同阶段的艺术培训需求，真正使课程的内容、交流形式与考核方式符合时代的发展和社会的需求。让热爱艺术、有艺术追求的人都能够掌握一项或多项艺术技能，帮助他们发掘自己的艺术潜能，实现自己的人生梦想。

（三）多媒体思维

多媒体思维是信息时代的一大显著特点，其表现为传统媒体与新兴媒体之间相互融合的趋势，这一过程中不仅能够突出用户的思维，也更加注重内容和综合性思维。"新兴媒体"特指在当下与"传统媒体"相对应的，以数字压缩和无线网络技术为支撑，利用其大容量、实时性和交互性来实现全球化的媒体，例如现今被提及得最多的小红书、微信、微博、火山小视频、抖音、快手、B站、知乎、视频号等平台。其特点是个性化突出，以前，由于技术受限，几乎所有的传统媒体都是大众化的。

以手机发展为例，最开始的1G手机只能接打电话，进入2G时代后，除了可以接打电话外，还可以发短信和上网冲浪。2009年1月7日，世界进入3G时代，其与前两个时代的主要区别是传输声音和数据的速度的提升，3G手机能够在全球范围内更好地实现无线漫游，并处理图像、音乐、视频流等多种媒体形式。2013年，4G开始进入我们的视野，4G手机能够传输高质量图像和视频，从网速、容量和稳定性上来看，4G相较于上一代3G技术有了明显的提升。移动互联网开启了一股新的浪潮，新兴媒体就是在此技术背景下兴起并得到非常快速的发展。当今的5G已经从人与人之间的通信上取得了突破，进一步走向人与物、物与物之间的通信，其特点是万物万通。

从上述手机这一新兴媒体的发展不难发现，首先，新兴媒体现在可以面向全体用户提供更加个性化的服务，每个用户可以通过媒体定制自己需要的内容。其次，受众在新兴媒体上的选择性增多。就技术层面而言，所有用户都可以接受信息和充当信息发布者，用户可以同时参与多个节目的讨论发言、展示投票等线上互动，使更多的选择成为可能。最后，新兴媒体的特点还有形式多样，通过新兴媒体，各种形式的表现过程非常丰富，文字、音频、画面可以融为一体，能够做到即时地、无限地扩展内容，从而使内容更加生动和富有吸引力。由此可见，全民艺术普及在线课程的建设过程中必须要充分发挥多媒体思维，在表达课程的核心内容时不仅要使用传统媒体形式，也要更多地应用新兴媒体进行多层次多元化的表达，切实提升学习者的学习体验，帮助他们充分享受艺术的乐趣，享受艺术给人生带来的愉悦、充实、快乐和幸福，丰富人们的精神生活，提升人们的精神境界。

(四)"网络一代"思维

与网络信息技术共同成长起来的"80后""90后"被称为我国的"网络一代"，这些人群也是在线课程的主要受众。从该年龄段的学习特点来看，家庭教育、校园教育以及在线教育对其均有着相当的影响能力。在信息时代的影响下，"网络一代"的思维呈现出表达自由、专注力持续时间短以及注意力易分散等显著特征。因此，在线课程在建设过程中必须重视"网络一代"的思维特点，通过设置时长合理、特征明显的讲课视频，来有效地完善现有的课程体系，使"网络一代"的艺术素养得到提高、核心价值观得到培育，这同时也是塑造国民精神的有效途径之一。

二、全民艺术普及在线课程建设的视频拍摄

视频是在线课程建设的核心内容，如何把文字内容通过视频镜头的形式完美地呈现出来显得尤为重要，而对于不同的艺术教学内容以及不同的艺术教师团队而言，镜头呈现出来的视频也存在差别。

(一) 拍摄准备

群文在线课程拍摄前的准备工作需要严格按照课程建设模式进行，不仅要在拍摄前进行统一的规划和设计，建构起主要的知识体系，也要针对每一个特定的知识点进行拍摄脚本的撰写，并对课程中所要使用的PPT及教学场景进行设计。拍摄前的准备主要可以分为两个部分：

(1)导演的准备工作。首先是对具体工作的分工，通过分解与解析剧本、排练和规划摄像机拍摄角度和位置、构思拍摄以及准备后勤等，来确定授课老师和剧组成员的职责与任务，还要制定拍摄流程以及后期剪辑包装的工作计划。拿到授课文案后，导演首先要进行内容的理解和分解，与教师对授课内容进行交流和讨论，并提出相应的改编意见和分镜头脚本的创作设想。随后，根据授课内容创作分镜头脚本，并与拍摄组灯光舞美音控的工作人员进行交流和讨论，确定拍摄场地镜头取景的方式、灯光角度与亮度的调度、舞美的基础设定、声音的现场处理方式等具体现场拍摄事项。同时，导演要安排相应后勤保障人员的工作，例如卫生、安全、电力、网络等拍摄现场所需的保障，确保现场的工作能够安全顺利正常运行。最后，导演应当确定事务的日期进程，如拍摄的日期安排，授课老师的时间，工作人员的时间，场地的时间。

(2)授课老师的准备工作。首先，应当结合时代的要求撰写教学内容，兼顾课程时间的要求制定尽可能详细的内容脚本，认真做好知识架构和知识点的布局。然后，老师需要与导演组进行交流和沟通，确定脚本内容并对拍摄方式有一个基本的了解。由于多数老师是第一次在镜头面前授课，会感觉孤立无援、很不自信，所以在确定内容后需要进行反复演练，可以在化妆后穿着拍摄时的服装在镜子前练习，在练习时应当特别注意身体的姿态、手部的动作、脸部的表情以及语言中的情绪等。老师还可以把练习内容简单地拍摄下

来，自己分析和总结的同时发给导演组，让后者帮助指导自己并自发改进不足之处，同时也让导演组更了解拍摄的内容和自己的体态特点，便于拍摄中的灯光布景以及镜头的调配，使得镜头能够呈现更完美的内容。这样一来，授课老师在拍摄的时候能够更快地进入拍摄状态，减少拍摄时的困惑从而达到提高拍摄的效率和完成度的目的。

（二）选择形式

从拍摄形式来看，在线课程大致有课堂实录、外景拍摄、电脑录屏和虚拟演播室等几种形式。在选择拍摄形式时，要根据导演的分镜头脚本和手中的资源来确定具体形式，从而保证课程视频取得最佳的展现效果。课堂实录就是在上课时对课堂情况进行实时录制，它更加讲究真实性，旨在展现上课时的真实情况，同时录制时间较长。外景拍摄是利用自然环境或实地景物进行拍摄工作。电脑录屏是将电脑屏幕中的一切东西都录制下来。虚拟演播室则是将计算机制作的虚拟三维场景与电视摄像机现场拍摄的人物活动图像进行数字化的实时合成，使人物与虚拟背景能够同步变化，从而实现两者的融合，以获得完美的合成画面。这四种方式应用各有优劣，原则上应当根据实际情况来最终确定。

（三）撰写视频的分镜头脚本

视频的分镜头脚本是进行课程拍摄的最基础内容，是拍摄的灵魂，被用以确定整个视频的发展方向和拍摄细节。撰写分镜头脚本是将文字转换成可以用镜头直接表现的画面，分镜头脚本通常包括画面内容、景别、摄法技巧、时间、机位、音效等。

在撰写分镜头脚本时，首先要结合课程的核心知识框架，通过感知情境、深入情境以及再现情境三个阶段设计视频中的专业情境，其次要注重视频内容表达的可视听化，将内容真正通过画面的形式呈现给学习者。好的学习情境能够感染学习者，使其领悟到在线课程的目的，从而实现较好的自主学习。

（四）处理拍摄问题

在具体视频拍摄过程中，往往会遇到各种各样的问题。例如拍摄顺序的问题——应当根据授课内容和场景决定；拍摄角度的问题——需要整体考虑取景、构图、机位移动方向和速度、话筒的位置这些相互影响的因素，来合理安排固定镜头和移动镜头、部分和整体拍摄方式，以及重组与转场等；舞美设计的问题——内容决定场景和服装化妆的选择，舞美设计应当选择适合的布光方式，这些都需要根据具体内容来安排；道具的问题——拍摄场景应安排怎样的道具，授课老师所处环境应有的物品；老师的上镜问题——授课老师选择怎样的服装和妆容；设备的问题——备用设备的准备、摄像机与话筒兼容问题；拍摄的帧率问题——30帧还是60帧；像素问题——高清还是4k；现场收音的问题——声音数码录音建议48k以上，但也可以采用96k或者192k的采样率；授课老师表演问题——面对镜头和面对学员是不同的心理状态，老师面对镜头和灯光条件下的演播室容易产生紧张和焦虑的情绪，需要进行自我状态调整。

教师是整体教学课程中最关键的因素之一，其在视频拍摄过程中尤其容易出现问题，例如教师在视频中呈现的比例，教师的位置以及表情体态等。多数老师是第一次在镜头面前授课，在不熟悉的环境里，主要依靠导演的鼓励和承认来获得帮助、摆脱困境。优秀的视频拍摄必须正确处理教师图像、知识体系以及教学效果这三者之间的关系，建立正确有序的工作节奏。最后，还要考虑剧照和花絮的拍摄，包括定妆照、工作照、拍摄短片等，这样才能确保课程内容足够完整。

（五）视频制作的原则

课程的拍摄并不是视频呈现之前的全部，事实上，拍摄的视频往往需要通过后期剪辑才会成型。因此，多机位的拍摄成为必需事项，需要根据分镜头脚本安排不同机位拍摄不同景别，分别对应全景中景近景以及特写。具体参考《公共文化云建设项目"十四五"建设指南》要求：音乐类——主讲人应有一个镜头至少保持半身像，以看清整体状态，同时讲解细节时，需搭配特写镜头，可分别看出左右手或其他细节；美术类——主讲人应有一个镜头至少保持半身像，以看清整体状态，同时不同种类搭配不同的细节特写镜头（如画板的特写、笔触的特写、调色板的特写等）；舞蹈类——大景别镜头，保证大动作或移动时能够保全整体的状态，同时不同种类搭配不同的细节特写镜头（如头部特写、手部特写、脚部特写等）来确定。如果条件允许，还可以用无人机进行上帝视角的俯拍。这样一来，在视频制作的过程中就有了多方位角度景别的素材，让后期剪辑视频有更多的选择。同时，收音也可以将现场和后期录音加工相结合，从而更好地展现视频结构，便于学习者展开学习。

（六）群文课程资源的设计

完整的在线课程不仅包括讲课的视频，还包含对应的课程资源，资源信息包含：课程名称、授课教师、课程简介、课程门类、课程专业（如音乐分类中的器乐）、教学大纲、教学对象、课程海报、直播/录播（直播课程排期播出）、课程梯度、版权方、版权有效期、建设单位、经费来源等信息。同时还应有讨论话题和课后作业等配套内容，如何有效地表现这些资源也是课程设计的重要内容，只有将视频制作与配套的课程资源共同使用才能更好地构建在线课程系统。

三、结语

群文在线课程无疑对传统艺术普及的方式造成了冲击，相较于传统课堂，它无论在教学理念还是表达形式方面都发生了翻天覆地的变化，也真正突破了传统艺术普及教学在时间和空间方面的限制，真正保证了学习者学习的有效性和自由性。但是，我们也必须承认，在信息时代快速发展的背景下，群文在线课程已然成为当下课程开展的重要形式。因此，探讨群文在线课程建设的网络思维与视频拍摄是十分重要的，通过上述对这两方面的详细分析，希望本文能够帮助群众文化工作者在进行群文在线课程教授时提供一些建议和思考。

群众歌咏活动普及与创新

陈　燕①

摘要：群众歌咏活动作为一种独特的艺术形式，是群众文化生活中的重要组成部分。随着社会经济水平的提高，人们追求品质文化生活的需求增强，参加群众歌咏活动的人数也显著增加。针对当下群众歌咏活动涌现的新现象及其展示的新特点，笔者根据多年来组织排练、培训辅导群众歌咏活动的实践和经验，对于普及和创新群众歌咏活动提出建议，以此推动群众歌咏活动的进一步发展。

关键词：群众歌咏活动；文化创新；大众文化

近些年来，随着社会物质生活水平的提升，人民群众对高质量文艺的需求日益增加，展示自我价值的愿望日益提升，参与公共文化活动的热情日益高涨，群众歌咏活动的开展日益广泛，歌咏水平也在不断地提高。

作为群众文化活动的重要组成部分，群众歌咏活动是文化馆组织群众参与公共文化服务的重要内容，它具有人员多、规模大、影响力广的特点，而且历来以群众性、团体性、自娱性等特质受到广大人民群众的欢迎和喜爱。在组织群众歌咏活动的过程中，群众歌咏队伍的组成、群众歌咏活动的辅导、合唱队的指挥等因素，都是群众歌咏活动是否上水平、上档次，是否能够广泛持久开展的关键之所在。所以，在歌咏活动发展已经取得一定成果的当下，如何更好地对其进行普及与创新，是文化馆音乐工作者需要思考的新课题。

一、群众歌咏活动普及的现状

群众歌咏是指广大人民群众都来热情歌唱、尽情唱歌，它的发动面广泛、唱法随和、技术水平要求不高，具有广泛的群众基础。在新时代，群众歌咏活动还被赋予了更多意义，它旨在通过积极向上的歌曲咏唱，广泛宣传社会主流价值观，鼓励人民群众热爱生活、热爱祖国，以及通过这种具体有形的内容推动社会意识的传播，从而让更大范围的人民群众接受进步思潮的熏陶，满足人民群众对美好精神文化生活的新期待。

(一) 群众歌咏活动团队的构成

近年来，各种歌咏团队不断增加，重庆市群众艺术馆作为重要的公共文化服务机构，

---

①　陈燕，重庆市群众艺术馆音乐干部，副研究馆员，文艺培训部主任，研究方向为公共文化创新服务。

在 17 个阵地团队中拥有 5 支歌咏队伍。在组织形式上，歌咏队伍主要有 6 种类型：

（1）跨行业、跨区域、跨年龄层次的综合歌咏队，团员大部分来自各行各业，如中华之声合唱团；

（2）行业歌咏队，如重庆市文旅委合唱团；

（3）富有特色的歌咏队，如星海合唱团；

（4）以年龄层次划分的歌咏队，如老干部合唱团、孩子艺术团等，老干部合唱团团员大多来自机关事业单位离退休人员；

（5）学校歌咏队，如沙坪坝女教师合唱团；

（6）以性别标准划分的合唱团，如雄音男子合唱团，零度女子室内合唱团、墨乐丹女子合唱团。

随着群众歌咏活动的蓬勃开展，重庆市已经涌现出几支较活跃而有影响力的歌咏队，并且多次参加合唱比赛，荣获省级奖项。例如，重庆市群众艺术馆阵地团队雄音男声合唱团曾参加黔东南州政府、国际合唱联合主办的国际民歌合唱"世界声音对话"比赛，其演唱的《夜深沉》《我们是中国人》荣获最佳民族风格奖。之后，合唱团又参加黄龙音乐季国际合唱艺术周，其演唱的《黄杨扁担》《情姐下河洗衣裳》荣获银奖。2020 年，雄音男声合唱团参加了乐龄唱响全国老年合唱大赛，经过激烈角逐，成功晋级全国八强。又例如，重庆中华之声企业家合唱团曾应邀参加第九届七彩夕阳全国中老年合唱艺术节，荣获明星金奖、群星金奖和最佳组织奖三项大奖，并参加了在国家大剧院音乐厅举办的交流展演。此外，星海合唱团参加"华夏根·黄土情"陕西（神木）首届全国合唱艺术节，获得"老年组混声合唱一等奖"和"老年组女声合唱一等奖"。

（二）群众歌咏活动的开展情况

在国家重大节日中，重庆市群众艺术馆积极组织群众歌咏活动唱响主旋律、传播正能量，凝聚全社会爱党爱国的强大思想共识。例如，在中华人民共和国成立 70 周年重大节日中，重庆市开展了如火如荼的群众歌咏活动，其中，群众艺术馆作为开展群众歌咏活动的重要公共文化服务机构，负责组织群众歌咏培训辅导和深入机关事企业单位、学校、社区进行辅导等事务。艺术馆曾为重庆市政府办公厅庆祝中华人民共和国成立 70 周年文艺演出开场的大合唱辅导《光荣与梦想》《我和我的祖国》。建党 100 周年之际，重庆市持续开展大型群众歌咏活动，艺术馆为政府机关辅导多声部大合唱年代歌曲情景联唱《送红军》《过雪山草地》《太行山上》《解放军的天》。此外，群众艺术馆还走进企业和学校，编排《今天是你的生日》《我爱你，中国》等爱国主义歌曲，带动群众开展歌颂党、歌颂祖国、歌颂人民、歌颂英雄红色经典歌曲传唱活动，助力人民群众点亮幸福生活，传承初心信仰。

（三）群众歌咏活动保障不足

与此同时，重庆市群众歌咏活动的开展依旧存在一些困境，其中以保障不足最为关键。群众歌咏队是自发组织的民间团队，组建者通过借用社区、文化馆（站）、村文化活动室的场地进行合唱训练，大部分歌咏队依靠收取团费来运转，面临着活动经费投入不足、文化基础设施建设亟待完善的困境。

乡镇面临的困境尤为严重，各个文化站点对文化建设虽有所投入，但渠道单一，难以满足群众的精神文化需求。甚至存在部分地区，村文化活动室与会议室合用，活动设备也较为单一，文化设施陈旧，文化活动场所狭小，严重影响了群众歌咏活动的开展。

（四）普及群众歌咏活动的意义

首先，群众歌咏活动有利于提高参与者的艺术修养，提升文化品位。歌咏艺术在表现形式上具有很强的艺术表现力和感染力，能够使参与人员从音乐中获得沁人心脾的美感。

其次，群众歌咏活动能增强参与者的凝聚力和集体荣誉感。在群众歌咏活动中，合唱艺术对团队的和谐统一要求较高，每一位参与者都是合唱中必不可少的部分，这有助于增强团员的团队意识，提升人们的团队凝聚力和集体荣誉感。

最后，群众歌咏活动有利于增强人们的爱国情怀。情绪激昂的爱国歌曲是歌咏活动的主要内容，这有利于鼓舞士气、振奋精神，激发参与者的爱国情怀。

二、群众歌咏活动普及与创新举措

（一）普及与创新群众歌咏活动的主题内容

首先，大力开展群众歌咏活动，丰富歌咏活动的内容。以民俗节日、重大节庆日和重大活动为载体，确定群众歌咏活动主题，举办有影响力、参与性强的演、展、赛活动，增强歌咏活动的吸引力和凝聚力，推动群众歌咏活动向更高层次、更高领域、更多种类发展。同时，还应当吸引群众走出家庭，发动群众主动参与歌咏活动，增强群众的参与感，形成全民参与歌咏活动的新风尚。

其次，群众歌咏要挖掘当地文化特色，让"歌"与文化巧妙融合。歌咏主题内容要紧密贴合体现时代特征和精神内涵，传承中华优秀传统文化的思想观念、人文精神和道德规范，将其与合唱艺术相结合，展现新时代的气象与风貌。在地域方面，重庆在抗战时期便早已出现了规模空前的群众歌咏活动，涌现了众多抗日救亡歌咏团体，几乎达到人人都会唱抗战歌曲的程度。此外，重庆还是红岩精神的发源地，习近平总书记曾高度肯定红岩精神，并先后四次对红岩精神进行了重要论述。

在总书记的指导下，重庆市群众艺术馆阵地团队孩子艺术团紧密贴合红岩精神，挖掘红岩红色基因元素，创作了童声多声部表演合唱《心中的小萝卜》，它讲述了小萝卜头——共和国年龄最小革命烈士宋振忠的故事，旨在鼓励新时代少年缅怀革命先烈、铭记革命历史，激励少年弘扬红岩精神、传承红色基因、赓续红色血脉、共创美好未来，对新时代的少年儿童有着深刻的影响和教育意义。该合唱作品以音乐剧的形式呈现，将传唱性强的音乐融入当代流行元素，便于孩子们更好地歌咏传唱。

（二）普及与创新群众歌咏活动形式

举办歌咏活动应当重视基层，把舞台交给群众，把话筒递给百姓，最大限度地调动群众参与的积极性。文化馆要组织文化志愿者、阵地艺术团队深入社区、公园、景区、学校开展红色歌曲传唱活动，通过小组唱、对唱、表演唱、大合唱等多种形式，组织群众学唱传唱，使歌咏活动广泛覆盖各类群体，展现歌咏活动的群众性和广泛性。此外，还应当通过组织群众歌咏活动或比赛等方式，让更多群众积极参与到歌唱中来，不断地壮大群众歌咏活动队伍。

除此之外，面对新时期新形势，艺术馆在地方文化云平台开设线上群众歌咏活动专题，搭建便于群众参与的平台，最大限度地调动群众参与的积极性。积极扩充音乐等数字文化资源，利用好国家公共文化云及地方公共文化云平台，直播或录播群众歌咏活动的精彩场面，让全国各地群众线上唱、线上学、线上赏，形成好歌流传的良好氛围。此外，艺术馆还在线上线下配套举行群众歌咏活动普及周、合唱艺术交流峰会等活动，普及歌咏艺术知识，让群众享受高水平的歌咏艺术表演。

（三）普及与创新群众歌咏活动创作

开展群众歌咏作品评选，打造一批具有时代性、艺术性、群众性的高水平群众歌咏作品，进一步加深区域群众文化交流，提高群众合唱歌曲的创作和演唱水平。

例如，艺术馆将群众合唱与交响乐结合，并融入情景表演、民族歌舞、器乐朗诵等多种舞台艺术形式，力求凸显地域文化特色。笔者曾走进重庆水务集团编排了合唱红色歌曲串烧《红星歌》《映山红》，并创新其演绎形式：利用钢琴伴奏加情景表演，其中，钢琴单独演奏红星歌再进人声，弱声唱"红星闪闪放光芒，红星闪闪暖胸怀"，"红星是咱工农的心"加大音量，之后接《映山红》，《映山红》采用领唱、轮唱及多声部合唱，并手持映山红花束演绎各种画面，同时在舞台上穿插红军小分队的表演，使得整体舞台充满代入感。

又例如，艺术馆将老歌曲进行新创造、新编排，通过特有的无指挥、无伴奏、多声部演唱形式来进行演绎创新。重庆市群众艺术馆多支阵地合唱团曾多次改编中外歌曲，如古诗词《一剪梅·月满西楼》《蝶恋花·槛菊愁烟兰泣露》《菊花台》《小雨的回忆》，印度尼西亚《宝贝》，改编艺术歌曲《领航》等歌曲，在诞生出一批便于老百姓传唱的作品的同时，也大大丰富了群众歌咏作品。

三、群众歌咏活动普及与创新路径

（一）培养多层次合唱技术人才

新时期群众歌咏活动的普及和创新，需要注重培养多层次的合唱技能型人才，使得群众歌咏活动更加科学化、专业化和规范化。例如，与当地一些高校合作，让高校中音乐专业的学生引领当地群众参与歌唱比赛，在活动中发挥自己专业的音乐素养，进行音乐教学或是乐器演奏，增强群众歌咏活动的专业性。

又例如，通过持续开展群众歌咏活动，培育一批充满正能量的群众合唱团体和一批深扎基层、服务基层的人才队伍。推动文化馆（站）业务专干、乡村文化能人、文化志愿者、文艺小分队深度参与群众歌咏活动活动，以群众歌咏活动开展为契机，着力强化人才培训，将文艺骨干培养、文化能人挖掘、文化志愿服务有机结合，共同夯实群众歌咏基础，提升群众歌咏水平。

（二）创新群众歌咏活动机制

群众歌咏活动是普及性高、参与面广、震撼力强的合唱形式，应当在此基础上进一步探索出回应群众文化需求的新时代高标准群众歌咏活动机制，激发文艺生产创作活力，创作相关成品作品供群众选择。例如结合当地品牌活动，打造群众歌咏活动新模式，积极搭建群众参与的"快车道"，扩大活动规模，实现更高的参与人次和更广的人群覆盖度。此外，文化馆（站）可根据重大节日、地域特点等组织开展歌咏活动，群众歌咏团体则可依托文艺汇演、合唱比赛、新年合唱音乐会等大型演出活动进行展示，激发起老百姓歌颂党和人民的热情，凝聚起奋进新时代的精神动力，从而形成良性的群众歌咏活动循环。

（三）为群众歌咏活动提供保障

《"十四五"公共文化服务体系建设规划》提出，要加大对广场舞、合唱等群众自发性文艺团队的扶持引导，在歌舞编排、骨干培训、器材配备上提供服务保障。① 《公共文化服务保障法》则要求整合文化、体育、工会、农委、妇联、城乡建委等部门资源，为群众合唱队活动提供服务。开放一批公共设施广场及企事业单位闲置的场所，预留群众文化活动场地，拓展群众歌咏活动空间。② 除此之外，对于群众歌咏活动中，可以安排一些真正拥有音乐爱好的潜力群众接受专业的音乐技能培训，由社区或是当地政府提供资金，使更多对歌唱有天赋和热爱的群众得到继续深造和学习的机会，并挖掘其自身更大的歌唱潜能，引导更多群众积极参与到合唱艺术中，为歌咏事业添砖加瓦。

四、结语

在新时期，群众歌咏活动的创新和普及势在必行，文化工作者要积极参与到群众歌咏的实践中去，使更多群众参与歌咏活动，为更多群众营造良好的歌咏活动环境和艺术氛围，丰富供给内容，创新服务方式，着力增强歌咏活动的互动性和参与性，让歌咏活动充满吸引力和感染力，切实提升百姓的获得感和幸福感。

---

① 中国政府网 ."十四五"公共文化服务体系建设规划［EB/OL］.［2022-8-13］. https：//www.gov.cn/zhengce/zhengceku/2021-06/23/5620456/files/d8b05fe78e7442b8b5ee94133417b984. pdf.
② 中国人大网 .公共文化服务保障法［EB/OL］.［2022-8-13］. http：//www.npc.gov.cn/zgrdw/npc/xinwen/2016-12/25/content_2004880. htm.

社会文艺团队的生存现状、问题及其优化建议

张友云①

摘要：社会文艺团队具有联系社区网格与楼栋居民、行政村组与寨湾村民的天然属性，是联系文化机构和人民群众的桥梁和纽带，是文化事业的有力补充。当前社会文艺团队面临各级队伍发展情况参差不齐、收支状况不佳、团队规模不健康的问题。本文基于重点访谈和抽样调查的结果，总结了某省社会文艺团队的发展现状，针对社会文艺团队存在的问题，结合面临的发展机遇，提出政策建议，旨在促进湖北省社会文艺团队健康发展。

关键词：社会文艺团队；发展现状；政策建议

文化馆、文化站的公共文化服务如何提质增效，惠及更多人民群众？如何把社会文艺团队的全面艺术普及力量诱导出来，将人民群众美好生活的艺术赏析、价值需求唤醒？这是困扰文化机构高质量发展的世纪难题。本着"跳出部门堪天下，走向社会寻奇迹"理念，本文基于重点访谈和抽样调查数据，结合某省社会文艺团队普查数据，尝试解析文化机构面临难题的根源，提出破解问题的思路和建议，以此抛砖引玉，就教于广大文化工作者。

一、调研背景与实施情况

（一）调研背景

本次调研主要是基于三个原因：一是为加强社会文艺团队建设，培育和壮大社会文艺队伍，传承和发扬民间文化艺术，丰富群众文化活动，推动社会文艺团队高质量繁荣发展。二是文化馆、文化站公共文化服务力量配备、服务资源向重点人群倾斜，更好适应基层和群众需要。三是发挥社会文艺团队的桥梁和纽带作用，扩展文化机构与人民群众沟通平台，助推群众文化事业的发展、非遗保护的传承。结合新时代、新形势、新要求破解文化机构高质量发展的难题，摸清社会文艺团队的生存发展状况，分析对策建议，从而更好地凝聚力量、激发能量、提升质量，推动文化馆文化站事业的繁荣与发展。

（二）实施情况

本次调研从三个方面进行。一是文献准备。收集整理近年来省级社会文艺团队展演展

---

① 张友云，湖北省群众艺术馆副研究馆员，研究方向：民俗学。

示展览活动、全省社会文艺团队培训辅导指导和某省第三次社会文艺团队普查数据。二是抽样调查若干有代表性的文化馆、文化站和社会文艺团队。从艺术门类看，调研对象涵盖音乐、舞蹈、戏剧、曲艺、书法、美术、摄影、民间文艺、非遗传承等；从业务活动看，涵盖群众艺术的创作创新创意、培训辅导指导、展演展览展示、交流赏析研讨、线上线下策划服务和平台构建等方面；从组织形态看，既有文化机构备案的社会文艺团队、新文艺组织和群体，也有未在任何机构备案的社会文艺团队、其他系统组建文艺团队、备案的新文艺聚落。三是重点访谈文化机构、文艺团队领队与队员、未参与社会文艺团队的文艺人才、文艺爱好者，特别是曾经参加了社会文艺团队后解散或离开的文艺爱好者。查阅社会文艺团队资料，以艺术赏析、形体训练、演出展览、艺术培训、艺术交流、策划服务、美术装裱、文化创意、非遗保护等作为主要活动类别，对数据进行多轮筛查分析，了解社会文艺团队和新文艺组织群体的基本情况，为公共文化服务网络提档升级、提质增效奠定基础。

二、社会文艺团队的基本情况和存在问题

社会文艺团队能否提升人民群众对公共文化服务知晓度？抽样调查显示，省内某市太极拳分会、某央企离退休职工管理处老年书画家协会、某街道合唱团、某镇广场舞队等4支社会文艺团队共有330名队员，涉及326个家庭。根据国家卫健委发布《2018年我国卫生健康事业发展统计公报》，中国公民的平均年龄为77.93岁，即3.85代，结合2019年全国人口普查数据，3.85代则家庭成员约为7.7人。从理论上而言，社会文艺团队平均直接影响的家庭人群有627.6人。据不完全统计，全省现有12019支社会文艺团队330679人，涉及326670.77个家庭，从理论上而言直接影响的家庭人群达2515364.93人，占全省总人口43.6%。数据表明，社会文艺团队能够提升全省人民群众对公共文化服务知晓率、参与率和满意率的最大值将达到43.6%。

(一)社会文艺团队培育呈现哑铃型结构

省级文化机构培育社会文艺团队情况。抽样数据显示，2018年，省级文化机构培育了36支社会文艺团队，2022年现存社会文艺团队。抽样调查表明，省级文化机构培育社会文艺团队缺乏持续，有待加强。

市州级文化机构培育社会文艺团队情况。抽样数据显示，某市本级25支，占全市总数的3.05%。某市本级5支，占全市的0.21%。某市本级66支，占全市的8.46%。市级文化机构平均培育社会文艺团队21支，中位数33。抽样调查表明，市州级文化机构参差不齐，相互之间悬殊是157.1%，说明重视培育社会文艺团队则本级培育数量可观，反之培育较少。

县区级文化机构培育社会文艺团队情况。抽样数据显示，某市本级3支，占全市总数的21.42%。某县本级3支，占全市的1.3%。某市本级5支，占全市的11.36%。县区级文化机构平均培育3.7支，中位数2.5。调查表明，县区级文化机构培育的社会文艺团队一般没有超过10支以上，本级社会文艺团队数量在全市总数中占比越低，说明县区级社

会文艺团队发展越好，反之存在问题。

乡镇文化机构培育社会文艺团队情况。抽样数据显示，某市有 16 个乡镇街道共培育了 102 支社会文艺团队，每个乡镇文化站平均培育了 6.4 个团队，最多的 21 支，最少的 0 支。某区有 8 个乡镇共培育了 66 支社会文艺团队，每个乡镇文化站平均培育了 8.3 个团队，最多的 19 支，最少的 1 支。重点访谈文化站，某镇有 66 支社会文艺团队；某镇有 120 支社会文艺团队。乡镇级文化机构平均培育 7 支，中位数 10.5。抽样调查表明，各乡镇街道文化站培育的社会文艺团队数量相差悬殊，平原地区不如山区，说明社会文艺团队培育与当地经济发展不匹配。

抽样调查表明，社会文艺团队发展参差不齐，分布不均，但每支社会文艺团队人数不能低于 9 人，也不能高于 210 人，人数过低不能构成比较成熟的社会文艺团队，过高不利于社会文艺团队本身管理约束与整体健康发展；社会文艺团队培育呈现省级、市州级群艺馆培育能力强，县区级培育能力弱，乡镇级文化机构培育多的哑铃型结构。

(二)社会文艺团队收支呈现吊坠型分布态势，经济社会影响力有待提升

(1)社会文艺团队收入与支出情况。抽样数据显示，社会文艺团队，收入最高的社会文艺团队达到 2000 万元，收入最低的为 0 元，平均收入约为 140.04 万元，线性平均收入约为 7.15 万元，线性下分位数 1.79 万元；支出最高的社会文艺团队达到 1000 万元，支出最低的为 0，平均支出约为 72.28 万元，线性平均收入约为 7.15 万元，线性下分位数 1.50 万元；现有设备最高的社会文艺团队 2000 万元，最低 0.2 万元，现有设备平均约为 148.8 万元，线性平均收入约为 88 万元，线性下分位数 22 万元。调查表明，社会文艺团队收入、支出和现有设备均悬殊极大，呈现吊坠型分布态势。抽样调查说明，民间资本已经并将继续参与到国民经济和社会发展中，社会文艺团队呈现马太效应，原本就发展良好的社会文艺团队越来越好，但是没能形成规模效应；原本发展一般甚至不佳的社会文艺团队越来越弱，但是仍然顽强生存；从发展社会文艺团队角度来看，需要补弱助强。

(2)社会文艺团队对国民经济和社会发展影响。从生产端来看，社会文艺团队平均收入约为 140.04 万元，据不完全统计，湖北省现有社会文艺团队创造的国民经济收入 168.314076 亿元，占 2021 年湖北省国民经济和社会发展第三产业增加值的 0.64%，说明湖北省社会文艺团队能够推进全省国民经济和社会发展，主要是对第三产业，贡献了 0.64% 的增加值，但是社会文艺团队的生产潜力有待于进一步提升。从消费端来看，社会文艺团队平均支出约为 221.08 万元，据不完全统计，湖北全省现有社会文艺团队贡献的消费 265.716052 亿元，占 2021 年湖北省累计社会消费品零售总额的 1.23%，说明社会文艺团队对全省国民经济和社会发展贡献了 1.23%，但是社会文艺团队的消费贡献潜力有待于进一步提升。

(3)文化机构培育社会文艺团队的收入与支出。文化机构开展社会文艺团队培训、辅导、指导、展演、展览、展示、交流、赏析、研讨、线上线下策划服务和平台构建等活动没有收取任何费用，均由财政拨款解决。抽样调查表明，各级文化机构用于培育社会文艺团队的支出分别是，省级总支出约 110 万元，平均到全省常住居民支出为 0.018 元/人，平均到现有社会文艺团队队员支出为 3.33 元/人；市州级每年平均支出 58 万元；县区级

每年平均支出 29 万元；乡镇级每年平均支出 0.1 万元。据不完全统计，全省用于社会文艺团队的财政资金约为 3907.6 万元。从财政投入与产出来看，全省财政投入社会文艺团队的 0.39 亿元拉动了经济 434.03 亿元。

（三）社会文艺团队队员规模呈现金字塔型

据不完全统计，社会文艺团队平均有队员 27.3 人，中位数 104.5 人。平均数与中位数相差 77.2 人，说明社会文艺团队队员规模离散极大，现有社会文艺团队缺乏进一步扩大规模的内在驱动力。

人数最少的团队有 9 人，与平均数 27.3 人比较，说明现有部分社会文艺团队属于小规模，现有社会文艺团队主要由精英人员组成，缺乏全民艺术普及趋向。人数最多的团队有 210 人，与中位数 104.5 人比较，说明现有社会文艺团队能够发展成规模庞大的团队，能够承担全民艺术普及的任务，但是这类团队数量少，没有形成规模效应。社会文艺团队的队员人数下分位数为 18.25，结合平均数 27.3 人，说明现有社会文艺团队展演、展示、展览能够满足绝大多数对社会文艺团队的需求，但是不利于社会文艺团队队员规模发展。上分位数为 118.65，结合中位数 104.5 人，说明有一定数量的现有社会文艺团队不能参加全省社会文艺团队展演、展示、展览活动，不能起到推进社会文艺团队发展的作用。

以平均队员人数 27.3 人为中心，现有社会文艺团队队员规模向上延伸到 210 人，间距是 197.7；向下延伸到 9 人，间距是 18.3；向上延伸间距是下延伸间距的 10.8 倍。抽样调查表明，现有社会文艺团队队员规模呈现金字塔型，缺乏高质量推进社会文艺团队发展的动力和与外在支撑；现有的"舞台式"社会文艺团队展演，每支社会文艺团队只能 50 人以下上台参演，50 人以上社会文艺团需要裁减到舞台能够容纳的程度才能参演，50 人以上团队没有办法以整体团队形式参加省市州县举办的集中展演、展示、展览活动。

三、湖北省社会文艺团队的发展机遇

百年未有之大变局的新时代，城镇化加速发展，乡村振兴加速推进，城市社区治理体系建构，社会文艺团队具有联系社区网格与楼栋居民、行政村组与寨湾村民的天然属性，社会文艺团队建设和发展机遇面临难得的发展机遇。

一是大力发展公共文化已成为中国现阶段发展任务的重要组成部分。党的十九大以来，中国社会的主要矛盾已经转化为人民日益增长的美好生活需要和不平衡不充分的发展之间的矛盾，中国现阶段的根本任务是立足新发展阶段，贯彻新发展理念，推进平衡、充分、全面的发展。其中，就包含人民对美好文化艺术生活的需要，要求各级文化机构履行公共文化服务职能，提升内容质量和服务水平。然而，各级文化机构工作人员严重不足，特别是基层文化馆、文化站工作人员数量严重不足，难以承担公共文化服务职能，解决不了人民群众的文化民生问题。试想，乡镇街道的综合文化站只有 1-2 人，能够维持文化站的多功能活动厅、书刊阅览室、培训教室、文化信息资源共享工程基层点的工作，完成及时维护室外活动场地、及时更换宣传栏等常态化工作已属不易，更遑论为满足人民群众美好生活提供基本公共文化服务。社会文艺团队能够满足人民美好文化艺术生活需要，对推进区域间平衡、城乡间充分发展具有不可或缺的作用，对推进社会人的"人的全面发展"能够起到至关重要的作用。在公共文化机构工作人员不足、难以满足公共文化服务职能的情况下，社会文艺团队可成为公共文化服务供给的有力补充，通过调动社会团体的积极性，将社会文艺团队发展成为文化志愿者，弥补公共文化机构人手不足的问题，协助文化站提供书报刊借阅、时政法制科普教育、文艺演出活动、数字文化信息服务、公共文化资源配送和流动服务、体育健身和青少年校外活动等职能。

二是各级政府出台相应政策鼓励引导社会文化团队参与公共文化服务建设。2021年，文化和旅游部、国家发展改革委、财政部出台《关于推动公共文化服务高质量发展的意见》(文旅公共发〔2021〕21号)。文件提出，"使城乡居民更好参与文化活动，培育文艺技能，享受文化生活，激发文化热情，增强精神力量，提高社会文明程度"，明确要求公共文化产品和服务项目纳入各级政府预算，要求充分发挥各级财政资金引导作用，鼓励民间资本参与公共文化服务建设。社会文艺团队已经成为人民群众参与文化活动的重要形式，已经成为现代公共文化服务体系中不可分割的有机组成部分，已经成为创造和分享社会文化果实的重要载体。在此之前，各地也已出台一系列政策，探索社会文艺团队参与公共文化服务供给的道路。威海市文化和旅游局(原威海市文广新局)早在2017年8月出台的《威海市扶持社会文艺团体发展实施细则(试行)》采取政府购买社会文艺团体演出服务和购置社会文艺团体所需设备两种方式，对社会文艺团体进行扶持。温州市文化广电旅游局也于2020年1月出台《温州市社会文艺团队扶持补助办法》，以"政府主导、社团引领、全民参与"为原则，对群众业余文艺团队的运营经费予以补贴。杭州市滨江区社会发展局、杭州市滨江区财政局于2021年10月联合出台《杭州高新区(滨江)社会文化团队扶持补助办法》，鼓励和扶持辖区各类社会文化团队的建设和发展。还有广东省东莞市厚街镇、安徽省金寨县也先后出台财政资金扶持社会文艺团队发展的政策。

三是文化产业和文化事业成为湖北省未来发展战略重点。湖北省建设全国构建新发展格局先行区，"高质量发展文化事业，打造文化产业增长极，推进荆楚文化创造性转化、创新性发展"，不断提升人民群众的获得感、幸福感、安全感。社会文艺团队的高质量发展能够拉动经济发展，拉动文化艺术设备、群众性活动场所、旅游景区等方面发展。推进文化事业创造性转化、创新性发展，能够充分满足人民群众对文化艺术自娱自乐的获得感、幸福感。社会文艺团队对于丰富群众精神文化生活、激活基层文化资源要素、动员全社会广泛参与具有不可替代的重要作用。

四、社会文艺团队发展政策建议

基于社会文艺团队面临难得的发展机遇，结合公共文化服务高质量发展要求，针对湖北省社会文艺团队发展中的难点、痛点，结合文化馆、文化站的职能，提出如下建议。

(一)搭建省、市、县、乡等四层社会文艺团队培育体系

抽样调查表明，社会文艺团队对公共文化服务具有正向作用，特别是在基层文化馆、文化站，能够夯实联结人民群众的最后一公里，弥补基层文化机构文艺工作者的不足，扩

充基层文化志愿者队伍。由此，各级文化机构需要承担起培育社会文艺团队的不同职能。省群众艺术馆发挥社会文艺团队的培育基地作用，承担社会文艺团队高质量发展的示范引领职能，采取上挂、下派和线上方式，对文化馆系统文艺工作者和社会文艺团队骨干开展群众文艺节目的创作、创新、创意，艺术门类的培训辅导指导，艺术活动的展演、展览、展示，文艺团队管理、策划、服务和平台构建，地域间群众文艺交流、赏析、研讨等方面培育，本级馆至少培育20支社会文艺团队。市州群众艺术馆（文化馆）发挥社会文艺团队的培育中心作用，承担社会文艺团队规模化发展职能，采取线上和线下方式，对文化馆系统文艺工作者和社会文艺团队骨干开展音乐、舞蹈、戏剧、曲艺、书法、美术、摄影、民间文艺、非遗传承等文化艺术门类进行培育，本级馆至少培育25支社会文艺团队。边际化效应就是人民群众通过社会文艺团队知晓、感受和享有公共文化服务效能，县区文化馆发挥社会文艺团队的培育主体作用，承担社会文艺团队持续性发展和边际化效应职能，培育社会文艺团队的公共文化服务活动，推进文化馆服务社会化，开展指导、推选、考评和调演等方面活动，本级馆培育30支社会文艺团队。乡镇街道综合文化站发挥社会文艺团队的培育支撑作用，承担社会文艺团队边际化效应职能，培育社会文艺团队的规模效应、品牌效应、全民艺术普及绩效，推进文化馆、文化站服务社会化，培育35支社会文艺团队。

（二）创建社会文艺团队高质量发展基金

抽样调查数据表明，1元的财政投入能拉动1112.90元的文化资本经济流动，社会文艺团队对国民经济和社会发展具有显著作用，需要开拓创新、持续推动、践行发展。拓展公共文化服务精准性和对象化，有必要充分发挥财政资金的引导作用，持续鼓励民间资本参与社会文艺团队建设与发展，形成省、市州、县区和乡镇街道的社会文艺团队高质量发展基金，以解决78%社会文艺团队存在的设备简陋、资金筹措不足、骨干团队力量不壮大、运维资金困难等问题。社会文艺团队高质量发展基金需要采取多样化方式支持不同门类社会文艺团队，一是采取政府购买服务方式补助动态类社会文艺团队，适宜以一定标准按照社会文艺团队参与活动的演员数量进行补助，不适宜以社会文艺团队为单位进行补助。二是采取以奖代补方式补助各类社会文艺团队，适宜以社会文艺团队参与公共文化服务活动次数为主，社会文艺团队人员数量为辅进行补助。三是采取实物补贴方式补助各类社会文艺团队，适宜以艺术门类区分实物补助为主，社会文艺团队参与公共文化服务活动次数为辅进行补助。四是采取现金补贴方式补助各类社会文艺团队，此类补助只能是一种扶弱性质、扶困性质、救济性质的运维经费补助，适宜采取逐步递减补助。五是采取特定补助方式，针对社会文艺团队在文艺创作环节、对外文化交流环节、民间文艺传承环节等方面进行补助。

（三）构建社会文艺团队新发展格局

社会文艺团队新发展需要在团队数量发展、规模发展、品质发展、均衡发展、开放发展、创新发展等方面开拓，优化社会文艺团队发展布局，营造地域特色鲜明的小而美艺术空间，形成社会文艺团队标准化新发展格局，满足城乡居民特点的高品质美好文化生活期待。第一，需要推进社会文艺团队数量发展。数量发展既包括团队数量也包括成员数量。数量与公共文化服务知晓度、文化多样性和地域文化发展密切相关。没有一定的数量，无法形成规模效应。第二，需要推进社会文艺团队规模发展。规模发展是指既拥有各类艺术门类也拥有各年龄段人民群众。不能允许社会文艺团队搞垄断式规模发展，特别是不能出现会员制式、合纵连横式、加盟式发展。第三，需要推进社会文艺团队品质发展。品质发展既指管理、服务和协调社会文艺团队体制机制，也指社会文艺团队自身的创新管理、社会参与、公益服务等方面。推进社会文艺团队的品质发展，是指社会文艺团队必须是弘扬社会主义核心价值观、推进社会主义先进文化前进方向、满足人民群众美好生活的文艺团队。社会文艺团队需要承担举旗帜、聚民心、育新人、兴文化、展形象的文化责任，以提升人民群众的文明素养为己任。第四需要推进社会文艺团队均衡发展。消除城乡差别，任重道远，发展社会文艺团队，有利于拓展乡村文化内涵，提升乡村振兴，促进区域协调发展。合理调配资源，向乡村社会文艺团队倾斜，推动城乡基本公共文化服务一体建设和均等化。第五需要推进社会文艺团队开放发展。推进社会文艺团队开展民间对外交流，讲好乡村故事、中国故事，是提升世界认识中国、了解中国、读懂中国、学习中国、践行中国的不二法门。第六需要推进社会文艺团队创新发展。创新发展既需要推进社会文艺团队艺术题材、艺术体裁、艺术样式的横向延伸，也要推进线上、线下纵向拓展；既需要推进社会文艺团队建设的规范化、制度化、品牌化，也需要推进文化机构除"舞台式"演出外，开展"巡游式""庙会式""体育式"等特大型的、综合型的、集约型的社会文艺团队展演展示展览活动。

发展和培育社会文艺团队不能只是社会文艺团队本体发展，而是在要素、投资和创新等发展方式驱动下，形成适应新发展的管理体制机制格局。把社会文艺团队的发展融入乡村治理体系和城市社区治理体系，以活跃乡村和城市社区文化生活，提升乡村和城市社区文化建设品质。社会文艺团队建设在文化艺术设备供给、旅游景区地域文化展示、文化事业发展和文化产业发展等方面实行融合发展，构建云文化服务平台建设、数字文化资源建设、数字文化服务场景应用等方面协同共进的新发展格局，将国家所需、团队所能、群众所盼、未来所向有机结合起来，找准社会文艺团队在社会和经济发展大局中的定位，乘势而上、顺势而为，在构建新发展格局中贡献力量。

五、结语

培育社会文艺团队体系，构建社会文艺团队新发展格局，必须构筑精神高地引领全民艺术普及，以厚植爱党、爱国、爱社会主义的情感带动公民道德建设，以培育和践行社会主义核心价值观促进崇德向善社会风尚，统筹推进城乡社会文艺团队协调发展，在高质量发展中保障和改善人民群众美好文化生活新期待。

案 例 篇

陕西省汉中市文化和旅游融合高质量发展研究

王琼波①　杨　宽②

摘要：陕西省汉中市，以机构改革文化旅游合并为契机，加强顶层设计，推进旅居建设和全域旅游发展，丰富文旅产品供给，注重提升营销宣传，持续扩大对外影响，在加快文旅融合发展、不断推进文旅惠民上取得新成效。面临"十四五"发展的新形势新任务，提出以"旅居在汉中"城市品牌打造为引领，以创建国家全域旅游示范市为抓手，以文旅融合为路径，聚焦聚力人民群众精神生活共同富裕，统筹文旅资源要素，发挥生态优势，抓全域创建提升文旅品质，抓项目建设加大精品打造，抓设施配套提升服务质量，抓市场推广扩大品牌形象，着力推进文化旅游业在深度融合高质量发展迈上新台阶，在促进人民群众精神生活共同富裕上取得新成效。

关键词：文旅融合；全域旅游；旅居品牌；旅游城市

近年来，陕西省汉中市以创建国家全域旅游示范市为抓手，以文化旅游机构人员合并为契机，大力推进文化旅游机构整合、人员聚合、观念交合、业态融合，文旅业持续快速发展，为增进民生幸福指数、建设区域中心城市提供精神动力和有力支撑。

一、"十三五"时期汉中市文化旅游高质量发展实践成果

"十三五"以来，汉中市文化旅游业深入学习贯彻习近平总书记关于文化和旅游工作的重要论述，坚持以人民为中心、以市场为导向，统筹推进文化事业、文化产业和全域旅游，在稳增长、调结构中积极作为，在推改革、扩开放中激发活力，在惠民生、促和谐中增进福祉，文化旅游业转型升级、量效齐增、繁荣向好，在满足人民文化需求、拉动市场消费增长、推进统筹城乡发展等方面发挥积极作用。

（一）坚持顶层设计，增强发展动力

汉中市委、市政府把发展文化旅游业纳入经济社会发展重要内容，主要领导多次召开会议研究、部署、推进文化旅游建设，提出具体要求措施。将旅游集散中心列为汉中市全力打造的"六个中心"，把以文化旅游为代表的幸福产业纳入汉中市重点实施的"五大工

---

①　王琼波，陕西省汉中市文化和旅游局副局长，研究方向：公共文化服务体系建设。
②　杨宽，陕西省汉中市文化和旅游局宣传推广科科长，研究方向：公共文化。

程"，相继成立了主要领导牵头抓总的文化旅游资源统筹领导小组、"旅居在汉中"工作推进领导小组、"汉家乐"品牌建设工作领导小组等，制定了《强化文化旅游资源统筹加快全域旅游示范市创建三年行动方案》《文化产业发展十条政策措施》《红色革命文化传承振兴工程实施方案》等政策措施，编制了"十四五"《文化旅游业发展规划》《文物保护规划》，推动文化旅游业高质高效发展。坚持"宜融则融、能融尽融"的原则，整合文物、旅游职能，组建了文化和旅游局（文物广电局），推动文化、旅游的理念、产业、市场等全面融合，文旅改革整体效应不断彰显。"十三五"期间，汉中市累计接待游客 2.56 亿人次、实现旅游收入 1478.8 亿元，其中 2019 年接待游客、旅游收入分别是 2015 年的 2.3 倍、2.7 倍，提前两年完成"十三五"发展目标；2020 年接待游客 6170 万人次、实现旅游收入 356 亿元，旅游复苏走在全省前列。

（二）坚持全域发展，高点推进文旅建设

以创建全域旅游示范市为抓手，强化"全域景区、全景汉中"理念，推动由"旅游目的地"向"旅居目的地"转变。

（1）狠抓全域示范创建。汉中市政府每年召开示范市创建工作推进会，印发《两年冲刺计划》，下达年度创建工作任务，加快创建步伐，留坝、汉台等 7 个县区成功创建为陕西省全域旅游示范区，示范区创建单位数量居陕西省第一。汉中全域旅游做法得到充分肯定，在陕西省全省进行推广。

（2）加快旅居品牌建设。编制"旅居在汉中"《规划》《三年滚动计划》，召开旅居在汉中试点暨文旅重点项目建设推进会，开展旅居建设调研；成功在西安举办"旅居在汉中"活动周，签订项目 25 个，签约资金 162 亿元；古褒国旅游度假区、留坝民宿聚落、佛坪乡村休闲度假区等建设取得积极进展，洋县有机产业农村产业融合发展示范园入选第三批国家农村产业融合发展示范园创建名单，建成道班宿、贝壳山居、"天赐秦韵"胶囊民宿等特色旅居产品，南郑区汉山街道汉山村入选第三批全国乡村旅游重点村，汉台区河东店镇花果村、宁强县青木川古镇景区入选全国 100 个乡村旅游扶贫示范案例，打造出新天汉·汉中院子、尤曼吉汽车营地等一批旅居新业态。

（3）大力发展文化产业。汉中市设立市级以上 10 亿元文化旅游产业发展基金和 1000 万元文化产业发展专项资金，天汉文化公园、羌文化博览园等相继建成，《天汉传奇》《汉颂》《出师表》等演艺剧目常态化演出，《西汉三堰》《汉中栈道》等纪录片相继播出，《汉中文化旅游丛书》出版发行，初步形成了演艺娱乐、影视传媒等 10 大类文化产业发展格局。汉中全市建成省级文化产业示范园区（基地）11 家、"十百千"工程重点文化产业园区（基地）6 家。2020 年汉中市规上文化企业营业收增速 5.1%，居全省第 3 位。

（4）加大精品景区打造。持续加大文旅资金投入，统筹旅游发展资金 1.2 亿元，用于项目建设、景区创建等奖补。近年来，汉中市实施重点文旅项目 60 余个，完成投资 282.7 亿元，年均增速 39.1%。编制区域旅游集散中心《建设方案》《傥骆道遗产线路活化规划》，天坑群地质遗迹保护利用稳步推进，兴汉新区核心区建成开园，龙头山、汉江源、九昱温泉、大汉山等建成开放，华阳、紫柏山、青木川、黎坪创 5A 通过省级以上资源评估并报请文旅部资源评审，秦岭佛坪国宝度假区创建省级度假区，实现度假区零突破。汉中全市建成国家 A 级景区 31 家，其中 4A 级景区 15 家、3A 级景区 15 家，实现 A 级景区县区全覆盖。

(三)坚持融合互动，丰富产品供给

按照"以文塑旅、以旅彰文"的思路，深入推进"文化+""旅游+"战略，以文旅融合催生新产品，拓展产业链。

(1)加强遗产保护利用。"汉中三堰"列入世界灌溉工程遗产名录，南郑疥疙洞旧石器洞穴遗址入选 2019 年度全国十大考古新发现，龙岗寺遗址列为陕西省首批"文化遗址公园"，《张骞墓保护条例》成为汉中首部历史文化保护地方性法规；完成"故宫文物南迁停留汉中纪念地"等三项文物资源调查，实施重点文保项目 35 处，登记可移动革命文物 1083 件(套)。5 个非遗项目列入陕西省首批传统工艺振兴目录，市级非遗及羌族文化展厅建成开放。汉中市有各级文物保护单位 283 处，其中国保 20 处、省保 83 处；博物馆 24 座，馆藏文物 2.2 万余件(套)。有各级非遗名录项目 640 个，其中国家级 8 个、省级 64 个；各级非遗项目代表性传承人 554 人，其中国家级 4 人、省级 21 人。

(2)深入推进大众旅游。坚持标准化和个性化相统一，大力发展乡村旅游、休闲旅游、红色旅游、研学旅游、体育旅游等，更好满足游客特色化、多层次需求。汉中市培育"汉家乐"61 家、特色民宿 50 余家，建成陕西省文化旅游名镇 5 个、旅游特色名镇(村)56 个，2 个镇(村)入选全国乡村振兴典型案例，4 个村入选全国乡村旅游重点村；川陕革命根据地纪念馆纳入全国 100 个经典红色旅游景区，建成爱国主义教育基地 11 个(国家级 1 个、省级 4 个)，推出红色旅游精品线路 5 条；创建国家中小学生研学实践教育基地 1 处、省级 9 处，打造出勉县汉钢工业旅游、留坝国际足球研训基地等新业态；建成文化旅游商品展销中心，举办"汉中有礼"商品大赛深度推进文创产品研发生产，一批文创产品、旅游商品在全国特色旅游商品大赛中屡获大奖。

(3)加快发展智慧旅游。建成汉中旅游信息服务中心，文旅大数据平台建设加快推进，开发出集信息查询、门票预约、游玩攻略等于一体的"游汉中"服务平台；开通马蜂窝汉中攻略号，推出"花与视界""秦巴秘境、汉潮名城"等系列主题活动，完成 20 个重点景区 720 度全景拍摄，汉中全市 4A 级景区游客预约、视频监控数据与陕西省市平台对接。

(四)坚持文旅惠民，提升服务效能

以标准化、优质化为方向，抓配套、优环境，让群众游客享有更加丰富、更加充实的文旅体验。

(1)抓公共文化服务。汉中市图书馆、博物馆加快建设，累计建成图书馆分馆 138 个、文化馆分馆 120 个、基层综合性文化服务中心 2363 个，"两馆一站"免费开放率 100%，为 2200 余个村(社区)配送文化活动器材，年均实施政府购买文化惠民演出 1000 场以上；话剧《四叶草》入选全国优秀现实题材展演剧目，《韩信拜将》等亮相全国戏曲百戏盛典，《刘子清的小事》《日照云雾村》等剧目在陕西省艺术节荣获大奖；完成中央无线数字化覆盖工程、贫困县制播能力提升建设，汉中全市广播、电视人口综合覆盖率均达

100%，汉中市文物广电局被评为全国新闻出版广播影视系统先进集体。

（2）抓旅游设施建设。加快建设紫柏山、黎坪旅游专线，华阳旅游专线建成使用；扎实推进"厕所革命"，累计建设旅游厕所507座，厕所完成率、标注率居陕西省第一方阵；出台《支持外埠特色旅游要素企业来汉聚集发展的优惠政策》，天汉长街、兴汉新区两街、留坝老街、西乡廊桥水城等一批特色旅游街区建成运营，小龙坎、胡桃里、迪卡侬等一批特色要素企业落地开业，建成天汉景逸、金宏、荣嘉等一批精品酒店，全市现有星级饭店25家，旅行社22家。

（3）抓环境综合整治。推进"放管服"改革，常态化对旅游单位服务质量进行明察暗访，举办全域旅游发展暨乡村旅游等专题培训；扎实开展行业扫黑除恶专项斗争，联合执法检查与"体检式"暗访相结合，加大市场环境综合整治，强化安全监管，实现了无广播电视播出事故、无文物旅游安全事故、无重大旅游投诉。

（五）坚持品牌营销，扩大对外影响

紧盯文旅市场，品牌化营销、精准化宣传、多层次推广，创新举办中国最美油菜花海旅游文化节，油菜花节被评为"中国最负盛名的十大节庆"，"汉中油菜花海"进入抖音全国六大油菜赏花地专题榜。成功举办"四个在汉中"全球线上推介会、世界旅游小姐全球总决赛、陕西省首届汉文化节、汉中全域旅游及名优农产品港澳推介会、冰雪嘉年华、华阳国际围棋争霸赛等一系列重大文旅体活动，在《中国旅游报》、今日头条、抖音等开展20余项形象宣传，举办幸福产业发展论坛、文化和旅游融合发展论坛、"我为汉中代言"短视频大赛等，率先在全省推出免费游A级景区致敬最美"逆行者"活动，实施"旅游消费促进季"，与陕川渝14市共同成立"大巴山、大三峡"文化旅游联盟，"回汉人老家·过汉风大年"品牌亮相纽约时代广场，朱鹮文化展在日本大阪G20峰会成功举办，进一步提升"秦巴天汉、旅居天堂"美誉度，汉中相继荣获"全国十大全域旅游目的地""最具投资吸引力绿色旅游城市""新时代·中国最佳文化旅游名城"等称号。

二、"十四五"时期汉中市文旅深化融合高质量发展方向

当前和今后一个时期，是汉中加快追赶超越、实现高质量发展战略机遇期，也是文化旅游业发展的"黄金期"。汉中市文化旅游业将深入贯彻习近平总书记莅陕考察重要讲话精神，坚定文化自信，以"旅居在汉中"城市品牌打造为引领，以创建国家全域旅游示范市为抓手，以文旅融合为路径，聚焦聚力人民群众精神生活共同富裕，统筹文旅资源要素，发挥生态优势，做优人文关怀，提高区域中心城市首位度，奋力推进新时代文化旅游业发展迈上新台阶。

（一）抓资源统筹，推动高质量发展

坚持政府引导推动，发挥市场作用，吸纳各方参与，聚合文化旅游高质高效发展新动能。

（1）加强资源统筹。认真落实汉中市委、市政府《强化文化旅游资源统筹加快全域旅

游示范市创建三年行动方案》，出台相关配套办法，将汉中市旅游发展资金增加至 1.2 亿元，设立文化产业发展资金，组建市级文旅产业投融资平台。对高 A 级景区、星级饭店、旅游镇村、"汉家乐"等明确创建奖励标准，增强产业发展动力。充分发挥政府、市场"两只手"作用，坚持"规划引领、整体推进，市级统筹、县区实施，融合发展、突出特色"的原则，统筹设施、市场、宣传、质量等建设，打出"组合拳"、奏响"大合唱"，大力促进汉中市文旅产业从资源依赖型向创新开发型转变、从观光消费型向综合效益型转变、从自然增长型向高质量发展型转变。

（2）强化规划引领。认真组织实施《"旅居在汉中"规划》《全域旅游发展规划》等，按照"八个全域化"要求，加强文化、旅游规划与经济社会发展、国土空间、生态保护等规划衔接，积极推进"多规合一"，严格规划管理，杜绝盲目开发和低水平重复建设，推进产业聚集、融合创新、错位发展。

（3）打造精品线路。以交通为纽带、城镇为依托、景区为支撑，科学合理配置文旅要素，培育打造两汉三国文化、生态康养度假、山地运动体验等精品主题旅游线路，联合建设朱鹮国际生态、世界遗产黄金走廊等旅游线路，精心打造一日游、二日游、三日游等符合游客需求的精品旅游线路，形成串珠成链、串点成线的文旅发展新格局。

（二）抓项目建设，加大精品打造

强化"项目为王"理念，坚持品牌引领、板块推进、园区建设，加快形成错位发展、众星拱月的文旅体验集群。

（1）大力度建设项目。主动融入巴蜀文化走廊、长江国际黄金旅游带建设，精心谋划一批改善环境、彰显特色、带动性强的大项目好项目；坚持板块推进、园区建设，积极融入大熊猫国家公园、长征国家文化公园等建设，稳步推进天坑群地质遗迹保护利用，加快天汉文化公园、张骞文化园、古褒国度假区、龙头山文旅综合体等开发建设，以项目建设聚集发展要素，增强发展动能。

（2）多维度打造品牌。牢固树立"保护文物、发展文化、传承文明"工作理念，深入推进中华优秀传统文化传承发展工程，加强石窟寺、馆藏文物、历史遗迹等保护利用，通过非遗传承示范基地和非遗工坊建设、非遗购物节等活动，推进非遗"见人见物见生活"活化利用。将文化贯穿于"旅居在汉中"建设全过程，统筹古汉台、张骞墓、张良庙、武侯墓祠等优势资源，加快构筑以"一核、一廊、多园"为支撑的两汉三国文化产业基地，面向国内外策划推出汉文化展示活动、体验项目、创意产品，全力打造以"汉文化"为重点的旅居品牌。

（3）快速度开发精品。按照"突出大特色、打造大景区、形成大容量、构建大循环"要求，强力推进特色优质创 5A 步伐，优化创建梯次，集中力量优先打造，尽早实现有 1 处景区跻身国家 5A 景区。加大张骞纪念馆、午子山、南沙湖等景区创 4A 力度，推动景区提档升级。

（三）抓创新融合，扩大产业规模

从供需两端发力，深入实施"文化旅游+"战略，加快构建"春游花海、夏览山水、秋赏红叶、冬玩冰雪"的全域旅游、全季旅游产品体系。

（1）大力发展乡村旅游。抢抓乡村振兴战略机遇，打造主客共享美好空间，推进乡村旅游提升行动，加大"汉家乐"品牌打造，积极发展民宿聚落，巩固提升旅游特色名镇（村）发展水平，开发一批城郊休闲型、美食体验型乡村旅游产品，培育一批乡村旅游廊道、乡村美食节，改善乡村环境，促进农民增收。

（2）深度开发休闲旅游。以发展大众旅游为契机，加快南湖、红寺湖、华阳水街等建设，高质量打造一批山水休闲、户外探险等生态旅游产品、旅游度假区，注重发挥中医药优势，大力发展养生养老产业，开发一批特色医疗、疗养康复等养老旅居产品，打造一批中医药健康旅游示范基地。

（3）丰富拓展文化旅游。加强优秀传统文化的深入挖掘和阐释，把文化基因融入景区建之中，加快发展动漫娱乐、数字文化、网络文化等产业，培育文化沙龙、24小时阅读吧、音乐俱乐部等业态，促进文化产业做大做强。鼓励支持文艺院团、非遗传承人与旅游景区以市场化方式合作，推进景区文旅融合，使4A级以上景区有演艺剧目或表演性非遗项目常态化演出，丰富景区旅游体验。

（4）积极发展购物旅游。顺应旅游消费结构升级的需求，挖掘弘扬汉中优质文化资源，加强旅游商品创意设计，开发一批特色浓郁、制作精良、物美价廉、便于携带的"汉中游礼"旅游商品，建设一批"老字号""诚信店"，开展特色旅游商品"进商场超市、进机场车站、进旅游景区、进宾馆饭店""四进"活动，扩大旅游购物消费份额。

（四）抓设施配套，提升服务质量

秉持以人民为中心的理念，进一步畅通旅游交通网络，优化完善文旅公共设施和服务水平，构建更为美好的乐游汉中文旅体验。

（1）加强旅游交通建设。加快推进汉中城固机场扩建，推进"交通强国陕南交通旅游山水画卷"试点，打造快进慢游交通网络。加大陕南交通旅游山水画卷建设，深入推进绕城高速、沿江平川、浅山丘陵、秦巴深山环线建设，通过2~3年努力，实现通往重点4A级以上景区公路达到二级以上标准、3A级景区和重要乡村旅游点公路达到等级标准，各县区建成1个以上标准化自驾游营地。

（2）加强旅游接待设施建设。加大旅游集散中心、景区游客中心建设力度，完善配套服务功能，形成以中心城区旅游集散中心为龙头、县区旅游集散中心为支撑、景区游客中心为网点的多层级旅游集散咨询服务体系。强化文旅特色要素聚集发展，提升天汉长街、张骞风情街等特色街区建设水平，结合"服务业倍增"计划，加快建设以中央文体区为代表的文化旅游商贸综合体，及天汉长街、兴汉"两街"等特色商圈，大力发展商务会展、文化娱乐、城市休闲等业态，不断提升旅游综合服务接待能力。评选命名一批"汉中市商旅融合示范单位"，构建以星级饭店为龙头，度假酒店、汉家乐等为支撑的旅游住宿接待体系。

（3）加强智慧文旅建设。顺应新型基础设施建设和数字社会建设机遇，推进旅游+互联网，实施数字赋能行动，加快智慧升级步伐，加大汉中文旅大数据平台PPP项目建设，完善优化"游汉中"数字平台功能，拓展智慧旅游平台终端服务应用，提升文旅场所在线预订、扫码验票、电子讲解等信息服务水平，实现"一机游天汉"。

(五) 抓市场推广，扩大品牌形象

围绕"旅居在汉中"城市品牌，推进全域联动营销，提升汉中文旅对外美誉度。

(1) 办好品牌节会。坚持"政府引导、企业主体、市场运作"，创新举办油菜花节、汉文化旅游节、三国文化旅游节、柑橘旅游文化月、红叶节、冰雪嘉年华等等活动，精心策划、丰富内容、提升内涵，使节会活动成为提升对外形象、惠及市民游客、拉动经济增长的重要平台。

(2) 创新营销方式。进一步更新工作理念，以形象宣传扩大品牌影响，以产品落地选择传播载体，坚持传统媒体与新兴媒体共融、线上宣传与线下宣传互动，推出系列形象宣传、专题宣传、广告宣传，深化与抖音、快手、携程等的合作，提升线上宣传质效，加快构筑新媒体营销矩阵。

(3) 提升推广实效。组织实施《旅行社奖励办法》，加大文旅惠民实施力度，线上线下多形式多层次举办旅游推介会，做好国内外会展促销，利用影视作品、体育赛事、旅游达人口碑等借力宣传。深化旅游协作地市互促互动，加大跨区域精品旅游线路推广，形成宣传推介和市场开发的叠加效应，扩大"秦巴天汉·旅居天堂"对外知名度。

少数民族山区文旅深度融合创新发展实践研究
——以湖北省宣恩县为例

肖正礼①　　章艳丽②　　严　伟③

摘要： 宣恩县通过顶层规划、配套设施、资源融合、数字媒体、融合机制的体制机制改革创新，实践探索文化与旅游深度融合建设和服务运营的基本路径，破解了少数民族山区优秀传统文化保护传承难、活动推广难、文旅深度融合难、社会效能提升难的重难点问题，提高了宣恩县文化旅游的知名度、参与度、体验度，形成了少数民族地区文化旅游深度融合高质量发展的宣恩模式。

关键词： 少数民族山区；文化旅游；文旅融合；宣恩模式

　　湖北省恩施土家族苗族自治州宣恩县，地处湖北西部武陵山区，国土面积2737平方公里，辖5镇4乡、279个村、5个社区和1个国家级自然保护区（七姊妹山）、1个省级工业园区，总人口36万人，其中少数民族人口占66.6%。神秘的北纬30°黄金分割线穿境而过，中亚热带季风湿润型山地气候，造就了层次丰富的自然景观，滋养了溢彩吐韵的民族风情。宣恩县委、县政府坚持以绿水青山就是金山银山的"两山理论"为指导，以土苗侗族文化为载体，牢牢把握"近者悦·远者来"发展初心，实施文化和旅游深度融合，在项目建筑风格上实行传统与现代融合，在应用场景设置上实行文化与旅游融合，在项目推介上实行线上与线下融合，在服务方式上实行本土与远程融合，在社会效应方面实行公益与公营融合，形成少数民族地区生态文化旅游深度融合发展的宣恩模式。

一、宣恩县文旅深度融合建设基本路径

（一）提高规划质量，推动中国文化走向世界

　　为做好文化旅游融合发展的顶层设计，宣恩县聘请东南大学、华中科技大学、重庆大学、威尼斯建筑大学等数十所著名高校的近百名专家教授，制定《宣恩县全域旅游发展规划》《宣恩县城"仙山贡水旅游区"AAAA级景区创建规划》《中国土家泛博物馆（彭家寨）总

---

①　肖正礼，武汉市群众文化学会特聘研究馆员、湖北省文化和旅游公共服务专家委员会委员。
②　章艳丽，湖北省宣恩县公共文化服务中心主任。
③　严伟，湖北省宣恩县文化和旅游局文化艺术和非遗股股长。

体规划》等项目规划。其中，中国土家泛博物馆彭家寨景区建筑设计作品和研究案例，受邀参加第十六、十七届威尼斯国际建筑双年展，荣获金狮奖。2021 年 7 月 1 日，彭家寨旅游景区摩霄楼荣获 ADA 年度亚洲设计大奖；11 月，加拿大木业等主办的木文化学术沙龙在彭家寨旅游景区举行，通过项目参观、学术研讨会等形式让彭家寨旅游景区民族文化、建筑文化走向国际平台。2021 年 12 月，国家级非遗项目——土家吊脚楼营造技艺宣恩县级非遗传承人黄俊，受邀参加第七届中俄"长江—伏尔加河"青年论坛，在创意手工艺品课堂上，大展土家族建筑风韵，绽放非遗文化魅力。宣恩少数民族特色建筑文化接连走上国际舞台，为世界提供了一个具有持久研究价值的中国案例。

（二）完善配套设施，融入土家族建筑文化

宣恩县文化旅游项目开发，以土苗侗族文化为载体，以"湖北土家第一寨"之称的宣恩县沙道沟镇彭家寨族吊脚楼为基本元素，以风雨桥为基本特点，实行传统与现代融合建设。例如，宣恩县"仙山贡水旅游区"，从景观绿化、景点亮化、道路美化、配套标准化、管理规范化着手，提升景区品质，先后建成文澜桥、音乐喷泉、墨达楼、贡水河国家湿地公园、惹溪街等景点十余处，形成总面积 3.6 平方公里的"景城一体"布局。截至 2021 年底，仙山贡水旅游区累计完成投资 43.2 亿元，在城区建设 2851m² 民俗体验区、2593m² 民俗文化展示区、7618m² 传统木结构特色展示区、5838m² 民俗文化体验街、13411m² 管理服务中心，建成游客中心 3 处，A 级以上旅游厕所 15 座，新增停车位 1000 余个，完成旅游标识标牌 1200 余块、6.94 公里景交专线和智慧景区系统等配套设施建设。打造生态文化多元化、旅游景观特色化、功能布局现代化、惠民服务智慧化的仙山贡水旅游区，生态保护优秀传统文化，活态传承土家建筑文化，泛态传播民族民间文化，塑造"仙山贡水·浪漫宣恩"文化旅游品牌。2019 年 10 月，仙山贡水旅游区荣获"中国文旅融合创新奖"，2021 年 10 月 25 日，仙山贡水旅游区正式获批为国家 AAAA 级旅游景区。

目前，累计投资 29 亿元的伍家台贡茶小镇、贡水半岛旅游港、萨玛长潭旅游区等项目稳步推进，配套设施不断完善。

（三）融合本地资源，形成全域旅游新格局

在仙山贡水旅游区建设成功经验启示下，宣恩县坚持"宜融则融、能融尽融"的建设原则和"以文塑旅、以旅彰文"的工作思路，通过民族民俗文化与旅游融合、农业农耕文化与旅游融合、宣恩体育与旅游融合，实现以仙山贡水旅游区为核心，以乡村旅游"十姊妹"为依托，以彭家寨、伍家台、狮子关、曜天眼等景区环绕发展的"众星拱月"式的文化旅游产业体系。曜天眼景区、金典君澜酒店先后完工营业；以全国重点文物保护单位彭家寨吊脚楼群为核心，以建筑艺术和土家文化为灵魂，以传统村落和旅游为载体，一个活化的、动态的、再生的中国土家泛博物馆彭家寨旅游景区，于 2021 年 8 月 7 日开园，再现和展示土家人原真的生产生活场景。这些文化旅游园区的建设和陆续开放，为宣恩县甚至恩施州文化旅游融合发展注入新动能，宣恩全域旅游呈现快速发展之势。

（四）利用数字媒体，加强文旅宣传推广

注重文旅项目推介、文旅信息推送，开办"浪漫宣恩"微信公众号，"浪漫宣恩"新浪

微博号，"仙山贡水·浪漫宣恩"抖音号，"宣恩旅游"今日头条号，"浪漫宣恩"百度百家号等5个政务新媒体。"浪漫宣恩"微信公众号自2016年11月8日注册五年来，共发布推文1241篇，平均每周4.75篇，在全国50个城市中，关注人数总计43202人，阅读人数3369570人，阅读次数4786702次，分享人数140521人，分享次数188769次，提高了宣恩县文旅信息的社会知晓率、文旅活动参与率、文旅服务满意率。

2021年，各平台围绕"吃、住、行、游、购、娱"等旅游业六大基本要素，及时发布相关政策、文旅动态、文旅活动。在新浪微博举办达人游宣恩系列活动，阅读总量2308.3万人次，讨论量3.4万人次。2021年5月21日，宣恩县在彭家寨举办"两河口：一个土家会聚之地的再生——第十七届威尼斯建筑双年展平行展单元"展览开幕式，通过跨国连线双向交互直播方式，与意大利威尼斯卡纳雷吉欧区禅宫主会场，同步面向全球推介彭家寨土家村落建筑文化，中央广播电视台国际在线进行中英双语全球直播。6月，"走进新国企 见证美丽乡村"数十家党政媒体走进浪漫宣恩；7月，湖北网络大V夏季主题沙龙暨彭家寨土家泛文化考察活动，省内外自媒体达人集中推介宣恩旅游；8月，彭家寨旅游景区重磅发布景区旅游宣传片并举办抖音推广大赛，参赛浏览量超4000万；9月，举办湘鄂渝百名媒体大V、幸运游客来宣恩采风踩线活动，三省媒体再次对准宣恩旅游、推介宣恩美食美景美物，进一步提升宣恩旅游知名度。

（五）创新融合机制，实现社会与经济双效统一

宣恩深邃厚重的文化旅游资源，先后吸引中国科学院、中国旅游研究院、中国旅游集团、蜗牛景区管理集团、江苏金刚科技集团等十几家单位到宣恩考察、指导文旅项目。宣恩县以"湖北省公共文化服务体系示范区""国家全域旅游示范区""武陵山（鄂西南）土家族苗族文化生态保护实验区"等"三区共建"为动力，创新文旅融合发展体制机制，带来规模效应。这个只有35.59万人口的少数民族县，全年接待游客人数从2016年的141.02万人次增加到2021年的534.4万人次，旅游综合收入从6.25亿元上升至28.27亿元，两项数据增幅在全州八县市中均位于首位，提高了土苗侗族文化旅游活动的时代价值和社会经济效益。成功创建"湖北旅游强县"，并入选世界旅游联盟旅游减贫案例集选。

二、宣恩县文旅深度融合机制创新

宣恩县以土家、苗、侗等少数民族传统文化为载体，以乡村振兴为抓手，以开发仙山贡水旅游区为重点，以"景城一体"的景区布局为中心，以"众星拱月"的文旅产业体系为策略，通过政策、机构、制度、活动等机制创新，实现主客共享民族文化建设成果，形成了少数民族地区文化旅游空间建设与运营服务的宣恩示范。

（一）政策出台保障文化旅游深度融合

2020年11月，宣恩县委办公室 县政府办公室印发《宣恩县非物质文化遗产传承展演中心体制改革实施方案》；2021年5月，宣恩县人民政府出台《宣恩县旅游业发展奖励办法》；9月，出台《关于进一步支持旅游业恢复发展的八条措施》。这些政策措施，有力地推动了宣恩县文化旅游深度融合发展，使宣恩县成功创建"湖北旅游强县"，被列入创建"湖北省第四批公共文化服务体系示范区"名单，入选世界旅游联盟旅游减贫案例选集。

（二）机制创新保障文化旅游项目建设

宣恩县文化旅游景区建设，以政府为主导、企业为主体，保障项目设计、建设、服务高效运营。例如，中国土家泛博物馆彭家寨景区，政府主导策划、规划，湖北彭家寨旅游投资有限公司投资 30 亿元，以国家重点文物保护单位彭家寨吊脚楼群以及周边的两河口村和龙潭村为核心区域，按照国家 5A 级旅游景区标准，建设集少数民族文化研究、建筑和美术艺术展示、国际学术交流、特色观光旅游等元素于一体的文旅新地标，使得过去由于交通不便造成沉睡 200 多年的彭家寨，迅速"活化"起来。政府主导协调、企业负责建设运营，保障村寨与景区、居民与游客、集体与个人、企业与政府的互利共赢。

仙山贡水旅游区在政府主导和支持下，先后成立仙山贡水旅游有限公司和仙山贡水旅游区管委会，通过公司加政府的双管模式，形成"职能部门服务管委会、管委会服务旅游公司、旅游公司服务景区主客"的建设和运营链条，建立"景城一体"整体协同推进机制。

（三）标准制定保障文化旅游服务质量

宣恩县因地制宜，制定文化旅游服务制度标准，保障高品质服务。制定出台《宣恩县民宿文化旅游示范户建设服务标准》《宣恩县文化旅游示范村建设服务标准》《宣恩县文化旅游示范乡（镇）建设服务标准》；宣恩仙山贡水旅游有限公司，宣恩县文旅局、市监局、住建局、城管执法局共同制定的《仙山贡水旅游区服务规范》《仙山贡水旅游区服务规范》，被恩施州市场监督管理局列为 2021 年度恩施州地方标准制修订项目。宣恩县珠山镇被评为湖北省旅游名镇，伍家台村和两河口村分别评为湖北省旅游名村，水田坝"千户土家"获评湖北银宿级民宿。沙道沟镇两河口村、椒园镇庆阳坝村先后被命名为中国历史文化名村；长潭河侗族乡两溪河村、晓关侗族乡野椒园村等 6 个村被命名为中国传统村落；万寨乡伍家台村、高罗镇小茅坡营村等 5 个村被命名为中国少数民族特色村寨。

（四）活动创新提升文化旅游融合质量

宣恩县依托当地特色文化开办各项节会活动，提升宣恩文旅品牌知名度，推动当地旅游产业发展。宣恩县多年举办中国民族民间龙舟公开赛暨贡水河水上运动会、中秋恳亲商贸洽谈会暨贡乡贡品博览会、环贡水河健身徒步和长跑比赛、山地自行车邀请赛、全国汽车场地越野赛、伍家台贡茶文化节、贡水白柚采摘节、椿木营高山露营节、稻草人文化艺术节等"两会三赛四节"，每年举办大小节会 20 余场，覆盖县城和绝大部分乡镇，四季到宣恩"过节"成为常态。

2020 年，贡水河水上运动会升级为中国民族民间龙舟公开赛，荣获"中国国际广告节广告主奖 2020 年度整合营销金奖"；"仙山烤活鱼·贡水推豆腐"成为知名美食地标；2020 年 9 月，宣恩县举行湖北省群众广场舞集中展演暨"双进双促"行动启动仪式，湖北省 3400 多支广场舞团队、8 万多群众参加展演；2021 年 2 月，湖北卫视"荆山楚水闹元宵"直播将宣恩作为湖北省唯一县级直播地，吸引 1300 万网友在线"围观"。通过一系列文化旅游活动，宣恩县打响了"仙山贡水·浪漫宣恩"的文化旅游品牌。

宣恩县深入挖掘当地少数民族文化、非物质文化遗产资源，提升文旅产品质量，推动文化旅游深度融合。宣恩县有薅草锣鼓、三棒鼓两项国家级非物质文化遗产项目，宣恩耍耍、宣恩花锣鼓、高腔山歌、滚龙连厢、民间小调、灯戏等多项湖北省级非物质文化遗产项目，小茅坡营苗寨是湖北省唯一保留完整的苗语苗俗文化。充分利用丰富的山歌民舞资源，丰富宣恩县"两会三赛四节"节目内容，在景区中游客可随时学习体验宣恩耍耍等非遗项目；此外，宣恩县还积极推动特色文化"走出去"，滚龙连厢在湖北省内外多次展演，高腔山歌、十姊妹歌、三棒鼓、八宝铜铃舞相继走进央视《远方的家》《民歌中国》等栏目。

其中，宣恩县作为"中国民间文化艺术(耍耍)之乡"，尤为注重宣恩耍耍的传承发展。早在 1957 年宣恩耍耍就进京参加全国民间文艺调演，被推选进怀仁堂举行公演，受到毛主席、周总理等老一辈党和国家领导人的称赞。2021 年 2 月 3 日，恩施州委宣传部、州、市(县)文旅局组织策划推出歌曲《幺妹儿带你慢慢儿耍》以及 MV；2 月 24 日，以《幺妹儿带你慢慢儿耍》歌曲编排的工间操教学视频在网上播出，在一周时间内点击量、播放量突破亿次；到 2021 年 8 月，已达 6 亿次。抖音上湖北、云南、贵州、海南、浙江等全国多地自拍的小视频 1000 多个，在全国范围内打响了宣恩旅游的知名度。

三、宣恩县文化旅游深度融合发展启示

(一)优秀传统文化创造性转化为现代旅游场景建设内核

1. 山水为墨，打造"景城一体"开放式景区

宣恩县在县城的仙山贡水旅游区，以国家重点文物保护单位、中国土家泛博物馆彭家寨吊脚楼为基本元素，结合当地自然环境，以及现代建筑艺术和大众审美要求，建设新地标墨达楼；以侗族风雨桥为基本形状，在贡水河两岸建造现代化的文澜桥；以土家族的历史图腾为基本内容，在贡水河岸边雕琢岩画；以现代电脑音乐和 EDL 灯光为基础，在河床中央设置音乐彩灯喷泉，形成"山水园林城·民族风情苑"为特征的"景城一体"人文景观。

2. 文化为脉，塑造现代文化旅游场景

宣恩县以节庆文化活动带动旅游，围绕"春之茶、夏之水、秋之韵、冬之雪"，常态化、高水平举办"两会三赛四节"，塑造主客共享的现代文化旅游场景。先后策划开展了"品贡茶 烤活鱼 赏夜景"2020 年夏之初、"烤活鱼 玩摇滚 啤酒宝贝一起嗨"等系列活动，通过线上推广、网红直播、发放旅游消费券、推介精品线路等形式刺激旅游消费，加快推动社会经济复苏。2020 年中国民族民间龙舟公开赛(宣恩站)暨贡水河水上运动会升级为国家级赛事，文旅融合、体旅融合、全民参与、形式多样的节庆活动深受广大游客喜爱。

宣恩县积极推动县域外游客到访，推动当地旅游产品走向全国，拓宽游客市场。2021年国庆黄金周期间，湖北省自驾游协会组织"2021 国庆之环架鄂西南·寻秘彭家寨文化之

旅"，武汉市共计 100 多台私家车，300 多位车友自驾游宣恩。七天黄金周，宣恩县累计接待游客 40.21 万人次，较 2019 年、2020 年同比分别增长 94.35%、108.65%，实现旅游直接收入 3767.14 万元，较 2019 年、2020 年同比分别增长 151.69%、182.99%。A 级旅游景区共接待游客 5.11 万人次，星级饭店客房出租率 87.9%，较 2019 年、2020 年同比分别增长 9.87%、7.33%。

(二) 新型体验式特色旅游彰显民族民间文化精髓

宣恩县的民族特色文化旅游景区，创建"文化为核"的节事活动架构、"互动共享"的内容体验、"包容创新"的发展新空间，将土苗侗少数民族特色建筑、传统服饰、生活习俗等特色文化基因融入体验式旅游活动，将优秀传统文化的生态保护与活态传承、高质量发展集中体现在景区建设和服务的全过程。

宣恩县城乡所有的文化旅游园区，"季季有赛事、月月有活动、周周有展演，天天有歌舞"，游客在景区可以随时观赏、体验宣恩要要《洋芋歌》《幺妹儿带你慢慢儿耍》、高腔山歌《郎口没有姐口甜》、滚龙连厢《连厢打出幸福来》《三棒鼓》等非物质文化遗产。同时，宣恩县着力打造沉浸式文化景观，将少数民族生活场景在景区中活化、复现，游客在景区中可以看到蒸包谷、打糍粑、炕洋芋、烤活鱼等生活场景，沿街叫卖、物资交易等独特的商贸场景，沉浸式体验少数民族文化。

(三) 应用数字化传播手段加强宣传推广

宣恩县充分发挥数字化传播手段特点，采取线下+线上、有线+无线、大 V+网友的模式，营造人人充当宣恩旅游推介人的氛围，推介文旅开发项目，推送文旅活动信息，突破时空局限，提升宣恩文旅品牌知名度。

1. 线下与线上结合，融媒体宣传全民参与

2021 年 7 月 24 日，"湖北自媒体协会乡村振兴宣恩实践基地"和"华中师范大学自媒体研究中心宣恩研学基地"，在彭家寨吊脚楼群小广场揭牌。同时，建设县融媒体中心，建立中国宣恩网，构建云上宣恩 App、视频号、新浪微博、抖音等宣恩县融媒体矩阵。其中，"仙山贡水·浪漫宣恩"微信公众号，以接近一天一条的频率推送文化旅游活动信息。2021 年浪漫宣恩微信公众号文旅素材征集平台上线，通过有奖征集图片、视频的方式，吸引市民和游客广泛参与，记录宣恩美景，推广宣恩旅游。

2. 有线与无线结合，宣传推广本地外地两手抓

宣恩县政府从 2017 年开始，先后投资 800 多万元，实施智慧广电固边工程和乡村工程，提高有线广播系统覆盖率。到 2021 年 7 月，实现 279 个行政村，28 个社区，2668 个村民小组数字广播电视户户通和智慧广电建设全覆盖，保证广播电视村村响、户户通，每家每户都能收到几十套数字广播电视节目。宣恩县市民中心广播室除定时播放各级新闻，及时开展应急广播外，主要播放群众喜闻乐听的地方山歌、戏剧曲艺、旅游信息和体育赛事。2021 年继续与湖北卫视合作，拍摄修订浪漫宣恩旅游宣传片，制作《彭家寨》宣传片，

在恩施火车站和洪山广场投放大屏广告，走进天津、西安、重庆、武汉，通过举办或参与文旅博览会、推介会，进行宣传推广。

2020 年 4 月 18 日，时任县长习覃在中央电视台 CCTV 财经频道，"改革开放 40 年——厉害了我的国"代言宣恩贡茶："茶友得健康，茶农奔小康"；2021 年 11 月 14 日，已担任宣恩县委书记的习覃做客湖北日报 5G 演播室，推介宣恩县特色文化旅游产品。

3. 大 V 与网友结合，构建团队自媒体连环推介

宣恩县人民政府、湖北省自媒体协会、华中师范大学自媒体研究中心主办，宣恩县文化和旅游局、湖北彭家寨旅游发展有限公司承办，以"助力乡村振兴　讲好宣恩故事"为主题，湖北网络大 V 夏季主题沙龙暨彭家寨土家泛文化考察活动，于 2021 年 7 月 24 至 25 日在宣恩县举行。湖北省自媒体协会与宣恩县文化和旅游局签署"网络大 V 促进宣恩文旅事业发展"战略合作协议，湖北全省 35 位网络大 V 分别在微博、微信、今日头条、人民日报客户端、文旅中国、抖音等网络平台，推广彭家寨土家泛文化考察主题画面和人物海报，集中宣传宣恩、推介彭家寨。一周时间，总曝光量 4143.3 万次。2021 年 8 月 19 日至 10 月 19 日，在抖音发起彭家寨推广话题"你在，我们在，都看彭家寨"比赛活动，邀请全国各地抖音短视频拍摄爱好者和社会自媒体创作团队自愿参加，@县文化和旅游局官方抖音号"仙山贡水·浪漫宣恩"，同时加载景区的位置标定标签。通过网友的朋友圈转发，在各大媒体平台口口相传，形成了良好的宣传效应。

四、结语

宣恩县经过近几年的实践创新，初步探索出武陵山区民族文化生态保护活态传承泛态传播的基本路径，建立了旅游发展的体制机制和服务体系，破解了少数民族山区优秀传统文化保护传承难、活动推广难、文旅深度融合难、社会效能提升难的重难点问题，提高了景区景点的知名度，提升了文化旅游的参与度，推进文化和旅游的体验度，使宣恩文化旅游由原来在一定区域范围内知名，扩大到全球知晓；由原本只有周边县市和专业人士的客源，扩充到天南海北慕名而至的客源；使游客从旅游观光扩展到参与文化旅游互动体验。形成一道"仁者乐仙山，智者乐贡水，歌者乐土韵，舞者乐苗风，戏者乐侗景，游者乐宣恩"民族民俗文化旅游亮丽的风景线，创建了少数民族地区生态文化旅游深度融合高质量发展的宣恩模式，产生了广泛的示范效应。

打造侨乡文化，助于乡村振兴模式研究
——以云南省保山市和顺镇为例

鲁兴勇①　　杨润艳②

摘要： 云南省是中国面向南亚、东南亚的辐射中心和对外窗口，自古以来便有着悠久的侨乡历史和侨民文化。在新时代乡村振兴的大背景下，进一步培育、保护和打造侨乡文化是其中的重要组成部分。本文对云南省保山市和顺镇打造侨乡文化，助力乡村振兴的模式进行了研究，重点介绍了和顺镇厚重多彩的文化资源、扎实有效的保护举措和宽广通畅的助力渠道，对全国的侨乡侨村的振兴有一定参考作用。

关键词： 侨乡文化；乡村振兴；文化保护和传承

2020 年 1 月 19 日下午，刚从缅甸访问回国的中共中央总书记、国家主席、中央军委主席习近平来到云南省保山市侨乡和顺古镇，他沿着古镇小巷步行，先后察看了全国最大的乡村图书馆——和顺图书馆、著名大众哲学家艾思奇故居博物馆、"大马帮博物馆"等地，详细了解了西南丝路古道历史和近代以来腾冲对外交流史，对和顺侨乡文化的保护工作给予肯定并提出了进一步做好保护与传承的期望，倾注了党和国家领导人对侨乡保山的关爱之情。

保山市位于云南省西部，内邻大理州、临沧市、怒江州、德宏州，外邻缅甸。保山古称永昌，为哀牢国故郡，西汉置不韦县，东汉设永昌郡，为当时全国第二的人口大郡。保山现有国土面积 1.96 万平方千米，辖隆阳区、腾冲市、施甸县、龙陵县、昌宁县，总人口 260 万。保山现有华侨华人 50 多万人，分布于 29 个国家和地区，有归侨侨眷 10.27 万人，港澳台同胞及眷属 1.92 万人，是云南当之无愧的第一侨乡，同时也是全国的重点侨乡之一。

这一切，与保山独特的地缘、历史、人文等因素密不可分。

从东汉开始，中国西南就开拓了一条起于四川成都，从云南永昌（现保山）出国的南方丝绸古道，公元前 2 世纪以来，中国的丝绸、瓷器等商品就通过马帮，经缅甸、印度、阿富汗，进入中东最后远销欧洲。古老的南方丝绸之路连接起了中国、印度两大文明古

---

① 鲁兴勇，云南省保山市图书馆原馆长，云南省图书馆学会原副理事长，研究馆员，武汉大学国家文化和旅游财政政策研究基地观察员。

② 杨润艳，云南省保山市图书馆副馆长，武汉大学国家文化和旅游财政政策研究基地保山实验基地办公室负责人。

国，同时也是保山人最早的出国通道。

随着南方丝绸之路的开通，汉晋时期保山成了中缅贸易的重要市场。元朝时期，不少保山人随军进入缅北的广大地区，并因"远戍不归"之由落籍缅甸。明代至民国数百年间，保山人开始了大量的"走夷方"，到缅甸或泰国等地谋生，缘由大多是家乡或战争频起，民不聊生；或政治动乱，社会不稳；或田少人多，食不果腹；或家庭遭难，处境艰难；或产业继承，商务扩展；或铤而走险，异域"淘金"……这一切，使得保山历史上到异国他乡谋生的人一直络绎不绝，从而打造出了今天云南第一大侨乡的优势品牌。

作为全国的重要侨乡，侨务工作一直是保山的重心工作，侨乡文化一直是保山的亮点文化。

和顺镇位于腾冲市西南部，国土面积 17.4 平方千米，辖 3 个社区、8 个自然村，21 个村民小组，2019 年末有 2225 户、7082 人，有海外华侨 30000 多人，主要分布在缅甸、泰国、美国、加拿大等 13 个国家和地区，是云南省著名的侨乡。2005 年获得"中国第一魅力名镇"殊荣后，还先后荣获了"全国环境优美镇""国家级历史文化名镇""全国首批美丽宜居示范小镇""中国十佳古镇""中国十大最美乡村"等荣誉称号。

近年来，和顺侨乡在打造侨乡文化，助力乡村振兴方面采取了许多独到创新、言之合理、用之合情的举措，对侨乡如何利用侨文化，助力侨乡振兴有一定的启示作用，现分述于下。

一、厚重而多彩的文化资源

和顺奇妙地将历史文化、军屯文化、中原文化、马帮文化、西方文化、儒商文化、宗祠文化、宗教文化、抗战文化、生态文化、图书馆文化、新农村建设文化、旅游文化等有机地融为一体，从而演化成当今独有的、中外闻名的和顺侨乡文化。

（1）历史文化。2000 多年历史的南方丝绸之路连接了中印两大文明古国，和顺是这条古道上的枢纽，长期的国际贸易、文化、外交、军事、宗教等各方面的交流使这里异常兴旺。和顺人既能以世界为舞台，开拓进取，锐意革新；又能钟情本土文化，固守中华传统。许多中华传统风俗在这里都保持着原汁原味，使和顺成为一个巨大的历史博物馆。

（2）军屯文化。和顺的先民基本上都是平叛戍边的将士，职业特性使他们比一般的个体或群体更具有勇敢、强悍、敢于开拓的气质。再加上几千里迁徙的磨难、初创家园的艰难、背井离乡走夷方的锤炼，使得他们在远离故土时敢于面对任何困难和挑战、敢于冲破任何困难的束缚，去赢得生存发展的空间和条件。和顺先民摆脱了家园和土地束缚的限制，沿着穿过寨子的南方丝绸古道，走向了缅甸，开始了与外界的交流沟通，最终大部分选择了经商的道路，并在几个世纪的发展中，将商业贸易发展到了历史的新高度，为家园故土的建设奠定了雄厚的物质基础和强大的动力。

（3）中原文化。和顺人的祖先大多来自南京、成都等中原发达地区。由于数百年位居边地，虽然时代变迁，但和顺人在很大程度上原汁原味地保存了中原优秀的文化传统。例如，在其他地方要刻意提倡的讲孝道、讲文明、懂礼貌之类的为人之道，在和顺人看来则是天经地义、顺理成章的信条，因为在他们的成长过程中，这些优良传统早已通过长辈春风化雨般的言传身教，深深地融化到他们的心田之中了。

（4）宗教文化。虽然地处边陲，但和顺人崇儒信教，既留下了深厚的宗教文化信仰和丰富的宗教遗迹，更将多种宗教文化相互融汇，最终形成和顺独特的宗教氛围。例如，在只有几千人的和顺乡，历史上竟然出现过十四座寺观庙宇，这在全国也不多见。

（5）宗祠文化。和顺乡有八大宗祠，这在全国也不多见。这些宗祠大多设计精巧、建筑典雅，再配之以园林池榭、亭台楼阁，赫然显示着和顺八大姓人的鼎盛与尊严。这些宗祠既凝聚了宗族的精神力量和群体力量。更是宗族子孙们传承优秀文化传统和美好德育品质的园地。走进和顺的每一座宗祠，最醒目的地方都镌刻着诸如"孝敬父母、尊敬长上、和睦乡里、教训子孙、各安生理、毋作非为"这样概括了做人道理的家训。正是这些看似陈旧的语言造就了和顺一代代的人才，维系了和顺与人、人与自然和谐发展的六百年的魅力历史！

（6）儒商文化。和顺的祖先到异国赚取财富之后，并未建豪宅图享受，而是大兴社会公益事业，其中最重要的就是兴建学校、图书馆等培养人才的基地。六百年的和顺发展史也是和顺的人才辈出史，因为人才是和顺可持续发展的精、气、神！为了培养人才，和顺历代贤达屡出奇招：他们办起了从幼稚园到高级中学在内的一整套学校教育系统；建起了从巷道书报阅览室到洋洋大观的图书馆在内的一整套民间学习系统；他们编撰了内涵丰富、切实管用的期刊报纸和《出国指南》；制定了16岁男儿必须离家出国深造历练的人才培养机制……

经过数代人的努力，今人屈指粗算，不得不为数千人的小镇竟培育出这么多杰出人才惊叹不已：在和顺，有华侨旗帜寸海亭、"翡翠大王"张宝廷等巨商侨领20多人；有哲学家艾思奇、教育家寸树声等各界著名人物40多人；有声誉卓著的乡绅贤达16人；有两朝科甲题名400多人；有留学人员213人；有获国内高级职称的专家教授200多人；有在各地各级侨联侨办当领导的40多人；还有上千的大学生、中专生及各类能工巧匠。正是这些人，推动了和顺发展的车轮。一位著名的作家到和顺采风，就曾感慨地说：和顺让人佩服的地方很多，但最让人佩服的就是重视人才培养，和顺让人羡慕的地方很多，但最让人羡慕的就是人才辈出。

和顺人懂商道，善于赚钱；重教育，善于育人；有文化，善于礼仪。但这一切都只是和顺人实现爱国爱乡这一崇高理念的基础，和顺人对国家的热爱是浓烈而深厚的，这一点仅从抗日战争中就淋漓尽致地表现出来了。

（7）抗战文化。早在1938年7月"七七事变"一周年之际，远离战火几千公里之外的和顺人就在村头召开纪念会，并竖起了七七抗战阵亡将士纪念碑，开启了滇西纪念抗战的先河。随着抗战的全面暴发，和顺人在缅甸组织了抗日救国会，宣传抗日，抵制日货，为抗日将士募捐经费和衣物药品。为了不做亡国奴，和顺人不论男女老幼，不分职业地位，全都把爱恨和热血倾注到抗战之中。在中国攻克腾冲城的日子里，和顺大部分人家住进了中国军队，和顺人宁愿全家挤进一间小屋，也要让战士们住得宽敞些；家家喝稀饭，把节约出来的粮食一甑甑蒸熟，挑到军队驻地和阵地。大家还把自家养的一千多头猪、牛，每日轮流宰杀，慰劳部队。据统计，在腾冲抗战中，和顺人筹缴的谷米肉食为全县第一。为了传播最新的抗日消息，和顺图书馆利用归侨尹大典先生赠送的一台无线电收音机，每日收录抗战新闻，然后用蜡纸刻印，取名为《和顺图书馆无线电刊》，将印好的刊物分送全县各机关、学校、乡公所、商号等，受到热烈欢迎，对宣传抗日起到了很好的作用。

在抗战过程中，和顺人全民一心，几乎所有阶层的群众都参与了支援抗战的浪潮中。例如，和顺乡大户人家比比皆是，这些家的太太小姐平时大多居住在深宅大院，很少抛头露面，但由于知书达理、性格开朗，在抗战中，她们纷纷走出家门参加抗战。她们有的做鞋垫、绣手巾、买日用品慰问部队；有的烧水做饭搞招待；有的组成救护团慰问护理伤员；有的干脆成群结队，穿着旗袍，打着花伞到离火线不远的地方呐喊助威，激励将士作战，形成古今战史上罕见的战场"啦啦队"。

和顺人就是这样，和平时期，勤奋地建设家园，顺顺畅畅地过好日子；国难当头，便有骨气地挺起脊梁，轰轰烈烈地保家卫国。

（8）生态文化。和顺的生态是顶级的。在这里，大盈江奔腾在肥美的田野，三合河绕着村庄流淌；龙潭映照着森林的倒影，荷池中飘来莲卉的清香；湿地里水禽追逐翻飞，碧水中鸭鹅扬颈高唱；大道旁古树名木遮天蔽日，小院中四时鲜花争奇斗艳！在这里，湿地、龙潭、瀑布、峡谷，各类奇观俱有；茶花、荷花、桂花、梅花，四时鲜花不断。这里四季如春，温泉、矿泉水资源丰富……游人叹曰：仙境不过如此！

2005 年，中央电视台面向全国评选魅力名镇，和顺紧紧抓住这次申报魅力名镇的机会，通过高起点策划、高标准运作等措施，让和顺的独特魅力通过中央电视台这个主流媒体得到了充分的展示。最后从全国许多大名鼎鼎的乡镇中脱颖而出，成为十大魅力名镇之首，并荣获唯一年度大奖，这与其说是和顺古镇的申魅成功，不如说是和顺文化的申魅成功。

二、有效扎实的保护举措

（一）立法保护

《保山市和顺古镇保护条例》于 2020 年 12 月 30 日经保山市第四届人民代表大会常务委员会第三十次会议通过，并于 2021 年 3 月 31 日经云南省第十三届人民代表大会常务委员会第二十三次会议批准，自 2021 年 7 月 1 日起施行。条例主要内容三十二条，内容涉及和顺古镇的规划建设、综合管理、保护区域、保护对象、经营项目、政府职责、表彰奖励、违规处罚等各个方面，对其进行了详细而严格的规定。《保山市和顺古镇保护条例》的出台使得和顺镇侨乡文化的保护有法可依，助力和顺的侨乡文化保护走上良性循环的轨道。

（二）行政保护

成立和顺古镇保护管理局，从行政上依法对和顺古镇及文化进行管理。该机构为腾冲市政府下属的正科级派出机构，其职责为①：贯彻执行《云南省和顺古镇保护条例》《云南

---

① 腾冲市人民政府网.腾冲市和顺古镇保护管理局机构职能［EB/OL］.［2022-8-12］.http：//www.tengchong.gov.cn/info/9977/36207.htm.

省历史文化名城名镇名村名街保护条例》《历史文化名城名镇名村保护条例》等相关古镇保护管理的法律法规。组织实施和顺古镇保护规划、保护详细规划，起草报批《腾冲市和顺古镇保护管理实施细则》等和顺古镇保护管理的相关实施细则。负责维护和顺古镇基础设施、公共设施和文物古迹，组织实施和顺古镇保护性基础设施和环境整治项目。负责和顺古镇的安全和卫生管理，维护社会秩序。依法征收、管理和使用和顺古镇维护费。根据市、市人民政府授权，依法集中行使和顺古镇保护管理的部分行政处罚权。负责和顺古镇保护管理的宣传教育、学术研究和对外交流工作，负责组织和协助有关机关挖掘、整理、保护和顺古镇传统文化。负责和顺古镇商业经营活动的管理，加强古镇市场准入监管，合理布局古镇商业网点。协调市、乡（镇）相关职能部门做好和顺古镇保护管理其他相关工作等。

（三）社会保护

发挥乡民特别是侨界的群体智慧，共同保护古镇及文化。据统计，全镇有 50 余名归侨侨眷被推选为县（市、省）以上人大代表和政协委员，当选的代表先后向人大、政协提出提（议）案和建议 90 余件，为巩固和顺魅力名镇地位发挥了重要作用。例如，代表侨界声音反映突出的古桥修复问题，成功走出了和顺古建筑物保护的重要一步。古桥是和顺文化遗产的重要组成部分，但随着岁月的推移，现存的 5 座古桥不同程度地存在"病患"，为"凝固住"和传承好凝结前人智慧的文化精品，和顺镇在专家论证、全镇范围内征求意见的基础上，通过和顺镇侨联与海外华人华侨的密切联系，充分听取华人华侨意见建议，根据"轻重缓急，分步实施"的原则对古桥进行修缮和保护。2017 年，和顺镇正式启动双虹桥和庄桥保护修缮工作，2018 年 1 月 22 日开始对双虹桥实施机动车和非机动车的禁行，并于 2018 年 7 月、2019 年 6 月相继完成了庄桥和双虹桥的保护性修复工作。

现在的和顺乡村民大多在以古镇侨乡文化为主题的旅游业中受益，群众普遍达成了共识：祖宗留下的古镇和文化是金饭碗，要珍惜。因此，不论是对自己家的祖宅，还是公共的文物古迹都倍加爱惜，维护有加，这形成了一股巨大的社会层面的保护力量，从而使和顺不仅文化得到保护，还成了一个有村民生活其中的活着的古镇。

三、宽广而通畅的助力渠道

（一）凝聚侨力，回馈乡梓促振兴

1. 以内外联谊为契机，加强两地联系

和顺镇最早成立了云南省第一个乡镇级侨联，侨联成立后，曾多次组织开展联谊活动，先后出访曼德勒、瓦城等地，组织召开旅缅和顺联谊会、瓦城、昆明、瑞丽等益群中学校友会，拜访缅甸曼德勒、密支那、九谷、木姐、南坎华侨会，参加缅甸洋人街华侨会馆、木姐华侨学校落成典礼，开展座谈交流，了解华文教育工作情况。加强与缅甸新生代华侨交流联谊，成功举办缅甸曼德勒华人寻根之旅活动，通过紧密的联谊，两地感情安于

磐石，为和顺侨务工作迈出新步伐奠定坚实基础。

2. 以传统节日为契机，共叙同胞情缘

坚持重大节日活动制度，组织全镇归侨侨眷举行茶话会、联谊会等，活跃侨界群众精神文化生活。在春节、清明、中秋等节日活动期间，以宗祠为载体，组织侨胞开展祭祖仪式，邀请返乡侨领座谈，邀请优秀侨胞代表给族人致辞，一起与华侨及侨眷用歌声、朗诵、舞蹈等方式表达对祖国、对和顺的深厚感情，以及对家乡未来的美好展望。

3. 以教育事业为契机，共享教育成果

益群中学是云南省著名的侨校，建校至今得到无数华人华侨的大力资助，教育事业得到快速发展。为共享教育成果，1985—1989 年，益群中学开办侨生班，先后接纳了缅甸瓦城、密支那、腊戍、木姐、南坎、洋人街等地华侨学生 82 人到校入学。2017 年，侨生班重新开班，接纳侨生 30 人，重新开启和顺教育面向侨胞的大门。近几年，益群中学先后选派了 30 余名教师赴缅教授汉语言文学知识及数学学科，培养华侨子女，为弘扬中华文化，开展华文教育做了有益尝试和贡献，帮助侨校解决中文教师紧缺困难，为侨胞办实事，在三胞中产生较大影响。

4. 以和顺刊物为载体，共筑精神家园

近年来，和顺乡侨联以《和顺乡》《和顺丛书》《云南和顺侨史概述》《和顺图书馆》等书刊为载体，大力挖掘和顺侨乡文化内涵，使国内外的和顺人对和顺文化达成了共识，从而共享精神食粮，共筑精神家园。

5. 以信息交流为平台，紧密联系侨胞

通过建一个侨胞之家，建一个侨胞微信群，致侨胞的一封公开信的"三个一"平台，紧密联系归侨侨眷和海外侨胞，进行相互联动协作、互动交流，汇聚海外侨胞的资金、技术、管理、人脉等优势，充分发挥侨胞的桥梁纽带作用，为和谐和顺建设贡献"侨"的力量。

侨力得到凝聚，才能推动广大侨胞大力回馈乡梓，支持家乡建设，助力家乡振兴。据统计，近年来，和顺镇收到海外侨胞对家乡教育事业及公益事业捐赠达 1500 余万元人民币。如华侨贾思义先生在捐款 140 万元人民币建设和顺中心小学义济楼的同时，于 2009 年在益群中学每年捐资 10 万元设立"贾思义奖教奖学金"。2010 年 9 月，贾思义先生又每年捐资小学教育基金 2 万元，以奖励每班前 3 名学生。从 2011 年开始，李祖才先生每年在益群中学捐资 10 万元支持教育事业发展。2016 年，新西兰籍华侨杨晓东先生捐赠《四库全书》《四库全书补遗》《四库全书荟要》等珍贵藏书共计 1543 册。

（二）开发景点，打造产业促振兴

和顺依托厚重的历史侨乡文化、众多的名胜古迹、良好的生态系统，在保护原貌、适度配套、良性开发的基础上，先后打造了如和顺图书馆、和顺文昌宫、艾思奇故居、大马帮博物馆、元龙阁景区、家风文化长廊、宗祠景区、湿地景区、温泉景区等近百个景区景点，让游客在其中能够充分体验和顺的历史魅力与自然魅力。

在开发景区景点的同时，和顺还大力发展旅游产业，鼓励村民利用国家级传统村落中的传统民居等开发民俗及餐饮业和特色产品业。

通过多方努力，和顺的旅游文化产业得到快速发展，旅游基础设施不断完善，和顺的知名度和美誉度得到了快速提升。截至目前，全镇有民居餐馆 96 户、商铺 740 家，客栈旅馆 485 户、6000 多个床位。2020 年共接待游客 68 万人次，实现旅游总收入 9588 万元，实现农村常住居民可支配收入 17130 元。现在，和顺镇正抓住实施大和顺乡村振兴示范点建设、5A 级景区创建、特色小镇建设的重大机遇，顺势而为，力争通过保护、发掘、利用侨乡文化，助力乡村振兴，从而把和顺打造成世界级文化生态康养旅游目的地。

青岛红色公共文化服务多元化路径研究

杨惠麟①　李凤艳②

摘要： 文化和旅游部《"十四五"文化和旅游发展规划》中指出，"中国社会进入高质量发展阶段，人民美好生活的新期待，要求基本公共文化服务向品质化迈进，同时有更多特色化、个性化、多样化的公共文化服务"。在此背景下，青岛公共文化服务必然走向高质量多元化发展阶段。青岛具有丰富红色旅游资源以及优质公共文化服务资源，本文聚焦红色文旅资源，围绕公共文化服务多元化，通过实地调研、分析研究，就其现状、发展困境以及如何进一步发挥红色资源之合力，提出解决方案和应对策略。

关键词： 红色文化；公共服务供给；融合发展

青岛具有丰富红色旅游资源以及优质公共文化服务资源。作为全国第一批公共文化服务体系建设示范区，青岛公共文化服务取得较好成绩。同时，青岛坚持革命历史文化资源有效保护和合理开发两手抓，大力发展红色旅游，红色文化品牌已成为青岛公共文化服务的又一特色品牌。若将二者有机融合，激发各行业优势，形成红色品牌力，为培育和践行社会主义核心价值观，丰富公共服务供给，推动数字化建设，提升旅游资源品质，提升公共服务群众满意度，都具有重要意义和现实作用。

一、青岛红色公共文化服务基本情况

青岛市文化馆引领全市文化馆开展多门类、多形式的红色品牌活动，带动全市群文红色活动品牌日益壮大。2021 年，为庆祝中国共产党成立 100 周年，全市掀起红色主题活动热潮，据统计，全市群文系统共开展红色主题活动上千场，参与人次超过 700 万人次，主要包括以下类型：

(一) 红色基地，打造精品"文艺党课"

2021 年 6 月 22 日下午，"高擎党旗光辉扬"庆祝中国共产党成立 100 周年微演艺活动在青岛红色旧址——中共青岛党史纪念馆举行，来自社会各界的社区居民、企业职工、医护代表、少年儿童等几百名参与活动。沉浸式的表演形式，诗歌朗诵、微党课、合唱等多

---

①　杨惠麟，青岛市文化馆数字文化中心主任，副研究馆员。
②　李凤艳，青岛市文化馆数字文化中心，副研究馆员。

种形式，参与者亲临革命基地，共同歌颂祖国歌颂党。活动现场由志愿者从人群中拉出一面巨型红旗，拉近了个人与红色文化活动的距离，更能燃起对党和国家的热爱，鲜活生动的"文艺党课"突出教育意义，增强参与者特别是少年儿童对红色传统活动的价值认同感和革命精神的深层次接纳。

(二) 场馆加持，拓展红色教育课堂

"清廉之岛"教育课堂之一——青岛"群星书场"作为青岛市首个曲艺惠民演出场所，传播"清廉之声"、弘扬"清廉风韵"，自 2017 年起，在文化馆市民小剧场进行公益演出。5 年来，线下线上先后推出评书《三蒸骨疑案》《三盗九龙杯》《调寇准》《包公案》等作品，共计演出 180 余场，服务群众近百万人次。

(三) 非遗传承，传统文化里品味红色经典

在青岛市连续开展近 10 年的儿童剪纸大赛、少儿手工艺大赛中，全市中小学生参与人数达上万人次，孩子们都把对祖国的热爱注入指尖，创作出一系列表白祖国、祝福祖国的作品，在传承传统文化的同时，也升华自身的思想情操。另外，2021 年胶州举办的"学党史"胶州剪纸作品展，广泛发动学生剪纸爱好者参与，该活动以独具特色的胶州剪纸艺术为表现手法，生动刻画了革命人物的光辉形象，展现了中国共产党百年的光辉历程，通过"指尖上的党课"，让非遗传承与党史教育紧密结合，形式新颖、意义深远。

(四) 数字赋能，促进红色文化广泛传播

青岛市文化馆数字平台——青岛群众文化云平台于 2019 年 10 月 8 日正式上线，包含了 PC 门户网站、H5 微信公众号、App 三端。建设过程中，历经平台初建、升级迭代、资源建设、运营推广等多个提升周期。青岛群众文化云作为上联下达的文化枢纽平台，已全面完成和国家公共文化云的对接工作，优质活动和资源都可以向上提报，利用国家平台的影响力和推广力，将地域特色推向全国。青岛群众文化云平台存储用量 50TB，视频4860 小时，点击量超过 700 万次。在传统群众文化活动服务模式开始出现供给"瓶颈"的时段，"文化云"的适时诞生有效激活，打通了群文活动供给的脉络。

二、青岛红色公共文化服务实践路径

(一) 依托重大节日，掀起宣教高潮

青岛市在红色基地举办动态的、沉浸式文艺演出，让爱国主义教育鲜活起来，让红色基地真正成为未成年人和社会各界人士的思想教育主阵地，展现红色文化生命力。依托"七一""十一"等重要节日，利用群文网络优势，依托各个社会团体，邀请社会各界在红色基地、景区举办各类主题鲜明、形式多样的活动，激发了广大干部群众和青少年的爱国热情。

（二）利用资源优势，宣传推介红色教育

每一段红色历史的背后，都有一段红色的故事。讲好红色故事，更是对初心与使命的珍重与传承。胶州"花木兰"冷恩成，16岁女扮男装参加革命，胶州"孤胆英雄——唐凤喜"、平度革命烈士刘谦初、莱西胶东第一情报村、胶县第一个党组织、平度一大会址等革命旧址等，无论是革命事迹还是红色旧址，都是生动真切的教育资源，利用沉浸式教育方式，能收到更好的教育效果。

（三）利用数字优势，拓展红色文化阵地

首先是开辟线上课堂。联合红色基地、学校共同举办党史等线上课堂活动，通过网站、微信公众号等集中宣传青岛地区重要党史人物、革命事迹和展示部分珍贵资料照片，无论是疫情防控时期还是日常学习，都是十分便捷有力。其次，打造公共红色数字平台。以红色资源为基础，联合教育、文旅、媒体等平台打造青岛公共红色数字平台或板块，不仅红色文化资源的挖掘与宣传，更有助于各业态的互融、互惠。

（四）精雕文艺创作，深挖红色文化价值

从红色题材的创作实践来看，所有经典作品都和经典人物形象联系在一起，而这些人物形象之所以深入人心，恰恰因为他们身上体现着时代特征，凝聚着时代精神。新时代，社会风貌以及观众的文艺诉求都发生了相应的变化，今天的人们依然仰视红色故事里的英雄，也更渴望与英雄进行心灵的对话和情感的沟通，这就要求艺术家对人物形象进行时代化的塑造。

三、青岛红色公共文化服务存在的问题

（一）红色公共文化活动文化价值功能认同度不高

现有的红色公共文化活动停留在教育宣传阶段，大众对其接受度更多的是认同政治功能，而没有体会到其中的文化价值内涵。每年的特定节日，如七一、国庆等节假日，文化馆等场馆准备的公共文化服务大餐，内容多样，有各种红色主题的展览、文艺演出、讲座等，但是观众更多是走马观花，未能沉浸其中，也很难产生文化认同。如何改变这种局面，让参与红色教育活动的人群被感染，内心深处真正接受红色文化的熏陶，是青岛红色公共服务下一步工作需要认真思索的问题。

（二）红色资源与公共文化服务融合度不高

公共文化服务与红色资源存在脱节。青岛市红色资源丰富，2021年时青岛市文化和旅游局就特别策划推出9条"青岛市建党100周年红色旅游线路"，将当地经典红色景点与旅游景区相串联，涉及五四广场、青岛革命烈士纪念馆、青岛迎宾馆、李慰农公园、名人故居一条街、骆驼祥子博物馆、青岛啤酒博物馆等在内的近60处红色旅游景点资源。

此外还有中共青岛党史纪念馆、青岛纺织博物馆、青岛市博物馆、西海岸新区杨家山里红色研学基地、平度市刘谦初红色文化园等 11 家入选山东省红色研学基地的场馆。

在这些红色旅游基地、研学基地，青岛公共文化服务的身影欠缺，游客、参观者更多是通过影视图片、纪录片或是图片展览的形式，进行学习了解，对于那个时代的风云变幻、精神传递真正能体会、学习多少，不得而知。如果公共文化能走进其中，以服务景区的理念，通过动态的演出、沉浸式的情景再现，开展一系列文化服务项目，定会让学习教育的意义事半功倍。

(三) 红色文化中"青岛故事"知名度不高

文艺作品是精神风貌的集中体现。青岛红色主题文艺作品"能见度不高"，知名度不够，在众多的文艺创作中，突出青岛特色、青岛红色故事的本地原创，影响力和辐射力度局限在岛城小范围内，未能走出山东、走向全国。

根据媒体报道信息统计，2021 年青岛市庆祝中国共产党成立 100 周年优秀剧节目展演中，青岛本土剧目主要有专业文艺院团创排的京剧《红灯记》、大型音乐舞蹈史诗《人民·江山》、柳腔《泉海谣》、吕剧《民心安处是吾乡》、茂腔小戏《五颗扣子》等，除此之外，主要是引进了国内其他顶尖舞台艺术精品。如何在红色文化中展现"青岛故事"，打响岛城红色文艺原创作品的知名度，推动红色精神传播，不仅是岛城文艺工作者的责任，也是群众文化工作者需要重视和解决的问题。

(四) 红色阵地场馆数字化程度不高

近年来，文化和旅游部、山东省文化和旅游厅先后印发推动文化和旅游数字化发展的意见。各地政府部门和文化机构、红色景区、红色基地，积极建立和完善基础数据库，探索更具互动性的展陈方式，打造数字传播体系，进一步扩大红色文化影响力。目前，虽然青岛数字文化馆、景区数字化都在一定程度上取得了进展，但是各数字平台没有相互融合，信息不互通，效能单一，黏合度不够。

四、青岛红色公共文化服务发展建议

(一) 以红色品牌力为导向，深挖红色公共文化服务的文化价值

以打造红色公共文化精品和建立品牌影响力为导向，深入挖掘红色资源的核心价值，整合现有的公共文化服务资源，打造一批具有代表性和知名度的红色公共文化服务品牌。

一是以文化惠民活动提升红色文化的引领力。随着红色旅游资源的开发利用，原有的参观、观看革命历史和文物的传播宣教方式，已经落后，如何把红色基地、红色旅游景点与公共文化服务有效衔接，需要公共文化部门深挖红色文化资源中的感人事迹，用更生活化的表达代替简单的文字和图片宣教，激发人们的认同感，在内心深处真正认同肯定传递的精神内核，才能有效进行接纳和传播。

二是以原创文艺作品激活红色文化创新力。故事作为文化最鲜活的载体，比理论更能

拨动心弦。每年的海燕奖原创作品评选及"十佳新人"美术书法摄影评选等品牌活动征集，鼓励体现红色人物的日常，在红色故事品读中，感悟革命初心。

三是以文化馆总分馆制提升红色文化渗透力。充分发挥文化馆总分馆制作用，连点成线，把公共文化服务优秀案例、先进经验传递出去，让更多更优秀的公共文化服务走进红色基地、景区，丰富党史学习教育形式。

（二）多元素赋能红色景区，推动红色文旅同频发展

一是开展主题文化活动。目前，青岛市红色品牌活动日益壮大，活动影响力不断扩大。坚持线下线上融合、演出演播并举，在当地原有各区市红色文化品牌的基础上，形成城乡互动、点面结合的红色品牌群，形成更具影响力的红色活动品牌，在为群众奉献各具特色、营养丰富的文化大餐的同时，有力弘扬红色主旋律。

二是建立红色驿站。其服务对象包括青少年志愿服务基地、基层党组织基地两大群体。根据不同群体制定相关红色文化的学习计划，并以观看、参与各类文艺演出的形式，让红色驿站文艺化、生动化，推动"党建+旅游""研学+文艺"的双向发展。

三是人才队伍融合，扩大公共服务志愿队伍。在开展文艺创作的同时，将红色旅游讲解员吸纳为公共文化志愿服务队伍，不仅在景区讲好红色故事，还能在群文工作中展现自身价值，不断推进青岛红色文化旅游人才库建立更新。

（三）数字化为红色文化资源传承再添动能

一是构建红色文化资源信息应用平台。目前，上海市构建红色文化资源信息应用平台"红途"，收纳全市 379 家革命遗址、旧址和纪念设施，147 家爱国主义教育基地等，是当地红色基地的信息查询、活动发布、设施保护等重要平台，具有统一管理、信息畅通、便民利民等优势。青岛尚且缺乏此类红色信息平台，信息零散、壁垒多，阻碍了红色资源的有效利用和可持续发展。

二是创新应用让红色文化"活"起来。先进的数字技术是文化传播的重要手段和途径。在技术不断升级的大背景下，人工智能、3D 影像、虚拟现实等技术落地应用速度大大加快，在红色文化资源的采集、存储、处理、展示、传播等方面发挥显著作用，红色文化资源的数字化进程也从简单的数字化复刻，转变为动态的、交互的"穿越"。在进行各类资源的采集、处理的过程中，把相关红色主题文化活动、文艺作品融入其中，既丰富数字资源，又寓教于乐。

三是群文数字平台让红色景区"热"起来。利用现有青岛群文数字网络，在青岛市文化馆以及各区市文化馆系统数字平台，开辟当地知名红色景区板块，打造红色文旅地图。借助已有群文用户，创新传播形式，点燃更多市民对红色文化、红色旅游的热情。

（四）挖掘、延伸各业态链条

一是多种资源融合发展。将红色旅游资源与乡村资源整合开发，指导红色旅游资源丰富的地区与非遗资源丰富的聚居地大力开展乡村旅游，把红色旅游景区建设与特色非遗传承、新型城镇化建设和旅游，走出一条有特色、有内涵、有深度的农业休闲旅游路子，推

动红色旅游产业规模日渐壮大。

二是创建文创、手作标识或品牌。近年来，由红色文化资源创作衍生的文艺作品、文创产品也持续增加。通过整合线上线下资源，将文化与科技融合，各地的红色文艺演出、主题文创产品、动漫作品等都有所突破，通过标识系统打造、文创产品开发等手段，不仅实现了文化资源的价值升级，也推动了相关红色旅游发展。

（五）思维互换位，文旅共受益

一是以带动"旅游"经济为目的开展文化活动。根据 2021 年携程等多个旅游平台报告的数据统计，从红色景区的游览客群年龄来看，红色旅游用户年龄主要以"80 后""90 后"为主，分别占比 38% 和 31%，且呈上升趋势，而根据相关平台的文旅消费数据，30 岁以下的人群在各类红色文旅产品的消费用户中占比接近 60%。通过大数据统计，在红色景区的文化活动，精准用户画像，其策划、组织的活动，其活动效果也会大大提升，同时也更能带动旅游消费等。

二是把"游客"定位为公共文化服务体验师。景区，是游客的聚集区，也是公共服务的体验场。置身于其中的公共文化服务，若能把游客也作为公共文化服务的体验者、提升公共服务满意度的受众群体，开展适合游客参与的，例如非遗项目体验馆等，对当地公共文化服务效能的提升、服务方式的改进具有一定积极意义。

经过多方论证与实践证明，融合与发展是公共文化服务的必经之路，多途径深化各领域合作，必定能拓宽青岛公共文化服务渠道，提升红色文化品牌影响力，并借红色品牌之力，引领全市群文事业破圈、出圈。

经济区图书馆服务联盟的运营效益评估研究

刘　斌① 李来霖② 张鹤明③ 李　冰④

刘　敏⑤ 曾庆勇⑥ 周碧红⑦ 蒋张施宁⑧

摘要：本文基于现有公共图书馆联盟运营效益评价指标体系，通过问卷调查、实地调查、实地访谈等方法，同时，将北联与其他联盟进行对比分析，对北部湾经济区图书馆服务联盟(以下简称北联)运营效益进行评价。研究发现，北联建设取得了一定成效，但也存在运营效益不高等问题，据此提出建立和完善组织与协作机制、完善评估和绩效考核、形成特色服务品牌、加大宣传推广力度、优化网络平台等建议。

关键词：北部湾经济区；跨区域图书馆联盟；网络效应；网络影响力；效益评估

2018 年，在广西壮族自治区文化和旅游厅的指导下，由北海市文新广局申报、北海市图书馆牵头，联合南宁、钦州、防城港、崇左、玉林等六地政府和八个公共图书馆，获得第四批国家公共文化服务体系示范区(项目)创建资格，成立北部湾经济区图书馆服务联盟(以下简称北联)，并于 2020 年 11 月完成了国家验收。

北联是以最大程度整合跨区域公共图书馆文献信息资源，构建功能强大的跨区域性公共图书馆服务共同体为目的，实现跨区域公共文化服务的均等化、标准化、同城化、一体化发展而建立的联盟。截至 2020 年底，北联总藏书 4192788 册；2019—2020 年，总流通人数 6904322 人次，书刊外借 3015976 册次，讲座、展览、培训及其他活动参与人数 1209655 人次，其中通借通还 121266 册次；关注北联微信公众号的正式注册用户 6000 多人。这些数字一定程度上反映了人民群众对北联的积极响应，也从另一方面表明目前北联处于良好的运行中。但判断一个联盟是否运行良好还需要对其运营效益进行具体分析。然

---

　① 刘斌，南宁市少年儿童图书馆书记兼副馆长，副研究馆员，研究方向为图书馆信息技术应用和管理。

　② 李来霖，广西民族大学在读研究生。

　③ 张鹤明，广西壮族自治区图书馆科学研究中心主任、研究馆员。

　④ 李冰，南宁市少年儿童图书馆采编部主任，馆员，研究方向为藏书结构和图书编目。

　⑤ 刘敏，贵港市图书馆副馆长、副研究馆员，研究方向为图书馆管理与读者服务

　⑥ 曾庆勇，钦州市图书馆馆长、副研究馆员，研究方向为图书馆管理与读者服务

　⑦ 周碧红，宁市文化广电和旅游局政策科科长，研究方向为政策法规。

　⑧ 蒋张施宁，南宁市少年儿童图书馆办公室档案管理员，硕士研究生，研究方向为图书馆档案管理和项目管理。

而由于图书馆联盟经济效益的评估指标数据缺乏规范的统计且难以获取，社会效益又多为无形效益，难以直接计量，因此运营效益评估一直是图书馆联盟实践研究的难点。本文将从实证角度出发，选取北联及其他国内跨区域典型联盟为分析对象进行联盟效益的比较实证研究。

一、跨区域图书馆联盟运营效益研究综述

（一）图书馆及图书馆联盟效益相关研究

目前国内有部分学者对图书馆的社会效益和经济效益本身进行了相关研究，也有学者运用 CVM 评估法对某些图书馆的价值进行了研究，如张艳茹（2015）利用 CVM 对国家图书馆社会价值进行研究，王知津（2009）探讨了网络环境下的图书馆社会效益内涵、特点和评价指标体系。但价值不等于效益，CVM 也仅是一种理论化极强的评价方法。加之不同地区的图书馆受其地区经济发展，政府政策规划等的影响，不同地区公共图书馆所得出的结论都不相同，因此想要通过该方法得到关于运营效益的高低，仍存在许多阻碍。而国家对于公共图书馆的等级评估条件虽然能反映一个图书馆的效益情况，但不能完全说明跨区域图书馆联盟的效益情况。

国内目前由于对图书馆联盟以及跨区域图书馆联盟的相关研究发展历时短，联盟效益评估的动力不足等原因，对跨区域图书馆联盟评估有一定难度。查阅文献发现，在联盟绩效评估体系方面，蒋玲（2010）认为服务质量评价是评估体系的核心组成部分，以用户的满意度为标准，她构建了一个含有 4 项一级指标、9 项二级指标的异质性区域图书馆联盟服务质量评价体系层次结构模型，并修正了相关权重；张利敏（2013）则在其硕士论文中构建了跨系统联盟在保障社会公平方面的社会评价体系，其评价体系从社会影响、互适性、社会风险三方面展开，并以吉林省图书馆联盟作为案例进行验证。此外，国内研究还缺乏不同联盟之间的横向对比研究。联盟之间的横向对比可以发现各自的差距以及薄弱环节，总结自身的优点和特色，作为联盟自身日后进一步发展的参考。

（二）图书馆联盟运营效益评估指标相关研究

目前北联所采用的公共图书馆联盟运营效益评估指标体系，是从目前为数不多的国内外跨区域典型联盟研究中借鉴制作的。如丁志阳（2012）提出的管理模式、技术、资金、馆藏资源四个构建要素；谭亮、黄娜（2020）提出的基于管理、保障、创新、服务、运行效益 5 个要素的图书馆联盟绩效评估体系；赵乃瑄、金洁琴等（2017）针对跨区域图书馆联盟所具有的双边平台特征，引入的经济学网络效应概念；赵乃瑄、张若冉（2017）建立的网络影响力评价体系。该体系由综合效益、网络效应、网络影响力三个评估视角，管理、成员等 11 个评估纬度，管理模式与组织结构、分工协作机制等 38 个评估指标组成，该体系能够在很大程度上反映一个公共图书馆联盟的运营效益状况。因此，以此评估指标体系为主，对北联的相关数据进行收集、比较、分析、整理后能够直观地看到北联成立之后的运营状况，从而进一步地对北联运营效益进行有效的分析和评估。

二、北联运营概况及其效益评价指标体系

(一)北联运营机制

北联以创建国家示范区为契机,建设期间,注重服务的宣传推广,推动了联盟成员类型的多元化和提高了联盟成员参与的积极性,拓展新的服务内容提高了用户覆盖范围和满意度,用户群体覆盖广西六个地级市,各成员馆不断创新举措,在注重馆舍环境打造的同时,适应"互联网+"环境下开放共享、融合创新发展的时代要求,积极拓展优势互补、互利共赢的多元合作格局,不断加强与其他公共文化机构以及旅游等行业的跨界合作,在应用现代信息技术创新服务方式,提升公共文化服务效能等方面取得了突出成效。如北海市少儿图书馆打造的"向海之路"特色阅读空间,通过连廊型设计,建设阅读、活动一体化的海洋文化阅读空间,让孩子们通过"一站式"沉浸式阅读体验爱上阅读;南宁市少儿图书馆联合顶狮山博物馆开展邕州瓷数字资源合作,由南宁市少儿图书馆负责收集保存与邕州瓷有关的地方文献,进行数字化并长期保存,同时开展"邕州瓷主题宣传"系列活动,以图书结合文物的方式,通过实地参观博物馆、举办讲座、开展读书会等活动,引导读者积极参与;北海市图书馆与涠洲岛旅游发展公司合作建的"海岛智慧书房",配置图书5000余册,2020年服务读者8万多人,包括了海岛的常住居民及游客。同时,北联设置了多条精品研学线路,包括百色市"党旗高高飘扬•走读广西"学党史感党恩研学活动在钦州、北海两地开展。

此外,北联还与其他许多不同领域、不同行业的企业、机构广泛开展跨界合作,在保持传统服务优势的同时寻求突破,提升服务效能,满足多元文化需求。一是与各国开展交流与互鉴,结为友好城市及打造对外文化交流传播窗口。例如,2019年8月北海市图书馆文化交流出访抵达印尼三宝垄市和日本八代市,并与三宝垄市图书馆签署了合作意向书结为友好图书馆;南宁等地的公共图书馆陆续设立"东盟国家旅游信息之窗"专架;在印度尼西亚、马来西亚建设"北部湾旅游信息之窗"。二是与地铁等其他城市公共空间合作,突破服务时空,拓展辐射范围。如钦州市图书馆与钦州铁路部门合作建设、全国首创的"高铁读书驿站",面积约27平方米,配有自助借阅机、电子阅读设备、电子书借阅一体机、纸质图书及期刊500余册,采用无人值守的全自助借阅方式,借阅图书实现北部湾经济区通借通还,并不定期举办各种读者活动。

(二)北联效益评价指标体系

经过对北联其下六市、八家公共图书馆的实地调研访谈、问卷调查和参考借鉴国内外跨区域典型联盟的一些做法,从综合效益、网络效应、网络影响力三个评估视角出发,构建具体的北联运营效益评估指标体系如表1所示。

表 1　北联运营效益评估指标

评估视角	评估维度	评估指标	指标考察内容简述
综合效益评估	管理	管理模式与组织结构	联盟组织机构主要由联盟委员会及下属办事机构组成。联盟委员会是联盟的最高决策机构，不定期召开联席会议。联盟委员会下设专家小组、办公室、宣传工作小组、文献流通工作小组、数据资源共享工作小组、联合阅读推广工作小组等工作机构
		分工协作机制	主任委员由联盟各委员馆法人代表轮值。通过联席会议协商部署工作
	成员	激励机制	协调机制是联席会议
		成员规模、结构与区域分布	北部湾经济区六市的八家市级公共图书馆
		就绪度	共同提供人力、物力等支撑
		参与度	共同参与联盟项目与服务
	资源	基础资源体系	4192788 册图书，覆盖各类文献、各种学科
		联盟特色资源	向海之路特色资源库
		资源开放程度	纸质图书须办借书证，数字资源不限制
		组织与建设	通过联盟网站和微信公众号
	服务	服务项目与内容	通借通还，数字阅读，研学游，阅读推广活动等
		覆盖成员范围	北部湾经济区六市的八家市级公共图书馆，并覆盖部分县区图书馆、分馆、城市书房、流通点
		覆盖用户群体	北部湾经济区六市的所有人员
		服务利用统计	2019 年以来通借通还 121266 册次，联盟微信公众号正式注册用户 6000 多人
		满意度	90%（2020 年）
	投入与支出	经济来源及稳定性	至 2020 年底共投入 2000 万元，来源于各市的财政经费、中央补助及自治区补助。建成后没有固定的专门项目经费
		成本支出与控制	支出合理。由于本地区公共图书馆基础相对落后，支出主要用于平台建设、中心机房建设、设备采购、城市书房建设。特色资源建设、宣传推广经费比例偏低
	外部影响力	品牌效应	50 多家主流媒体进行了 500 多篇次报道，创立了高铁读书驿站、阅读北部湾研学游等品牌
		活动辐射面	北部湾经济区六市
		社会影响力	一般，只有本系统知道的较多

续表

评估视角	评估维度	评估指标	指标考察内容简述
网络效应评估	直接网络效应	整合共享效应	联合书目检索，联合建设网站，联合建设微信公众号，联合建设向海之路地方特色资源库
		规模经济效应	联盟规模为北部湾经济区六市的八家市级公共图书馆。2019 年以来通借通还 121266 册次
		范围经济效应	为北部湾经济区发展提供文献信息服务
	间接网络效应	可见性和可信度效应	通过联盟网站和微信公众号提供联合书目检索、数字资源服务、图书通借通还等服务。链接度等暂无统计
		机构规模和影响力效应	项目创建牵头馆为北海市图书馆，国家一级图书馆，馆藏文献 35 万册，建筑面积 1.8 万平方米
		特色资源品牌效应	联席会议，高铁读书驿站、阅读北部湾研学游、向海之路地方特色资源库等
	双边网络效应	潜在规模效应	暂无计划扩大到北部湾经济区以外
		同边网络效应	涵括北部湾经济区六市全部八家市级公共图书馆，合作比较紧密
		跨边网络效应	暂无计划扩大到非公共图书馆系统
网络影响力评估	平台建设	网站独立性	建设有独立的联盟网站、微信公众号 http://www.bbwlib.cn
		多平台服务	视窗系统，安卓系统，苹果系统
		更新频率	不定期更新
		响应速度	在 500～1000ms
	传播推广力	搜索引擎影响力	百度查"北部湾经济区图书馆服务联盟"找到相关结果约 2190 个；百度 PC 搜索流量 17，权重 1；百度移动 6，权重 1
		网络媒体影响力	百度新闻搜索获得 49 篇
		网站流量	无
		入站链接	无
		学术影响力	百度学术查"北部湾经济区图书馆服务联盟"获 1 篇

三、北联运营效益比较分析

要想判断一个图书馆联盟运营效益的好坏，仅仅只依靠该图书馆联盟的单一数据是无法说明问题的，需要再寻找几个类似跨区域图书馆联盟的相关数据来进行对比，才更有说服力。

(一)综合效益评价

1. 综合效益评估数据采集

根据课题前期调研发现，区域的经济发展情况会影响到联盟的实际运营状况，因此，综合效益评估模块首选同在西部地区的陕西公共图书馆服务联盟(简称陕联)，此外，为了体现西部和经济发达地区的差异，本课题在经济发达地区的东部也选择一个上海文献资源共建共享协作网(简称上协)作为评估对象，这种跨区域图书馆联盟效益对比研究，具有一定的实践意义和参考价值。

通过对北联、陕联、上协三个联盟官方网站的调查、相关文献的检索和结合课题组发放调查表、实地访谈等获得的材料，围绕表1北联运营效益评估指标的综合效益评估内容，概括出了这三个联盟综合效益评估指标的基本情况，见表2、表3。

表 2　北联、陕联、上协综合效益评估数据汇总表

评估视角	评估维度	评估指标	指标考察内容简述		
			陕联	北联	上协
综合效益评估	管理	管理模式与组织结构	组织清晰、分工明确、合作紧密	组织清晰、管理机制明晰	松散型，管理机制不明晰
		分工协作机制	组织机构主要由联盟建设指导委员会、联盟工作委员会及下属办事机构组成	由联盟工作委员会下属各部门负责相应任务，并通过联席会议协商部署工作	牵头馆承担大部分联盟服务
		激励机制	无	无	无
	成员	成员规模、结构与区域分布	至 2020 年底，117 家成员馆；联盟成员馆累计办证 1767523 张，外借图书 12320144 册次。	北部湾经济区六市的八家市级公共图书馆	来源于国内外的高校、公共、区县、儿童等多种类型的图书馆 531 家成员
		就绪度	联盟工作委员会下设办公室、联合编目组、技术支持组、流通服务组、地方文献资源建设组等 10 个小组	公共馆系统实现一体化，同时共同提供人力、物力等支撑	公共馆系统实现一体化，其他成员馆根据自身发展需要选择参与

评估视角	评估维度	评估指标	指标考察内容简述		
			陕联	北联	上协
综合效益评估	成员	参与度	成员馆分为主任委员馆、委员馆和成员馆，主任委员馆和委员馆除履行成员馆权利和义务	共同参与联盟项目与服务	公共馆参与馆际互借，其他成员参与少
	资源	基础资源体系	各成员馆纸质资源、数字资源，资源涵盖所有学科，91.15%的成员馆为联编成员	各成员馆纸质资源、数字资源，资源涵盖各类文献、各种学科	NSTL文献资源、上海图书馆文献资源
		联盟特色资源	红色故事绘、云图数字有声图书馆、小候鸟互动学习馆、辞海等	向海之路特色资源库	上海年华、抗战图片库、文献与服务等
		资源开放程度	部分数字资源需要馆内IP地址	纸质图书须办借书证，数字资源不限制	纸质图书须办借书证，数字资源新闻不限制，数据库凭借书证申请
		宣传形式	联盟网站	网站、微信公众号	通过统一平台
	服务	服务项目与内容	馆际互借、数字资源检索、地方文献资源建设(详见表3)	通借通还，数字阅读，研学游，阅读推广活动等(详见表3)	通借通还，数字阅读，网上联合知识导航站(详见表3)
		覆盖成员范围	全体成员馆	全体成员馆，及部分县区图书馆、分馆、城市书房、流通点	部分成员馆
		覆盖用户群体	联盟区域内外	北部湾经济区六市的所有人员	区域内外用户(含部分国外)
		服务利用统计	联盟成员馆累计办1767523张，外借图书12320144册次，基本建立起了全省公共图书馆文献资源信息互联共享体系	2019年以来通借通还121266册次，联盟微信公众号正式注册用户6000多人	"一卡通"每周物流图书就达34万多册；专家志愿服务于网上联合知识导航站，现有6个国家和地区的64名专家支持

续表

评估视角	评估维度	评估指标	指标考察内容简述		
			陕联	北联	上协
综合效益评估	投入与支出	服务满意度	无	90%（2020 年）	无
		经济来源及稳定性	联盟经费主要来自省级财政拨款，同时积极争取市、县必要扶持，接受来自企业、社会团体级其他民间组织的捐赠，经费由陕西省图书馆负责管理	至 2020 年底共投入 2000 万元，来源于各市的财政经费、中央补助及自治区补助。建成后没有固定的专门项目经费	无投入，牵头馆补贴少量经费
		成本支出与控制	联盟成员馆馆藏文献书目数据的回溯建库、联盟工作基本设备的配置、联盟会议开支、联盟人员培训开支、设计联盟建设与服务相关工作的开支，经费受上级财政部门、审计部门监督与管理	支出合理。由于本地区公共图书馆基础相对落后，支出主要用于平台建设、中心机房建设、设备采购、城市书房建设。特色资源建设、宣传推广经费比例偏低	协作网成员机构年订购外刊经费在 50 万元以上成员馆各划出 5 万元作为统筹协调款，年订购外刊经费在 50 万元以下的划出 2 万元统筹协调款，从而减少了外刊采购复份，全年节约经费 30 万元左右，新增外刊新品种 209 种
	外部影响力	品牌效应	开设《陕图讲坛》公益性讲座	50 多家主流媒体进行了 500 多篇次报道，创立了高铁读书驿站、阅读北部湾研学游等品牌	外文期刊采购协调会持续 20 余年，知识导航网站成为联盟服务品牌
		活动辐射面	各成员馆对各自区域影响较大	北部湾经济区六市	各成员馆（531 个）对各自区域影响较大
		社会影响力	联盟发展时间长，社会影响力足	一般，只有区域内的文旅系统知道的较多	获得文化和旅游部的奖项及创新服务方面的奖项

2. 综合效益评估结果与分析

根据表 2、表 3 可以看出，虽然三个联盟所处的经济环境并不相同。但联盟之间的管理模式、分工协作机制、成员馆的参与度、就绪度等依旧存在大部分的相同点。具体分析

139

如下：

表 3　北联、陕联、上协服务项目表

服务对象	服务内容	北联	陕联	上协
成员馆	元数据加工	无	有	无
	成员培训与交流	有	有	有
	特色资源库建设	有	有	有
	服务宣传与推广	有	有	无
	文献采购协调	无	无	有
	网站	有	有	有
	微信(公众号)	有	无	无
终端用户	纸质文献馆际互借	有	有	有
	电子文献传递	有	有	有
	联合参考咨询	有	有	有
	企业推广与深层次信息服务	有	有	无
	"两会"服务	有	有	无

(1)管理模式与协作机制大致相同又各具特色

陕联为紧密的组织结构，由最上层机构统筹全局，最上层机构人员保持不变，下设各部门，各部门之间职责各不相同，各有其工作重点；北联同样拥有最高机构，但其负责人是由各成员馆法人代表轮值；上海协作网为松散型工作机制，其成员馆根据各馆需求选择参与馆际互借系统、情报方法培训与网络知识导航服务项目。陕联联盟工作委员会会定期召开会议，总结联盟当前年度工作以及部署次年工作计划，审议联盟建设发展相关问题；而北联席会议则是不定期召开，如若对联盟面临的关键问题不及时处理，则会产生较大负面影响。此外，在激励机制方面三个联盟均无。

(2)成员规模、结构大不相同

陕联上至省级图书馆，下至县级图书馆都囊括在联盟之中；上协从最初的 19 个成员单位增加到 2021 年的 531 个，成员规模最大，且包括上海县级公共图书馆 280 家、少儿图书馆 184 家，国内主要大学图书馆 44 家和国外一些国家图书馆 23 家；而北联则仅限于广西壮族自治区北部湾经济区六市、八家公共图书馆，且无省级图书馆参与其中，其规模远不如上协和陕联。但北联由于成员馆较少，反而能够进一步加深各馆之间的合作联系，并且由于各成员馆轮流担任最上层机构，各馆之间良性竞争，可以较为全面的发现北联之中所存在的问题和解决问题。在联盟成员的参与度与就绪度方面，陕联因分工明确，有制度约束，所以参与度的积极性较高；上海协作网实现了公共馆管理系统的一体化，所以纸质文献共享服务方面公共馆的参与度更高，而高校成员馆在联盟纸质资源共享方面没有进展，联盟最终停止了通用阅览证的办理与使用；而北联有专设机构和制定的部分工作机制，主观上联盟成员馆的积极性也高，但当涉及经费的项目时，其参与度的积极性就不高，因为很多成员馆缺乏这个方面的专项经费。

（3）资源建设各有特色

就基础资源而言，三个联盟都有相应的纸质资源和数字资源，且资源的组织与揭示均通过联盟的网站或统一的平台和微信。但陕联中有88%的成员为全国图书馆联合编目成员，很大程度上降低了陕联编目工作的难度，实现了书目数据资源建设的同步共享；且陕联紧跟时事，专门建立红色故事绘特色数据库，以绘画形式呈现红色经典。而上协的特色资源则是依据强大的馆藏建起了上海年华、抗战图片库等数据库。北联则抓住地理位置的特性，建立了向海之路特色资源库以及其他特色资源，涉及艺术、绘画、生物、学术等领域。

目前开放获取（Open Access）是图书馆界的一个热点，北联的所有数字资源不受IP地址限制，只需在线注册账号即可访问，即无地域限制，只要有网络通，很方便读者获取资源；而陕联的数据库既需要读者账号，也限馆内IP地址方可访问，即有读者身份和地域限定；上协数字资源新闻不限制，数据库凭借书证申请才可访问，所以在开放获取资源方面，陕联和上协均没有北联方便。

（4）服务基本相同但各具特色

北联、陕联和上协的联盟服务包括面向成员馆和面向终端用户两个层面。三个联盟均非常重视成员馆的需求与诉求，北联和陕联围绕联盟业务交流与技术的培训会议，注重培养成员馆员工的专业技能和信息服务素质；上协坚持每年召开覆盖范围最广泛成员的服务项目外刊订购协调会，并定期举办图书馆学情报学高级研修班。三个联盟的用户服务项目各有侧重，但均取得了良好的服务效果。北联通过建设高铁驿站、智慧书房和举办不同系列的研学游等活动来吸引广大读者，2019—2020年以来通借通还达到121266册次，联盟微信公众号正式注册用户达6000多人；陕联注重元数据加工，有联合编目数据库，如联盟成员馆现有117家，加入联编成员馆则有102家，截至目前联合编目数据库书目数据累计达到444.5万册；上海协作网公共图书馆的馆际互借服务得到用户的认可，"一卡通"年文献流通量达6000多万册，联盟"网上联合知识导航站"组成的区域跨系统的专家咨询团队，年度完成各类图书馆网上参考咨询服务1万多次，同时，还开展了外文期刊采购协调服务。

（5）经费投入差异明显

除了建设之初北海市政府、自治区文旅厅共投入2000万元以外，北联在建成后无固定专门经费；陕联建成后则拥有持续的政府财政拨款，并且还接受社会各界的捐赠，也正因为如此，陕联的财政支出，都由当地的财政、审计部门进行监督；而上协的投入为零，但对于牵头馆影响不大，只是缺乏服务补贴机制，导致成员馆参与具体服务的积极性不高。北联虽在成立之后无政府资金扶持，但联盟建设之中并无新的馆舍增加，所投入资金大多用来完善联盟的平台建设、中心机房建设、设备采购等，以此来弥补长期以来基础设施不足的短板，基础设施的增加保障了日后北联成立后所能够提供群众所需要的信息服务的能力，但用于特色资源库建设和宣传推广的经费较少。

（6）外部影响力大

上协成立至今已有 20 多年；陕联于 2010 年成立，至今也有 11 年；而北联刚诞生不久，2020 年刚通过国家验收，三者均取得一定的社会影响。相比于北联，其余两个联盟自然有更强的社会影响力。上协发展到目前，机构规模庞大，辐射面广，现有 531 个成员馆，联盟牵头馆能够在不同阶段根据社会和公众需求及时转型升级开拓新的联盟项目是其最大特点；其外文期刊采购协调项目和知识导航网站在国内外树立了良好的知识服务品牌，多次获得文化和旅游部创新服务方面的奖项。陕联成立 11 年来，成员馆不断增加，现有成员 117 家，各成员馆在各自区域积极组织文化活动。陕联本着统一规划、统一标准、逐步推进、合作建设、协调管理的原则，促进全省公共图书馆资源整合，向全省人民提供同等的公共图书馆服务体系。北联虽然刚成立不久，成员馆只有 8 家，但辐射面达到 6 个地级市，并依托现代科技进步，建设期间有大量的媒体进行宣传，即短短 2 年内，共有国内 50 多家主流媒体进行了 500 多篇次报道，同时还在北部湾经济区内建立高铁读书驿站、阅读北部湾研学游等自主品牌，其影响力正在从自治区文旅系统内向外延伸。

综上所述，陕联、北联和上协三个联盟中，除同为西部的陕联和北联，其联盟管理模式与机制大致相同外，其他的如政府经费投入、成员馆参与度、联盟资源体系建设与服务成效均存在较大差异。陕联和北联的管理与服务模式综合效益相对较好，但陕联更能发挥跨系统图书馆联盟的合力与活力；北联或因成立时间较短，部分机制尚未健全，部分原定的联盟目标还未能实现；上协作为一个零投入的跨系统区域图书馆联盟，取得的效益主要依靠牵头馆的实力与努力，联盟服务也基本是由上海图书馆的相关部门承担，并没有实现联盟成员"合力优势"的建设目标。

（二）陕联和北联的网络效应比较

1. 网络效应评估数据采集

采用案例研究、实证研究、比较研究等方法，选取陕联和北联开展实证调研分析，主要是围绕表 1 北联运营效益评估指标的网络效应评估内容进行比较分析这两个联盟的发展状态，具体见表 4。

表 4　陕联和北联的网络效应比较

评估视角	评估维度	评估指标	北部湾经济区图书馆服务联盟	陕西公共图书馆服务联盟
网络效应评估	直接网络效应	整合共享效应	范围：北部湾经济区六市；联合书目检索，联合建设网站，联合建设微信公众号，联合建设向海之路地方特色资源库	范围：陕西全域；联盟成员馆完成回溯建库工作，全省联合编目推广工作已经完成；实现公共图书馆数字资源在文化共享工程 VPN 专网内向全省公共图书馆的免费开放

续表

评估视角	评估维度	评估指标	北部湾经济区图书馆服务联盟	陕西公共图书馆服务联盟
网络效应评估	直接网络效应	规模经济效应	联盟规模为北部湾经济区六市的八家市级公共图书馆。2019年以来通借通还121266册次，联盟微信公众号正式注册用户6000多人	截至2020年年底，全省加入联合编目工作的联盟成员馆为102家，占全省公共图书馆的91.15%，联编数据库累计馆藏552万余条（不含省图书馆）；全省累计开通流通成员馆94家，联盟成员馆累计办1767523张，外借图书12320144册次
	间接网络效应	范围经济效应	为北部湾经济区发展提供文献信息服务	以文献信息资源联合建设、联合开发、联合服务、资源共享为主要内容
		可见性和可信度效应	通过联盟网站和微信公众号提供联合书目检索、数字资源服务、图书通借通还等服务	联盟依托独具本省特色的"陕西文化信息资源共享工程虚拟服务VPN专网"开展工作，使用统一的技术操作平台（除个别馆外，联盟绝大多数加盟图书馆共用省图书馆Symphony系统实现计算机一体化管理）
		机构规模和影响力效应	项目创建牵头馆为北海市图书馆，国家一级图书馆，馆藏文献35万册，建筑面积达1.8万平方米	主任委员馆为陕西省图书馆，下设10个地市级图书馆为委员馆
		特色资源品牌效应	联席会议，高铁读书驿站、阅读北部湾研学游、向海之路地方特色资源库等	联盟数字资源共建共享、联盟技术服务、地方文献资源联合征集、地方特色数据库建设、联合参考咨询服务、联盟培训、联盟阅读推广及讲座、展览服务、联盟未成年人服务工作组。陕西公共图书馆服务联盟组织机构主要由联盟建设指导委员会、联盟工作委员会及下属办事机构组成
	双边网络效应	潜在规模效应	暂无计划扩大到北部湾经济区以外	1. 陕西省内县级及以上公共图书馆； 2. 已完成全国文化信息资源共享工程支中心建设任务，计算机网络系统运行正常； 3. 图书馆购书经费、开放时间达到文化行业标准WH/T 70.2—2020《公共图书馆评估指标》三级馆基本要求； 4. 自愿加入，承诺履行联盟成员馆基本义务，承诺实行免费借阅服务

评估 视角	评估 维度	评估 指标	北部湾经济区图书馆服务联盟	陕西公共图书馆服务联盟
网络 效应 评估	双边 网络 效应	同边网 络效应	涵括北部湾经济区六市全部八家市级公共图书馆，合作比较紧密	联盟内同图书馆管理系统成员馆22家
		跨边网 络效应	暂无计划扩大到非公共图书馆系统	不同图书馆管理系统成员馆均为省内公共图书馆，其中市级图书馆8家、县区级图书馆87家

2. 网络效应评估结果与分析

（1）直接网络效应比较

根据表4可以看出，陕联和北联的直接网络效应可从整合共享效应、规模经济效应、范围经济效应三个指标进行对比。整合共享效应是通过整合资源等而形成的共享效应，规模经济效应则是产量规模带来的经济性，范围经济效益是生产不同种类产品获得的经济性。

①整合共享效应。

北联整合北部湾经济区六市的图书馆资源，包括联合书目检索，联合建设网站，联合建设微信公众号，联合建设向海之路地方特色资源库，促进联盟图书馆间的共建共享，减少重复操作，提升资源利用率，减少财政支出。陕联充分利用"陕西文化信息资源共享工程虚拟服务专网"（VPN），推进全省公共图书馆业务合作与资源整合，减少各级政府基层财政在文献信息资源方面的重复开支，实现全省公共图书馆的优势互补与资源共享；同时开通了联盟外借系统，基本建立起了全省公共图书馆文献资源信息互联共享体系，包括联盟数字资源共建共享、联盟技术服务、地方文献资源联合征集、地方特色数据库建设、联合参考咨询服务、联盟培训、联盟阅读推广及讲座、展览服务等方面。

②规模经济效应。

北联从成立联盟至今依然是六市八馆，都是公共图书馆，没有增加其他类型的图书馆，提供的联盟服务多是图书通借通还和网上的数字资源，以及一些讲座展览和研学游主题活动，其开展的联合参考咨询则是借用全国参考咨询平台，2019年以来通借通还121266册次，联盟微信公众号正式注册用户6000多人。陕联截至2020年底，成员馆已增至117家，其类型均为省内公共图书馆，其中，全省加入联合编目工作的联盟成员馆为102家，占全省公共图书馆91.15%，联编数据库累计馆藏552万余条（不含省图书馆）；全省累计开通流通成员馆94家，联盟成员馆累计办1767523张，外借图书12320144册次；此外联盟联合开展的主要除联合编目工作外，还有联合参考咨询工作、联盟阅读推广工作、全省联动的未成年人阅读文化活动、联盟讲座展览工作等。

③范围经济效应。

北联和陕联均以文献信息资源联合建设、联合开发、联合服务、资源共享为主要内容。但北联的资源只服务北部湾经济区六市的读者或受众，而陕联的资源服务则是全陕西省的读者或受众，同时，陕联的联合编目是其一大特色服务。

（2）间接网络效应比较

根据表4、表5可以看出，陕联和北联的间接网络效应可从可见性和可信度效应、机构规模和影响力效应、特色资源品牌效应三个指标进行对比。

①可见性和可信度效应。

从联盟平台建设看，陕联和北联均有独立的综合门户网站和一键检索，但两者的键面风格不同，北联突出跨库检索，陕联突出联盟动态，且网站界面友好，功能模块清晰，整体上略胜一筹；从百度搜索到的北联和陕联的新闻量看，两者差别不大，北联略多9篇，但从学术论文发表来看，两者差别较大，涉及陕联内容的有48篇，则涉及北联的论文只有1篇，且从网站流量和入站链接看，陕联明显都高于北联，表明陕联的网站影响力强于北联。

②机构规模和影响力效应。

牵头馆的机构规模和机构影响力是联盟持续发展和规划有效执行的一个重要因素。北联和陕联的牵头馆各具特色，也因牵头馆的不同特色在一定程度上引导了联盟开展不同的服务；北联面向的是北部湾经济区的六市，陕联面向的是全省，但两者建设联盟的宗旨基本一致，都是以开放、合作、共建、共享为原则，促进联盟图书馆间的共建共享，减少重复操作，提升资源利用率，减少财政支出。

③特色资源品牌。

特色资源品牌是影响联盟持续发展及联盟影响力和可见度的重要指标。两个联盟经过多年发展都形成了一些特色服务或机制，如北联的高铁读书驿站、阅读北部湾研学游、向海之路地方特色资源库；陕联的数字资源共建共享、联盟技术服务、地方文献资源联合征集、地方特色数据库建设、联合参考咨询服务、联盟培训、联盟阅读推广及讲座、展览服务、联盟未成年人服务和联合编目等。

（3）双边网络效应比较

根据表4可以看出，陕联和北联的双边网络效应从潜在规模效应、同边网络效应、跨边网络效应三个指标进行对比。

①潜在规模效应。

潜在规模效应是指联盟已有成员馆是否可以通过联盟发展新的成员馆而享有新的资源和服务。陕联和北联要求加入的成员馆，资源共建共享，包括纸质资源和数字资源，所以对各个成员馆来说，不仅不会被削弱资源与服务，反而会增强各个成员馆提供资源和服务的能力。加入陕联的成员馆要求是陕西省内县级及以上公共图书馆，至今已有117个成员馆，达到了一种相对稳定的状态，而北联从建设至今，依然是8个成员馆，而且也没有计划扩大到北部湾经济区以外。

②同边网络效。

同边网络效应是指联盟中同系统的成员馆参与和合作的程度。目前，陕联和北联的成员馆都是公共图书馆，要求合作完成所有服务和项目，如北联的向海之路特色数据库的联合建设，陕联的联合编目等。

③跨边网络效应。

跨边网络效应主要是通过考察联盟中所涉及的成员馆类型及各类成员馆的特色，考察联盟中成员的互补效应。北联覆盖了北部湾经济区的六市八家公共图书馆；陕联则是面向全省的公共图书馆，目前共有117家成员馆，其中市级图书馆8家、县区级图书馆87家。

(三)北联、陕联和嘉兴数字图书馆的网络影响力

1. 网络影响力评估数据采集

为了使研究有可比性，本课题选定了西部的北联、陕联，东部的嘉兴数字图书馆(简称嘉联)三家联盟的网站作为研究样本。这三家联盟包括1个省级联盟和2个市级联盟，建设牵头单位都是公共图书馆，联盟类型均为跨区域的图书馆联盟，具体见表5。

2. 网络影响力评估结果与分析

根据表5和调研情况来看，三个联盟网站建设风格有差异。北联、陕联和嘉联网站均做到一键检索，但突出内容的风格不同，如北联和嘉联突出检索，但嘉联界面清新，版面结构合理，陕联则突出联盟动态，网站首页清新，结构合理协调，而北联网站内容更新较慢，前两者从整体上比北联略好；北联、陕联和嘉联三个联盟的网站都是以提供电子资源为主，侧重于提供公共文化、阅读推广服务，其中嘉联另有情报服务，所以，这三个联盟网站建设和网络服务质量都有提升的空间。总的来说，这三个联盟的网络影响力在平台建设和传播推广方面既有共同点，也有不同点，具体情况如下：

(1)平台建设方面

北联有独立的网站域名和微信，嘉联不仅有独立的网站域名、微信，而且有APP，则陕联只有独立的网站域名；网站多平台服务方面，北联和嘉联均有pc版本和移动端版本，而陕联只有pc版本；网站的更新频率、响应速度三者一样。

(2)传播推广方面

从搜索引擎表现来看，北联、陕联的百度权重和百度移动权重均为1，而嘉联百度权重是1，百度移动权重均为0。三个联盟中，最好是陕联，其次是北联，第三是嘉联。网络媒体影响力方面，三者基本一致。网站流量方面，陕联和嘉联大致相同，北联网站因未设计该功能，无法统计。友情链接方面，陕联有4个，嘉联有1个，而北联为0；学术影响力方面，陕联有48篇，而北联和嘉联则只有1~2篇。

表 5　北联、陕联和嘉兴联盟的网络影响力比较

评估视角	评估维度	评估指标	北联	陕联	嘉联
网络影响力评估	平台建设	网站独立性	建设有独立的联盟网站、微信公众号 http：//www. bbwlib. cn	建设有独立的联盟网站 http：//www. sxplsc. org. cn	建设有独立的联盟网站、微信公众号、app 等 http：//www. jxelib. com/
		多平台服务	视窗系统，安卓系统，苹果系统	网站为 pc 版本	网站有 pc、移动端版本
		更新频率	不定期更新	不定期更新	不定期更新
		响应速度	在 500~1000ms	在 500~1000ms	在 500~1000ms
	传播推广力	搜索引擎影响力	百度查"北部湾经济区图书馆服务联盟"找到相关结果约 2190 个；百度 PC 搜索流量 17，权重 1；百度移动 6，权重 1	百度查"陕西公共图书馆服务联盟"找到相关结果约 9870 个；百度搜索有官方认证标志；百度 PC 搜索流量 60，权重 1；百度移动 16，权重 1	百度查"嘉兴数字图书馆"找到相关结果 56 个；百度搜索有官方认证标志；百度 PC 搜索流量 7，权重 1；百度移动 0，权重 0
		网络媒体影响力	百度新闻搜索获得 49 篇	百度新闻搜索获得 40 篇	百度新闻搜索获得 44 篇
		网站流量	无	2918973 人次	2918909 人次
		入站链接	无	有 4 个	有 1 个
		学术影响力	百度学术查"北部湾经济区图书馆服务联盟"获 1 篇	百度学术查"陕西公共图书馆服务联盟"获 48 篇	百度学术查"嘉兴市数字图书馆"获 2 篇。

四、北联效益提升策略

基于上述调研分析可以看出，北联经过 2 年多的建设和发展，社会效益较为显著，但还存在一些问题，这些问题将通过以下的相关策略得以改善，并促进北联今后的可持续发展。

(一)进一步完善协作机制建设，形成真正的"合力"与"活力"

研究发现，紧密型联盟管理模式对运营效益有一定的影响，包括对联盟工作的开展和

服务的实施。因此，北联在现有的管理模式基础上，进一步明晰分工协作机制，明确中心馆与成员馆的责任、权利和义务，凝心聚力，抓好原有的制度落实，及继续制定和完善各业务的合作协议或制度，如商业数据库联合采购协议、开展服务、新加入成员馆的条件等方面，增加灵活性，不仅能调动本系统、跨界成员馆合作的积极性，而且能提升北联的双边效应，真正实现北联的"合力"与"活力"的建设目标，并促进成员馆各自业务的开展和服务的完善，及提高北联的运营效益。

（二）设立北联的评估和绩效考核，推动北联向高质量发展

北联效益的发挥，关键是看北联各成员馆的作用大小或其活跃程度，为此，进一步加强北联成员馆的权责明确化和设立北联成员馆的绩效考评，并根据考评结果给予一定的奖励作为经费补贴，如重庆联盟、江苏文献中心等每年会对成员馆完成的文献服务进行考评后实行奖补，在一定程度上调动了成员馆参与的积极性，这也是北联实现可持续发展和向高质量发展的重要保障。

（三）打造品牌加强北联特色服务，发挥北联的"合力"优势

国内联盟的特色品牌总体相对不足，大部分局限于特色机制，北联要做好可持续发展和高质量发展，需要发挥北联的"合力"优势，实实在在地打造有竞争力的品牌和加强特色服务，如继续打造"向海之路"特色阅读空间，"海岛智慧书房"，"高铁读书驿站"，加强向海之路特色资源库、邕州瓷数字资源库建设，做好研学游"走读北部湾"和对外文化交流"面朝大海，向海图强"活动等，同时借鉴重庆联盟的方式，依托平台不仅提供文献资源服务，还将产学相结合，向个人用户和企业用户提供科学仪器查找和在线交易的市场化服务，实现推动所在地区经济发展的建设初衷。同样，北联也可以把"邕州瓷"和"钦州坭兴陶"做成产学相结合的形式。这些举措，不仅有利于促进北联形成品牌特色，推动服务内容创新，同时也为开展增值信息服务、嵌入社会网络实现跨界合作、提高北联的运营效益提供了可能。

（四）加强北联的宣传与推广，提高北联的知名度和影响力

北联的价值所在就是北联服务与资源利用，即服务的覆盖范围、资源利用效果是北联效益的直接体现，因此，北联服务的宣传与推广是提升北联经济效益与社会效益的关键。特别是现在的后疫情时代，北联要利用新技术、新方法，在强化资源建设、优化服务质量的同时适当进行线上推广，如利用微信、微博、博客、论坛、播客、抖音，快手等社交媒体平台进行品牌宣传，口碑营销，吸引潜在用户；主动与文化的优质网站交换友情链接，增加搜索引擎权重；主动向搜索引擎申请认证，例如百度 V 认证，增强站点的权威性和用户信任度。同时也可以从新闻报道、论文等不同角度加强对北联的宣传，各成员馆可尽一切办法提高北联的知名度和影响力。

（五）优化北联网络平台建设，多渠道展现服务

北联网站是联盟对外宣传的主要窗口。因此，建立内容清晰、架构合理的一站式网站，数字资源均采取开放获取方式，便于用户快速获取资源与服务；及时进行网站维护和技术升级改造，提高网络服务的可靠性与稳定性；利用微信、微博等新兴网络平台技术，建立多渠道、多形式的服务体系，方便移动设备阅读浏览，适应高速发展的互联网环境下用户不断变化的需求。

五、结语

公共图书馆的文化服务和资源使用是其价值所在，而资源大多又存在着重复和缺失。图书馆联盟的成立，使得资源重复减少、缺少的资源也得到补充。能提供这样服务的图书馆联盟才能更好地实现其社会效益与经济效益。

北部湾经济区图书馆联盟作为广西壮族自治区第一个，也是唯一一个跨区域的图书馆联盟，其社会意义是大于经济意义的。它将原本分散的、独立的服务系统整合为一体，不仅节省出了资金去扩充自身的资源，也为广西壮族自治区树立了一面文化旗帜。但北联的影响不应止步于此，在现阶段联盟规划任务完成后，应向其他跨区域图书馆联盟一样，应在北部湾经济区内，把联盟成员馆拓展至各种类型的图书馆层面，即不仅包括公共图书馆，而且还要包括高校图书馆、党校图书馆、科技图书馆、以及党政机关企事业单位图书馆等，实现真正意义上跨区域跨界的北部湾经济区图书馆联盟。

目前，北部湾经济区图书馆联盟运行状态正常，对推动文化事业产业融合，探索文化和旅游相结合，带动旅游产业的发展有着积极作用。同时推动本地区公共文化事业发展，为探索跨区域化公共文化服务体系建设的"北部湾模式"做出努力。

◎ **参考文献**

[1]张艳茹，陈通．公共图书馆社会效益评价研究[J]．图书馆理论与实践，2015(3)：15-17.

[2]王知津，王春燕．网络环境下图书馆社会效益及其评价[J]．图书馆论坛，2009，29(6)：68-73.

[3]蒋玲，刘春．基于层次分析法的异质性区域图书馆联盟服务质量评价体系研究[J]．乐山师范学院学报，2010(11)：132-133.

[4]张利敏．区域图书馆联盟促进信息公平的社会评价研究[D]．长春：吉林大学，2013：30-38.

[5]北部湾经济区图书馆联盟[EB/OL]．[2021-12-15]．https：//seo. diandian. com/site/www. bbwlib. cn.

[6]陕西公共图书馆服务联盟[EB/OL]．[2021-12-15]．https：//seo. diandian. com/site/www. sxplsc. org. cn.

[7]嘉兴数字图书馆[EB/OL]．[2021-12-15]．https：//seo. diandian. com/site/www. jxelib. com.

[8]丁智阳．中美区域性图书馆联盟比较研究[D]．南京：南京大学，2012.

[9]赵乃瑄，金洁琴，张俊．中美跨系统图书馆联盟网络效应比较分析——以 Minitex 和

上海协作网为例[J]. 图书情报工作，2015，59，61（7）：21-27.

[10]孙慧明，邓菊英，王璇. 我国跨系统区域图书馆联盟建设发展研究综述[J]. 图书馆工作与研究，2016（7）：017-027.

[11]谭亮，黄娜. 区域性图书馆联盟绩效评估机制构建研究[J]. 图书馆工作与研究，2020（2）：60-69，103.

[12]赵乃瑄，张若冉. 跨系统区域图书馆联盟网络影响力评价研究[J]. 图书情报工作，2017，61（7）：28-33.

正安县全民阅读水平现状分析及对策

冯　康①

摘要： 提升全民阅读水平和人均阅读量，是国家、民族和地区整体快速、持续、健康、和谐发展的需要，是提升文化素养和价值观的唯一途径。随着社会的高速发展，想要在世界风云急剧变幻的今天更具竞争力，就必须让阅读环境和资源能够满足人们井喷式的阅读需求，培养群众热爱阅读的习惯。本文着重分析正安县全民阅读现状，探究正安县全民阅读水平不高和人均读书量小的原因，并阐述解决问题的方法和措施。

关键词： 全民阅读；阅读环境；阅读资源；阅读习惯

党的十九大报告强调，文化是一个国家、一个民族的灵魂，文化兴则国运兴，文化则强民族强。没有高度的文化自信，没有文化的繁荣兴盛，就没有中华民族的伟大复兴。从表面上看，一个国家或地区经济增长的决定因素是资本、劳动、技术和地理优势，但是历史经验已经证明，最终对一个国家或地区经济社会发展起到长期推动作用的却是文化和价值观。人类知识的汲取和文化水平的提升离不开阅读，阅读是对知识的渴望、对知识的积累、对自身的刷新、对文化的守护。

自 2014 年"全民阅读"首次写入政府工作报告之后，2019 年政府工作报告已是连续第六次对全民阅读进行倡导。报告提出，要丰富人民群众精神文化生活，培育和践行社会主义核心价值观，广泛开展群众性精神文明创建活动，大力弘扬奋斗精神、科学精神、劳模精神、工匠精神，汇聚起向上向善的强大力量，倡导全民阅读，推进学习型社会建设。

一、阅读的重要性和意义

阅读是直接提升全民素质的重要途径，一个国家、一个民族、一个地区要强大和发展起来，不仅需要经济实力、军事实力，而且更需要一个国家、一个民族、一个地区的全民素质、人生价值观、基本制度和舆论影响构成的文化软实力。阅读是对文化的守护，不论是什么形式，阅读的本质都始终如一，它构成了文化的根。而不同形式的阅读能够延展全民的阅读时间，使得整个社会的文化之树枝繁叶茂。阅读，是一个人灵魂的塑造和支撑，它为现代人与经典、与圣贤的交流搭起一座桥梁和一个平台。可以说，阅读是一个民族、一个国家、一个地区通往富强、通往幸福的智慧通道，也是一个人提升自己的最快方式，

---

① 冯康，正安县图书馆馆长，馆员（八级）。

它是经典的智慧产物赋予人类的绿色通道，书籍是人类生生不息的精神食粮，是通向智慧的基石。

二、正安县阅读现状

正安县阅读氛围不浓，阅读推广活动少且单一，读者结构两极分化，阅读主体是学生和老年人，青壮年读者约占 1/6。正安县幅面积 2595 平方千米，包括 20 个镇（乡、街道办），户籍人口 656518 人，有仡佬族、苗族、土家族等 23 个民族。正安县拥有公共图书馆一个，乡镇综合文化站 19 个，农家书屋点 148 个，新华书店 1 个，图书超市 1 个，民间经营性书屋 4 个。正安县有学校 256 所，其中幼儿园 128 所，小学 86 所，初级中学 21 所，九年义务制学校 14 所，高级中学 4 所，完全中学 1 所，特殊教育学校 1 所，中等职业学校 1 所，在校学生 89342 人，正安县阅读主体是在校阅读。

正安县图书馆 2018 年全年读者到馆人数 115684 人次，网络访问 25645 人次，图书外借 143586 册次；据不完全统计，2018 年 19 个乡镇综合文化站全年到站人次约为 26600 人次，年借阅图书约为 47880 册次；2018 年 148 个农家书屋点全年到点人数 48600 人次，图书借阅量约为 74000 册次；据估算，正安县新华书店、图书超市、民间经营性书店的阅读量约为 83000 册次。除在校阅读外，正安县全年图书借阅量约为 348466 册次，年人均读书量 0.61 本。

世界人均读书量排名前 5 位的国家是：俄罗斯（54 本），以色列（50 本），德国（47 本），日本（45 本），奥地利（43 本）；人均年购书量前 3 位的是：以色列（64 本），俄罗斯（55 本），美国（50 本）。其中，仅有 800 万人口的以色列在建国 71 年的时间里，就有 8 位诺贝尔奖得主，占世界诺贝尔奖得主的 29%。而在我国，北京市民年度纸质图书阅读量为人均 11.74 本，深圳 12.42 本，全国人均年读书量只有 4.66 本。

三、阅读水平不高和人均阅读量不大的原因分析

据不完全统计，正安县年人均读书量约为 0.61 本，远低于中国人均年读书量。据笔者分析，正安县全民阅读水平不高和人均读书量少的背后具有众多因素：

首先，正安县青壮年劳动力大量外出，导致阅读结构失衡。自 20 世纪 80 年代"三百娘子军"南下广州开启劳务输出大门后，正安县常年在外务工人数约为 24 万左右，且以青壮年人口为主，这导致阅读的人口总量降低，阅读主力人群的大量流失是人均阅读量减少的重要原因。

其次，生活习惯和节奏影响了读者对阅读的认知和阅读习惯。正安县是贵州省 14 个深度贫困县之一，也是遵义市唯一的深度贫困县，这里"一产薄弱，二产贫弱，三产脆弱"，人们尚未彻底从传统的生产生活习惯中转变过来。

在正安县人口城乡人口结构中，农业人口占总体人口的 90% 以上。在农村，当地居民要么遵循日出而作、日落而息的传统作息习惯，沿袭传统的耕作模式，要么按照当地基层组织和技术人员的指导进行生产，自身对外界信息和技术的了解和应用需求不强，大多

缺乏对阅读重要性的认识。在城市，随着城镇化进程的加快，农村人口大量涌入县城，青壮年大多在外务工而缺乏阅读时间，老年人则缺乏阅读习惯，他们整体文化程度不高，精神文化生活单一，缺乏读书看报的习惯养成，在市区的老年茶社、巷道、广场等地，参与棋牌活动的老年人随处可见。

最后，正安县现有的阅读环境和阅读资源无法适应读者需求。

在阅读环境方面，正安县图书馆实际使用馆舍面积不足 2000 平方米，且分布在县总工会二楼和四楼，功能不够健全，设施不够完善，信息化建设进程严重滞后，馆藏资源单一且更新不及时，不能满足不同类型读者的不同类型的阅读需求，更难以吸引读者。在阅读资源方面，正安县图书馆现有藏书 145628 册，期刊 56 种，报刊 63 种，盲人听书机 50 台，歌德借阅机 1 台，触摸屏阅读机 1 台，全县公共图书馆人均藏书量仅 0.22 册，难以满足人民群众的阅读需求。正安县的人口居住分布与阅读资源配置不适应，突出表现为人口居住相当分散而图书资源相对集中，在某些地方，读者借阅书籍来回消耗的时间超过 1 小时，这种图书资源分布不均衡的格局严重影响了当地全民阅读水平的提升。

此外，在农村，农家书屋的功能和作用难以发挥，全县农家书屋拥有图书 370000 余册，但图书资源种类单一，复本量大，与读者的阅读需求不适应，加之农家书屋开放时间不规律、没有专门的管理人员，进一步导致农家书屋门可罗雀。在服务人员素质和活动水平方面，正安县阅读推广服务工作的队伍人员结构不优、专业化水平不高、队伍不稳定，阅读推广活动质量不高、数量不多、更缺乏品牌化，难以激发起全民阅读的热情和氛围。

四、解决问题的办法和措施

为提高正安县全民阅读水平，笔者有如下建议：

一是加大投入，履行高标准、高规格，严格按照现代公共图书标准，新建一个代表正安县的具有标志性、功能完善、设施设备齐全的公共图书馆。阅读环境的舒适性和服务水平的高低能够直接影响读者的到馆率，例如上海市浦东图书馆每天到馆人数达上万人次，周末节假日更是一座难求，其他优质图书馆如河北唐山市图书馆、四川省图书馆、清华大学图书馆、湖南株洲市图书馆等也是如此。新图书馆必须充分体现人文关怀，让读者产生依依不舍、流连忘返的感觉，使人们不仅能够到图书馆进行阅读和丰富精神生活，还可以进行图书交流、讨论等社会交际活动，为广大市民创造舒适、安逸的多功能空间。

二是及时更新阅读资源，认真进行读者需求调研和分析，有针对性和及时地添置新资源，并开展好资源推荐宣传活动。

三是组建一支结构合理、相对稳定、服务水平高和热衷于阅读推广服务的专业化队伍，培植一支热心社会服务、乐于奉献、涉及面广的阅读推广志愿者队伍，通过精心组织和高质量策划，力求辐射全方位，将阅读推广活动渗透到各个角落，在全社会营造浓厚的阅读氛围。

四是加快总分馆制建设，打通县、镇(乡、街道办)、村(社区、居委会)资源共享瓶颈，使县、镇(乡、街道办)、村(社区、居委会)的阅读资源实现统一系统管理、统一采购编目、统一流通借还和统一服务标准，让有限的资源发挥更大的社会效益。在我国全民阅读水平最高的城市深圳，截至 2011 年底，深圳市拥有各级公共图书馆 643 个，号称图书馆之城，其中市级图书馆 3 个，区级图书馆 6 个，其中社区级图书馆 558 座，街道级图书馆 76 座，全市公共图书馆馆舍总面积约 39.11 万平方米，人均公共图书馆藏书量达2.01 册。

五、阅读发展的展望

随着社会持续、快速、健康发展，人们生活水平的日益提升，人们对幸福生活标准认知的不断优化和改变，社会积累的不断增加，阅读将会是以后每个人生命中不可或缺的部分，例如，国家图书馆 2019 年除夕当天的到馆读者超过 9800 多人，创历史新高。

伴随周末 2.5 天休息试点的不断推开，诗和远方的深度融合，还有随着高考改革，阅读分值占比的提升，阅读形式和内容改变和丰富，亲子阅读、家庭共读、同城阅读等，还有人们整体文化知识的提升，社会经济的发展，人们生活方式的转变，图书馆将会出现"井喷式"增长，图书馆的馆舍容量、资源匹配、安全设施将在图书馆发展之路上引发人们又一轮思考。

成渝一体化背景下的文化馆联盟研究

常延红①

摘要：成渝一体化是未来一段时期内成渝地区发展的根本遵循和重要指引，构建现代公共文化服务体系则是其中的重要内容。本文通过研究成渝两地文化馆构建双城经济圈一体化的背景，梳理成渝两地文化馆联动的主要内容、具体做法和联动成效，探讨两地文化馆在联动方面的制约因素和发展方向，以此推动成渝地区现代公共文化服务体系的共建共享。

关键词：文采会；成渝地·巴蜀情；文化馆联盟；川渝文化联动

一、成渝两地群众文化联动的背景

成渝两地群众的文化联动，是国家战略部署的重要内容，有着深厚的政策背景和现实群众基础。

2020年1月3日，习近平总书记主持召开中央财经委员会第六次会议，作出大力推动成渝地区双城经济圈建设、打造高质量发展重要增长极的重大决策部署。2020年10月16日，中共中央政治局召开会议，审议《成渝地区双城经济圈建设规划纲要》。2020年4月29日，成渝两地的文化和旅游厅举办了巴蜀文化旅游走廊建设专项工作组联席会第一次会议。2020年7月15日，重庆市群众艺术馆与四川省文化馆共同签订了《推动成渝地区双城经济圈群众文化合作共建框架协议》。2020年11月28日，重庆市群众艺术馆与四川省文化馆共同签订《成渝区域文化馆联盟盟约》，通过了《成渝区域文化馆联盟章程》，根据《章程》，两地文化馆要通过开放共赢，生动融合；平台共建，推动均等；相向共兴，流动要素；优势共享，驱动能级，进一步推进区域协调发展，不断丰富和创新巴蜀文旅服务的形式与内容，培育"成渝地·巴蜀情"区域文化品牌，切实发挥文化馆在打造巴蜀文化旅游走廊中的积极作用。②

在现实群众基础方面，成渝两地地缘相近、人缘相亲、文脉相通，加强成渝区域文化馆公共文化服务事业的共建共享已经成为必然趋势，也是落实成渝地区双城经济圈建设国

---

① 常延红，重庆市群众艺术馆馆员，研究方向为公共文化服务。

② 四川省文化和旅游厅．共育"成渝地·巴蜀情"区域文化品牌 成渝文化馆订立盟约［EB/OL］．［2022-08-03］．http://wlt.sc.gov.cn/scwlt/hydt/2020/11/30/2f3731a3784c4069a1e2974289116c9e.shtm.

家战略的具体实践。巴蜀文化旅游走廊的建设将有助于打造成渝地区高品质生活宜居地，提供更多满足人民群众美好生活的精神文化产品和服务，从而提升群众生活品质，增强群众的幸福感和满足感。

自 2020 年以来，成渝两地的文旅部门认真落实中央关于成渝地区双城经济圈建设的重大战略部署，加快建设巴蜀文化旅游走廊，积极推动成渝地区文旅公共服务共建共享，用群众喜闻乐见的方式，引领两地开展群众性文化活动，让活动既接地气，又具有鲜明的地方性、群众性。

迄今为止，成渝两地文化馆的文化联动已经进行了一年之久，不仅扩大了成渝地区公共文化在全国的影响力，促进了两地公共文化的交流和融合发展，而且激发了成渝两地文化共融的凝聚力。在此之际，笔者对成渝两地文化馆联盟的活动措施和成功经验进行梳理和分析，从而进一步探究成渝两地群众文化的发展走向。

二、成渝两地群众文化服务的具体做法

(一)以文采会为抓手，增加高质量文化供给

在国家公共文旅资源共享战略部署下，继长三角地区、珠三角地区的文采会之后，成渝地区公共文化和旅游服务产品采购大会(以下简称"文采会")成为西南地区协调公共文化发展的重要举措。按计划，该采购大会每年举办一届，分别在成都和重庆轮流举办，是成渝两地文旅部门、企事业单位和社会各界搭建的推动公共文化服务高质量发展的交流合作平台。

由于疫情，第一届文采会采用"线上+线下"的方式全方位开展线上线下相结合的立体宣传推广和展示交易活动。在线上，文采会发起了重庆文化旅游专场直播推荐、重庆市群众艺术馆公共服务专场直播推荐和文创产品直播带货，在"重庆群众文化云""文化天府"等数字文化服务平台上推出了一批文艺精品和 80 多件文创产品，并将其名称、产地、简介、价格、联系人、联系方式和预订链接挂网发布，供市民采购；同时还通过云平台电脑端、App 端、微信公众号、抖音号等途径，开展线上展示、推介和采购交易活动。在此次线上会场中，重庆文化旅游专场直播、重庆市群众艺术馆公共服务专场直播和文创产品直播带货的网上观看人次达到 3.13 万，文艺演出节目、文创产品和非遗产品在"重庆群众文化云""文化天府"等线上平台的浏览量则达 3.28 万人次，点赞量达 1.24 万次。

在线下活动会场，文采会布置了展示区、推介展演区、座谈区、洽谈签约区、直播区、互动区和街演区等 7 个线下区域，展区面积约 4000m²，集现场展示、直播推介、扫码抽奖、精品推介、优质项目展演、座谈交流会等活动为一体，既为业内人士搭建专业的交流平台，也让市民群众可观可感，能够实地体验文旅公共服务的魅力。

此外，成渝两地还就文艺创作展演、文艺讲座培训、文化志愿服务、文创产品设计开发、文化策展布展、数字文化服务、非遗项目推广等方面达成广泛合作共识，并签订意向合作协议，总金额达到 259 万元。

2021 年，第二届文采会由于疫情采取线上方式，其在线浏览量达 2487.4 万次、视频

点播量达 1182.2 万次，促成意向签约金额 6441.8 万元。

经过两年的发展，成渝文采会已经成为推动两地文旅公共文化服务行业高质量发展的重要工具，它通过聚焦文旅公共服务新需求和培育区域性公共服务示范品牌，成为联动巴蜀文脉、推动成渝一体化发展和打造巴蜀文旅公共服务融合高质量发展示范区的重要平台。

(二) 以"成渝地·巴蜀情"两地文化馆联盟为平台，挖掘并用活两地文旅资源

2021 年 11 月 20 日，中共中央和国务院正式印发《成渝地区双城经济圈建设规划纲要》，提出强化两地公共服务共建共享，构建现代公共文化服务体系和推动公共文化资源共享，一大重要举措就是建立公共文化服务合作联盟①。成渝区域文化馆联盟的成立，意味着联盟成为推动成渝公共文化协同创新、融合发展的全新实践载体，能够为优化成渝地区公共服务布局，推动成渝地区文旅公共服务共建共享，唱好"双城记"、建好"经济圈"开局起步打基础。通过全方位的馆际合作与交流，有助于实现机构联动、服务功能联通、资源共建共享，形成相互开放、有效衔接的文化馆服务网络，为打造巴蜀文化旅游走廊，提升两地文旅公共服务能级，建设双城经济圈持续助力提能。

1. 互促共推全民艺术普及

成渝文化馆联盟自联动开展以来，相继推出多项文艺活动展示两地的艺术普及成果，旨在推动成渝地区艺术普及、文艺创作的交流互鉴，推进经济圈内文旅公共服务共建共享。川渝两地文化馆联盟交流涵盖群众歌咏、全民阅读、艺术展览、歌舞展演、讲座培训等公共文化活动。表 1 的统计表详细记录了成渝两地文化馆联盟的交流联动情况，其中，重庆市群众文化馆和四川省文化馆联盟次数较多；重庆市部分区县文化馆与四川省地市州文化馆主要以全民艺术普及文艺汇演、展览、培训等艺术形式展现成渝地区双城经济圈的发展新貌。

表 1 成渝两地文化馆联盟活动统计 (2020. 11—2021. 12)

全市文化馆	活动次数	活动形式(展演、展览、非遗交流、座谈、培训、采风)	主办单位
重庆市群众艺术馆	15	展演、展览、座谈	四川省文旅厅、重庆市文旅委、四川省文化馆、重庆市群众艺术馆
江北区文化馆	4	展演、展览	四川省巴中市文化广播电视和旅游局、重庆市江北区文化和旅游发展委员会
大渡口区文化馆	6	展演、座谈、培训	四川省文化馆、重庆市群众艺术馆

---

① 中国政府网. 中共中央 国务院印发《成渝地区双城经济圈建设规划纲要》[EB/OL]. [2022-8-13]. http: //www. gov. cn/zhengce/2021-10/21/content_5643875. html.

续表

全市文化馆	活动次数	活动形式（展演、展览、非遗交流、座谈、培训、采风）	主办单位
北碚区文化馆	5	展览、活动	北碚区文化馆、绵阳市文化馆
南岸区文化馆	4		南岸区文化馆、龙泉驿区文化馆
巴南区文化馆	3	讲座	重庆市巴南区文化和旅游发展委员会、重庆市巴南区文学艺术界联合会
九龙坡区文化馆	1	文艺汇演	成都市新都区文化体育和旅游局
涪陵区文化馆	5	活动、非遗、座谈	中共重庆市涪陵区委宣传部、区文化和旅游发展委员会、四川省文化和旅游厅、中共巴中市委、巴中市人民政府
潼南区文化馆	8	展演、展览、非遗交流、座谈、培训	重庆市潼南区文旅委、遂宁市文广旅游局
大足区文化馆	6	展览、展演、采风	中共重庆市大足区委宣传部、中共四川省资阳市委宣传部、重庆市大足区文化和旅游发展委员会、四川省资阳市文化广播电视和旅游局
荣昌区文化馆	5	展览、活动	自贡市文学艺术界联合会 荣昌区文化和旅游发展委员会 荣昌区文学艺术界联合会
梁平区文化馆	4	展演交流、培训	梁平区文化旅游委、开江县文体旅局、阿坝州文化馆

2. 赛事活动

为加快推动成渝地区双城经济圈建设，强化公共服务共建共享，展示两地公共文化的实力，持续加大优质公共服务供给和共同推动两地公共文化服务高质量发展，成渝两地文化馆相继开展了两届"成渝地·巴蜀情"——"成渝德眉资"文旅交流联动暨少儿才艺大赛和区域联动少儿美术、书法作品精品展。

这一系列活动能够充分发挥群众文化在推动成渝地区双城经济圈建设中的积极作用，提升成渝城市群广大青少年的艺术修养和审美情趣，搭建少儿文艺创作、经验交流推广的平台，积极营造培育少儿才艺、创作少儿精品、展示少儿文艺特长的良好氛围，协同打造好"成渝地·巴蜀情"文化品牌。

3. 人才队伍建设

为共同推进巴蜀文旅走廊建设，更好地促进成渝地区双城经济圈的文化艺术协同发展，培养壮大创新型、应用型、技能型人才队伍，成渝两地文化馆系统多次举办从业人员技能大赛，力求以赛促学、以赛促训、以赛促建，有效提升川渝两地文化馆系统从业人员的能力和水平。

技能大赛以展示成渝两地文化馆系统美术干部专业技能为载体，两地文化馆选手的美术创作各具特点，涵盖了中国画、油画、水彩、水粉、色粉、素描等艺术种类，体现了和而不同的审美趣味、绘画风格，更富有新语言、新创意、新内涵、新意趣，充分展现出成渝两地文化馆美术从业人员扎实的绘画技艺，较高的专业素养和公共文化知识结构、创作能力、语言表达、辅导能力。

总之，成渝文化馆系统从业人员技能大赛有效地提升了广大文化馆（站）业务干部的公共文化服务水平和能力，有助于更好地建设巴蜀文旅走廊，促进成渝群众文化繁荣发展，在唱好文艺领域"双城记"的同时，为推动成渝各地的文化交流与人才培养凝聚更高水平、更深层次、更宽领域的共识。

（三）打造成渝两地文化活动品牌

为给老百姓提供高质量的文化供给，成渝两地着力推动两地文化活动品牌建设和群众文艺展演互动共演，例如，四川省文化馆、重庆市群众艺术馆轮流举办"成渝地·巴蜀情"主题活动、成渝两地文化馆互动开展"成渝地·巴蜀情"传统节日群众文化交流活动、互派群众文化活动队伍参加对方相关活动。

1. "成渝地·巴蜀情"品牌活动

巴蜀山川风貌塑造了锦绣天府、两江山城，孕育了血脉相融、世代相依的巴蜀儿女，涵养出彼此相通又各自璀璨的巴蜀文明，为充分发挥文化在助力成渝地区双城经济圈建设中的积极作用，重庆市群众艺术馆、四川省文化馆共同打造了"成渝地·巴蜀情"文化品牌。双方签订了《推动成渝地区双城经济圈群众文化合作共建框架协议》，由两馆向四川省各市（州）文化馆和重庆市各区（县）文化馆联合发文，共同打造"成渝地·巴蜀情"区域文化品牌，共同推动成渝两地各级文化馆合作与交流，为成渝两地群众文化发展积累宝贵的合作经验。

自成渝两地开展文化联动以来，重庆市群众艺术馆联合四川省文化馆共同举办"成渝地·巴蜀情"品牌活动20余次。两地协同培育打造的"成渝地·巴蜀情"区域文化品牌，如今已成为成渝地区影响最广的群众文化活动。有助于激发巴蜀文化内生活力，传承并弘扬巴蜀文化的深厚底蕴和亮丽特色，提升两地文旅公共文化服务能力，为建设双城经济圈持续助力。

2. "川渝乐翻天"展演活动

"川渝乐翻天"展演活动由四川省文旅厅、重庆市文旅委，四川省文化馆、重庆市群众艺术馆两地共同打造，是成渝两地文旅主管部门通力合作的结晶。此活动汇聚了成渝地区的曲艺名家、幽默明星、喜剧达人和草根笑匠，在四川、重庆两地长期开展突出核心价值引领的喜剧幽默节目交流展演，寓教于乐，雅俗共赏，让观众在欢笑中受到启迪，在欢笑中感受成渝两地优秀戏曲文化。

成渝两地同根同源，共同的方言体系、文化背景在两地扎下深根。曲艺作为最接地气的文化形式，在成渝两地拥有广泛深厚的群众基础，本地区的曲艺涵盖金钱板、清音、对口快板、散打评书、谐剧等多种形式，节目内容也多取材自成渝两地现实生活，具有深刻的地方性和群众性。"川渝乐翻天"成渝双城喜剧幽默节目展演便是两地文化交流的全新升级，既能展现群文品牌活动风采，瞄准不同受众，满足不同圈层的个性化群文活动需求，又能让群众真正乐在其中，将戏剧曲艺的"种子"播撒到群众的心田中，促进两地群众戏剧曲艺繁荣发展。

(四)理论研讨

为充分发挥文艺先行作用，成渝文化馆联盟以构建成渝两地省级文化馆(群众艺术馆)联盟为引领，推动成渝两地地市(区)级文化馆建立"成渝地·巴蜀情"区域文化馆联盟为分支的省、地市州(区)两级联盟机制。实施"成渝区域文化馆联盟"建设重点项目工程，成立文化馆行业联盟，开展公共文化人才培育交流合作。

成渝两地地市级(区)级文化馆深度合作，开展调研免费开放、文艺活动组织、文艺创作、总分馆建设、市民夜校、数字化建设等各项工作。围绕如何建立群文战略合作机制进行交流探讨、友好合作协议事宜，充分细化落实合作细则，积极探索公共文化惠民服务新模式，共同搭建文化馆文化服务互惠共享、专业人才互动交流、品牌文化互助共建、馆办文艺团队及优秀文艺作品资源共享的平台，推进两地文化发展，促进成渝双城文化发展的深入合作，实现两地文化的共建共享，牢固树立"巴蜀一家亲"理念，用文艺的形式向社会广泛宣传成渝地区双城经济圈建设战略部署相关重大政策、重大项目以及取得的重大成果，为成渝经济圈建设助力。

三、成渝两地群众文化联动的特点与经验

通过两年以来成渝两地的群众文化联动实践经验，这一系列活动已经形成了鲜明的特点：

一是群众文艺展演互动共演，群文品牌打造互育共办。两地共同打造"巴蜀文化旅游走廊"品牌，轮流举办"成渝地·巴蜀情"主题活动，培育"成渝地·巴蜀情"区域文化品牌，共同策划举办成渝乡村春晚联谊、"川渝乐翻天"等品牌活动。

二是整合公共文化服务资源、增大文化供给总量、丰富文化服务内容，追求公共文化品质向高质量发展。

三是运用"互联网+"公共文化服务模式，综合利用重庆群众文化云、华龙网、重庆市群众艺术馆微信公众号和抖音号等平台栏目，并纳入重庆市群众艺术馆实施的百姓大舞台网络群众文化品牌活动项目，线上同步推出 VR 展览、数字展厅、精彩视频和图文直播。

四、成渝两地文化馆联盟联动的制约因素

尽管成渝两地文化馆联盟取得了不俗成效，但仍存在着一些制约因素。一方面，成渝

区域文化一体化、文化联动建设，要在提高成都和重庆两大城市文化总量的过程中着力解决两城辐射带动能力不足的问题。另一方面，从目前看，文化馆联盟各成员单位没有从属关系，仅靠约定的章程动作，难以保持持续性。各地文化馆主管部门的主导作用发挥不够，需要更有效的机制来运作，制定完善制度章程、管理模式及服务规范，为建设文化馆联盟提供制度依据和保障，使文化馆联盟能够高效、长期运行。

五、未来发展的方向

1. 推动文艺创作推广互助共创

双方联手策划、创作、推出一批"与时代同步伐、发时代之先声"的优秀群众文艺作品。

2. 形成区域常态交流协调机制

互动或联合举办群众文化演出活动、群众文艺作品展览、群众文化讲座等系列活动，加强成渝地区文化产品供给；双向开展文化馆（站）干部培训、学习交流等活动；互助开展文艺精品创作、展演、推广活动；联合开展群众文化行业治理制度研究，加强成果分享、经验共享。

3. 共建数字文化平台互联

实施重庆群众文化云和四川省文化馆数字文化平台对接，推动两地数字文化资源共享、数据互联。实施"成渝群众文化云"平台互联互通、共建共享工程。加快推进"互联网+公共文化服务"，打通成渝地区各类各种公共数字文化平台，对接端口、资源共享、数据互联，实现一网服务。

4. 行业治理经验互惠共享

实施群众文化行业治理共建工程，共同推进区域群众文化行业治理体系和治理能力现代化。

5. 树立全局意识，发挥一体化作用

联盟要以重大项目协同为统揽，以成渝相向共兴为引领，以毗邻地区合作为突破，探索合作发展创新模式，推动成渝地区公共文化服务体系一体化发展，传承并弘扬巴蜀文化的深厚底蕴，切实发挥文化馆在打造巴蜀文化旅游走廊中的积极作用。

6. 发挥优势特色，推动文旅融合

川渝两地文化同根、历史同源，既具有共通共享的符号性文化，又具有各自的独特性文化，极具融合性、互补性。应当按照"成渝联动发展、文化旅游先行"的思路，深化成渝合作。要通过开放共赢，生动融合；平台共建，推动均等；相向共兴，流动要素；优势共享，驱动能级，进一步推进区域协调发展，不断丰富和创新巴蜀文旅服务的形式与内容。

文化馆联盟可持续发展研究

——以"襄十随神"文化馆联盟为例

秦　黎①

摘要：本文以"襄十随神"文化馆联盟为例，通过对以国家战略为核心的文化馆联盟的分布规律及发展趋势的分析，提出持续赋能的组织协同模式是文化馆联盟的系统优化基础，并以"襄十随神"文化馆联盟为案例分析其运作过程，最后提出运用组织协同理论及平衡计分卡工具实现文化馆联盟共创共享共治的倡导。

关键词：文化馆联盟；区域一体化；组织协同

一、文化馆联盟概念及发展趋势

文化馆联盟是由两个或两个以上的行政独立的文化馆为了实现文化资源整合、文化要素的协同、文化服务总量和质量的提升，通过正式协议组建的公共服务一体化平台。文化馆联盟大多采用联席会议制度，由联盟成员轮流组织活动。

2021年，文化和旅游部、国家发展改革委、财政部发布的《关于推动公共文化服务高质量发展的意见》的总体要求里又明确提出了"文化事业、产业相融合，建立协同共进的文化发展格局。"各地文化馆联盟以"高质量文化供给增强人们的文化获得感、幸福感"的价值定位②，将品质、均衡、开放、融合的公共文化服务的发展观践行在各类文化活动中。

据不完全统计，截至2021年底，我国体制内文化馆联盟（省、市、县）的数量已达98个，较早的有嘉兴市文化馆联盟、深圳市文化馆联盟等。从2012—2021年，中国文化馆联盟每年新增数量如图1所示：

数据显示，联盟数量在2019年达到顶峰，联盟的发展格局已呈阶段性稳健发展，2019年疫情之后，联盟增量减缓，综合发展指数仍趋于上升阶段。

---

① 秦黎，湖北省十堰市群众艺术馆副研究馆员。研究方向为公共文化体系建设。

② 中国政府网．文化和旅游部 国家发展改革委 财政部关于推动公共文化服务高质量发展的意见［EB/OL］．［2022-8-13］．http：//www. gov. cn/gongbao/content/2021/content_5602033. htm.

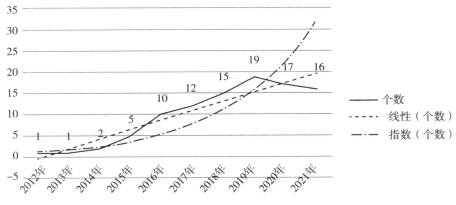

图 1　文化馆联盟整体发展趋势图(2012—2021)

二、以国家战略为核心的文化馆联盟分布规律

从文化战略部署、宏观经济布局、公共文化服务范围等维度来划分，各类文化馆联盟可分为：以国家战略为核心的文化馆联盟、以数字化为平台的文化馆联盟、以场景化设计为支撑的文化馆联盟、以活动品牌为主题的文化馆联盟、以行政管辖区域为要素的文化馆联盟五类，本文侧重论述以国家战略为核心的文化馆联盟。

随着丝绸之路经济带、京津冀协同发展、长江经济带发展、粤港澳大湾区建设、长三角一体化发展、黄河流域生态保护和高质量发展等重大项目的颁布，以及中国四个经济增长极的圈定：粤港澳大湾区、长江经济带、京津冀经济圈、黄河经济带①以国家战略为核心的文化馆联盟陆续成立。

2014 年陕西省艺术馆发起成立"丝绸之路经济带西北五省区文化(艺术)馆发展战略合作联盟"。②

2015 年北京文化艺术活动中心(北京群众艺术馆)、天津市群众艺术馆和河北省群众艺术馆共同签署了《京津冀三省(市)群众艺术馆(中心)协同发展合作协议》，2018 年联盟已发展到 14 家单位。③

2018 年，遂宁市文化馆、阿坝州文化馆等 12 家文化馆联手成立了川渝泛涪江流域公共文化馆联盟。

①　梁倩. 长江三角洲、粤港澳、京津冀、长江经济带四大国家区域战略渐明　我国形成跨区域协调发展新格局[N]. 经济参考报，2018-11-08(07).
②　西北五省区文化馆联盟签约[N]. 中国文化报，2014-07-07.
③　中国图书馆网. 京津冀文化盛宴绽放异彩[N/OL]. [2022-6-17]. http：//www. chnlib. com/wenhuadongtai/2017-06/266340. html(2017-06).

2019 年 7 月，沪苏浙皖三省一市的近百家文化馆在浦东成立了长三角城市文化馆联盟①，共有 139 家成员单位结合本地域文化特色共育文化品牌，搭建了统一的资源、创作、培训、数字、研究平台。制作线上线下相结合的长三角城市文化旅游（非遗）地图，聚焦文化空间打造、启动"长三角城市文化馆联盟人才培养计划"，形成复合型的群文人才、探索数字化意见收集及反馈机制。以上海为龙头，在推动区域文化一体化发展和文化馆服务创新等方面，能为我国提供全新的示范和样本。

同年，在石河子成立了天山北坡经济带文化馆联盟，着力打造兵地文化融合的平台；京杭大运河沿线城市文化馆合作发展联盟成立；由广州、深圳等 9 市文化馆共同发起成立了珠三角城市文化馆联盟，与长三角城市文化馆联盟签订了跨区域合作协议。②

2020 年 5 月，成渝区域文化馆联盟成立，首批成员由成都、重庆两地 15 个区级文化馆组成。

2021 年 4 月，湘鄂赣毗邻地区文化旅游产业发展联盟成立后，以文化馆为主体的湖北省十堰市群艺馆、襄阳市群艺馆、保康县文化馆、随县文化馆、神农架林区共同发起成立"襄十随神"文化馆联盟。③

伴随"十四五"文旅发展规划的制定，文化产业带的发展战略开始带动新一轮的文化馆联盟的兴起。经济带和文化产业带双轮驱动，事业和产业并驾齐驱，通过联盟的合力将区域协调发展战略和文化惠民工程落到实处。

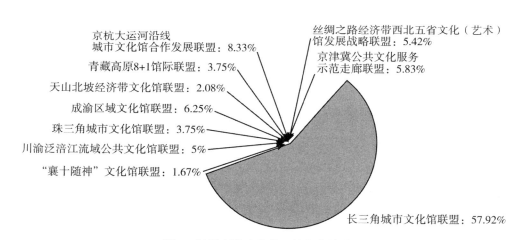

京杭大运河沿线城市文化馆合作发展联盟：8.33%
丝绸之路经济带西北五省文化（艺术）馆发展战略联盟：5.42%
青藏高原8+1馆际联盟：3.75%
京津冀公共文化服务示范走廊联盟：5.83%
天山北坡经济带文化馆联盟：2.08%
成渝区域文化馆联盟：6.25%
珠三角城市文化馆联盟：3.75%
川渝泛涪江流域公共文化馆联盟：5%
"襄十随神"文化馆联盟：1.67%
长三角城市文化馆联盟：57.92%

图 2　以国家战略为核心的文化馆联盟

以上联盟的空间分布是以全国中心城市、都市圈、城市群为规划背景，以推进区域城乡文化产业协调发展为逻辑而发展起来的。从南丁格尔图表分析看出，9 个经济带文化馆

① 上海市浦东区人民政府 . 长三角城市文化馆联盟成立［EB/OL］.［2022-6-17］. https：//www. sohu. com/a/329994674_120209938（2019-07-29）.

② 珠三角文化馆联盟在莞揭牌［N］. 凤凰网广东综合，2019-12-15.

③ "襄十随神"文化馆联盟正式成立［N］. 九派新闻旗下城市资讯账，2021-04-27.

联盟(加入成员数)的占比中,长江经济带的 4 个文化馆联盟占了总量的 72.63%(见图 2),长三角与珠三角城市群保持领先,其他经济带文化馆联盟的数量占比偏小,与京津冀城市圈的差距逐渐拉开,全国文化馆联盟的整体平衡性不够。

赛迪顾问城市经济研究中心发布的《2021 城市综合竞争力百强研究》中围绕经济规模、发展质效、综合活力、创新势能、共富共享、城市能级六个维度对我国 293 个地级市(不包括直辖市及港澳台地区)发展水平进行综合排名来看①,前十城市加入文化馆联盟的数量呈东强西弱、南强北弱的局面,与文化产业带的发展呈同步推进的局面(较高协同度);从 2021 年文旅产业综合评价前十城市加入文化馆联盟数量来看,文化馆联盟与文化产业带的发展呈现协调一致的局面(较高协同度)(见图 3、图 4)。从文化产业带与文化馆联盟的相关性可以判断,文化馆联盟是文化产业提质增效的生力军,区域联动激活了生产要素的价值实现,为文化馆拓展业态边界提供了机会。

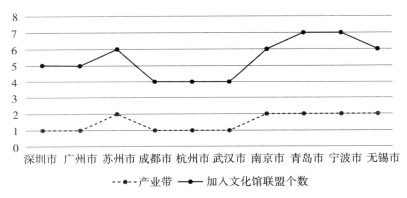

图 3 2021 年综合竞争力 T10 城市文化馆联盟及产业带分布数量

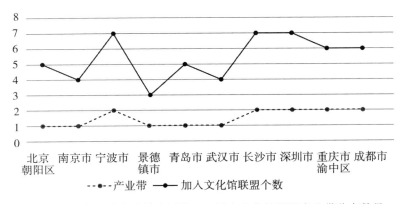

图 4 2021 年文旅产业综合评价 T10 城市文化馆联盟产业带分布数量

① 腾讯网.2021 年中国内地城市综合竞争力百强研究[EB/OL].[2022-6-17].https://new.qq.com/omn/20211226/20211226A076QV00.html(2021-12-26).

三、"襄十随神"文化馆联盟案例分析

1."襄十随神"文化馆联盟成立背景

2020 年 12 月，湖北省委十一届八次全会提出构建"一主引领、两翼驱动、全域协同"区域发展布局。2021 年 4 月 26 日，在襄阳、十堰、随州、神农架群艺馆共同倡议下，灵秀湖北·四季村晚"襄十随神"文化馆联盟成立仪式暨尧治河"村晚"演出活动在马桥镇尧治河村举行，并通过了《"襄十随神"城市群群艺馆一体化发展合作框架协议》。

联盟成立之后，2022 年 2 月，省委、省政府召开了全省深入实施区域发展布局暨县域经济发展大会，要求全省上下深入学习贯彻党的十九届六中全会和习近平总书记考察湖北、参加湖北代表团审议时的重要讲话精神，完整、准确、全面贯彻落实新发展理念，聚焦功能定位、聚焦目标要求、聚焦协同共进、聚焦高质量发展，打造省域区域性中心城市，加快发展县域经济。2022 年 2 月 24 日，"襄十随神"文旅联盟成立，商定四地每年轮流举办"襄十随神"主题活动，拟定资源共享、游客互送、线路共推、抱团发展整体规划。4 月 27 日，"襄十随神"四地文旅部门在襄阳签署六个联盟协议，涉及宣传推广、文旅执法、图书馆、博物馆、旅行社协会、旅游饭店行业协会等联盟，为深入推进文旅一体化发展谱写了新的篇章。同期发布了"襄十随神"各地景区的 4 条精品旅游线路。5 月 9 日，又发布了《关于推进襄十随神城市群旅游一体化发展的决定（征求意见稿）》提出了协同编制规划、共同塑造旅游品牌、优化旅游产品供给、共同打造精品旅游线路、共同规范行业标准等政策。

"襄十随神"文化馆联盟正是依托以上的现实背景，四地联动开展工作的。是贯彻落实省委关于"襄十随神"城市群协同发展战略布局、构建区域文化旅游融合发展新格局的创新举措，是跨区域优秀传统文化交流互鉴、凝聚孕育乡村公共文化意识、拓展公共文化空间、保障基层群众文化权益的有效探索，也是创新服务方式和服务手段、促进区域文化资源共建共享和服务提质增效的有益实践。①

2."襄十随神"文化馆联盟文旅资源优势

"襄十随神"四地山水相连、人文相通，有着悠久的历史渊源，相似的方言习俗、共同的文化根脉，汇聚了武当文化、炎帝神农文化、曾随文化、三国文化等文化瑰宝，集中了武当山、神农架、古隆中、炎帝故里等一批优质旅游资源，区域内文化旅游资源富集。

四地共有群艺馆（文化馆）21 个，据不完全统计，四地文旅版块的旅游发展总量占全省约 40%，世界文化遗产、国家地质公园等有影响力的文旅名片位居全省第二，国家"九纵七横"高速公路网六条经过这里，国家"八纵八横"高铁网四条经过这里，2019—2021 年，是湖北旅游人次增长最快的地区。

---

① 保康融媒网."襄十随神"文化馆联盟正式成立［EB/OL］.［2022-6-17］. https：//www. bkrmw. net/bk/2021-04-27/76605. html.

同时，"襄十随神"四地文化旅游资源上各有特色、各具优势：人文古迹襄阳古隆中、襄阳古城、米公祠、习家池等久负盛名，重大旅游项目如唐城、汉城、华侨城等运营势头良好；十堰有列入世界文化遗产名录的道教圣地武当山，有号称亚洲第一大人工湖的丹江口水库，客流量超过千万；随州有炎帝、编钟、大洪山等旅游名片，世界华人炎帝寻根节已成为国家级具有世界影响力的节会活动；神农架林区有"世界地质公园"等世界级名片和国家级自然保护区、国家森林公园、国家地质公园、国家湿地公园等国字号招牌。

3. 四地联盟开展活动进展情况

襄阳、十堰、随州市、神农架林区在襄阳市保康县尧治河村联动举办了片区"灵秀湖北·四季村晚"示范演出活动，相继在十堰房县、随州随县举办"襄十随神——文旅走亲"活动以及"非遗过大年·文化进万家"线上活动，群众参与积极性持续升温，吸引超过100万名线上观众参与，这些活动均是以文化交流为主线，推动文化资源共享，为"襄十随神"城市群公共文化服务一体化发展进行了积极探索。

4. 存在的问题及建议

一是由于疫情的影响，文化馆联盟在文化和旅游产业发展上联动不够，联盟整体形象和特色不够突出，宣传推介力度还不够大。公共文化资源整合机制和服务机构共享共建机制有待完善，举办区域性演出活动、展演活动次数较少，非遗资源、数字资源库等互联互通有待推进。

二是"襄十随神"文旅品牌一体化打造进程缓慢。从合作质量上看，区域协同发展需要面对的问题依然存在，尚需打破思维定式，以思想破冰推动"襄十随神"文旅一体化谋划，着眼全局、准确把握"襄十随神"协同发展方向，充分发挥襄阳"非省会中心城市"功能和十堰"省域内区域性中心城市"作用，营造一体化保障。要改变资源分割、各自为政的单打独斗局面，以"强核、壮圈、带群、兴县"的区域发展格局，树立区域一体化的整体理念。从襄十随神整体地域的视角，依托区域内的独特资源，将文化资源科学规划并重组，深入挖掘"襄十随神"区域内汉水、炎帝文化以及红色文化、汽车文化，用打造IP的思维提炼统一的联盟宣传口号，制作联盟形象宣传片，多种渠道进行"襄十随神"文化馆联盟的品牌推介。实行区域差异化定位、协作化发展，打造主题鲜明的文化馆联盟功能区块，构建结构合理、特色突出、优势互补的发展布局，谋求联盟整体利益最大化。

三是公共文化服务人才建设方面。据调查，《"襄十随神"文化馆联盟艺术普及师资库若干实施意见》已经出台1年有余，但具体实施依然难以为继，文件的初衷是共培共享一批优秀的群文人才，"建成支点、走在前列、谱写新篇"目标定位，提升文化治理能力，激发创新活力，但由于四地协调工作机制不够健全，没能完成预期的工作目标，执行力和整体协作能力亟待提升。

四、文化馆联盟的整体战略协同重点、难点分析

从"襄十随神"文化馆联盟的案例中可以看出，文化馆联盟所面临的挑战在于：在机

制协同的前提下，如何将不同地域的文化馆业务单元有机地协同在一起，优势互补，提高文化软实力，确保公共文化服务效能的发挥和文化战略执行的成功。以城市为主体的文化馆联盟各成员单位在与政府、企业、旅游市场、文化技术、资源配置、智库等全方位的组织协同显得尤为重要。尤其是以下几个层面的协同：

1. 从顶层设计层面

在中国城镇化建设和文化领域新旧动能转换的时代背景下，中国城市面临新一轮洗牌，文旅融合又拓展了文化馆的服务边界，文化和旅游部《"十四五"文化和旅游发展规划》中强调"建立健全文化和旅游发展的部门协同机制，推进改革举措系统集成、协同高效，打通淤点堵点，激发整体效应""结合国家重大战略加强非物质文化遗产保护传承，建立区域保护协同机制"①。文化馆联盟协同发展从制度变革、结构优化、要素升级的供给侧改革面向，亟待提升的空间很大，文化馆联盟坚持供给侧结构性改革的战略方向，提升供给体系对文化需求的适配性，政府部门的协同在于能否建立行之有效的区域利益协调机制，从根本上推动文化馆联盟的长足发展。

2. 从文化治理层面

文化馆联盟联席制、协商制缺乏异地办公同城化管理的指导性理论、以项目制为核心的工作机制、服务标准尚未健全。因地域差异，各地行政决策事项目录缺乏一致性，战略导向型基础研究组织模式还没有建立起来，对文化馆联盟协同发展能力指数评价体系缺乏及时的建构，缺少协同度的量化测算、评估。组织协同过程中需要有统一的政策保障才能如期完成联盟的公共文化服务项目，特别是专项经费的拨付及绩效考核的路径不一，各职能部门监管能力供给不足。因此打造适配创新战略的联盟尤为关键。

3. 从技术体系层面

随着数字时代文化模式的变化，以技术驱动和价值导向打造繁荣的文化生态，是文化馆联盟创新发展的基础。利用数字科技对特色文化资源的创新表达、传播、普及也是文化馆联盟的重要功能。联盟的发展规划和科学合理的分工体系亟待明晰，信息交流与横向协作力度、文化技术数据的深度洞察与贯通、科学应变能力等都应纳入战略分析的范畴。当前，文化馆联盟的行业大脑（国家公共文化云平台）与不断迭代演进中的各省市城市大脑的互联互通尚未打通，数据壁垒依然存在，跨部门多场景协同应用成熟度不够，信息调度及细致的专项应用不足，利用城市大脑对文旅活动中的应急事件的处理效率尚待提高。

4. 从文化资源层面

对于文化资源的划分，业界有很多中划分标准，《文化馆服务标准》的分类包括：硬

---

① 中国政府网．国务院关于印发"十四五"旅游业发展规划的通知［EB/OL］．［2022-6-17］．http：//www.gov.cn/zhengce/content/2022-01/20/content_5669468.htm.

件资源、人力资源、信息资源、品牌资源和经费资源。① 文化产业对此的分类标准包括：物质文化资源、非物质文化资源、自然文化资源和智能文化资源。② 鉴于文化馆联盟的服务功能的拓展和对文化资源开发利用所产生的绩效评价，很有必要构建与之对应的文化资源开发效益评估指标体系，目前文化馆行业标准里尚需完善这方面的内容。

五、文化馆联盟创新发展的组织协同技术应用

从2007年文化部颁布《文化标准化中长期发展规划（2007—2020）》至今，各地文化馆的标准化体系建设已进入了新的阶段，硬件建设和软件建设还需不断完善，各地之间文化治理能力的差异依然存在。文化馆联盟在协同管理中如何从无序到有序，在新的生态空间，找到价值共创，运用平衡计分卡创造联盟合力，可以将协同作为一个流程进行管理，通过价值链整合与延伸，扩大文化馆联盟的价值贡献。平衡计分卡的协同效应包括四个方面：财务、客户、流程、学习和成长。例如采用计分卡整合文化馆联盟价值链，如表1所示。

表1　文化馆联盟战略体系：价值链整合

协同效应	文化馆联盟价值定位	平衡计分卡衡量指标
财务	确定通过价值链整合实现文旅交集领域的效率增长和实现目标	协同服务业绩所占百分比
		公共文化服务周期成本降低
服务对象	确定整合各联盟服务形成的城乡居民的文化获得感	受众关系的持久度
		采用线上线下服务价值链
		公众参与度
内部流程	确定各联盟成员流程再造	项目管理：文化生产力
		受众管理：社会效益
		关键流程周期
学习与成长	确定价值链整合所需的专业技能	交叉业务知识
		联盟合作
		联盟年度绩效考核

平衡计分卡常常作为战略管理的核心工具，通过执行层的领导力将战略转化为可操作的语言，使组织和战略协调一致、常态化、流程化。在"襄十随神"文化馆联盟战略协同案例中，采用项目负责制，支持单元业务（如建构艺术普及师资库）通过系统化流程达到

---

① 文化馆服务标准．GB/T 32939—2016［S］．北京：中国标准出版社．
② 王广振，曹晋彰．文化资源的概念界定与价值评估简［J］．人文天下，2017（7）：6．

组织协同从而创造文化价值(见图5)。①

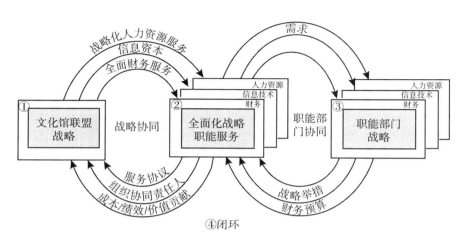

图5　职能部门与文化馆联盟战略的协同

①根据文化馆联盟战略:湖北省委《关于推进"一主引领、两翼驱动、全域协同"区域发展布局实施的意见》中的文化发展目标;②支持单元建立协同执行战略,全面化战略职能:"襄十随神"城市群群文一体化发展,由襄阳市群众艺术馆牵头,出台《"襄十随神"文化馆联盟艺术普及师资库若干实施意见》。以行业领军人物为主,在汉江流域经济带,实施文化人才战略。② 战略举措:建设一支四地共享的艺术普及师资队伍,培育文化"名家",为联盟提供人才支撑和智力保障。通过完善战略化人力资源设计与服务,利用信息资本,形成文化专业技术人员的共培共享机制。联盟在每年财务预算的时间节点召开会议,与职能部门协同,以确保下一年度各单元所需资源和战略性行动方案都在预算的决策中,并且能确保项目经费的拨付到位(财务协同)。评估自己部门行动方案的实施结果,完成循环。评估方法一般采用第三方评价机构(客观性)依托大数据对项目进行技术统计、分析(科学性),促进需求与服务的良性互动,从战略协同到职能部门协同形成一个闭环,最终达成联盟工作目标。

综上,文化馆联盟在从创生到发展,再到成熟的过程中,经历了国家不同时期经济发展水平与公共文化服务水平的巨大变化,在均等化服务的目标协同中,探索出了许许多多创新路径,并示范引领着全国各地的文化馆联盟的基层实践。品牌化战略推动了文化馆联盟空间格局的优化和服务效能的提升;城市化进程对文化馆联盟可持续发展提出了更高的要求,组织协同战略将伴随着文化馆联盟的区域一体化进程而彰显其巨大价值。

① ［美］罗伯特·S. 卡普兰,戴维·P. 诺顿. 组织协同[M]. 北京:商务印书馆,2012:2.

② 云上襄阳客户端."襄十随神"文化馆联盟师资库呼之欲出[EB/OL].［2022-6-17］. http://www. xyrtv. com/news/detail/no/i1559340060caiji00000000042984. html(2022-01-28).

十堰市"非遗"产业化创新发展路径探析

王　平①

摘要： 十堰市历史文化悠久，境内非物质文化遗产存量丰厚，但也面临着传承发展困难的问题；而非遗产业化是激活非遗活力、实现创新性发展的道路。本文以十堰市非遗项目的产业化发展为例，通过阐述十堰市非遗产业化现状和困境，回顾十堰市非遗产业化创新发展成功案例，基于实践案例提炼总结非遗产业化成功经验，探讨十堰市非遗产业化创新发展的可行路径，包括非遗产品创新、打造非遗品牌、扩大销售渠道、借助文旅融合。

关键词： 十堰市非遗；非遗产业化；非遗保护

十堰市地理位置独特、历史悠久，境内的非物质文化遗产存量丰厚，但在非遗传承与发展方面却面临着困境，随着现代化、城镇化进程的加快，传统的非物质文化遗产逐渐失去了传承空间，渐渐淡出人们的生活。传承人老龄化严重，有些非遗项目正面临着失传的危机。如何打破非遗传承发展的传统模式，探索出一条产业化发展之路，激活非遗自我造血功能，使其焕发生机与活力，是当前亟须思考的问题。新时期，互联网自媒体高速发展，旅游与文化深度融合，高校联合参与非遗的研究与推广等，为非遗的产业化创新发展提供了机遇，本文结合当地实例探讨非遗产业化创新发展的路径。

一、非遗产业化的目的和意义

传统文化是一个国家、一个城市的根脉和烙印，是一个城市的灵魂，它记录了当地的风土人情，丰富了人们的精神生活和情感依托。非物质文化遗产是由人们世代传承下来的优秀的传统文化，它反映了当地人们独特的生活方式和文化基因，保护非物质文化遗产有利于保护文化多样性，提高文化认同感，维护文化自信。然而，由于新时期现代化、城镇化进程的加快，有些非遗项目失去了传承空间，传承发展受限。由于时代变迁，人们生产生活方式的改变，审美理念也在不断发生变化，很多非物质文化遗产还停留在过去，不能紧跟时代步伐，缺乏创新与自我造血机能，从而渐渐脱离大众生活，使传承发展一度陷入困境。虽然国家在非遗保护上加大了资金投入力度，但是仅靠国家资金扶持来维持非遗项目的传承与保护还远远不够，仅仅是延缓了非遗消亡速度而已。针对部分可开发性较高的非遗项目，在保留其原生态和核心技艺不变的前提下，走产业化发展之路，是其面临的新

---

① 王平，十堰市群众艺术馆非遗中心工作人员，研究方向：公共文化创新服务。

机遇。非遗产业化保护是依托物质产品的生产、流通和销售等方式，将非遗及其资源中的精神因素凝固于物质产品或者转化为文化类型的物质产品，通过将非遗保护与文化创意产业结合，实现地方文化"传统"与"现代"的衔接。习近平总书记在中国共产党第十九次全国代表大会上的报告中指出：要推动中华优秀传统文化创造性转化、创新性发展。在新时期，唯有创新才是出路。非物质文化遗产走产业化创新发展之路是时代发展需要，有助于其走出瓶颈，激活自我造血功能，重新焕发生机与活力。同时，文化和旅游部"十三五"时期文化产业发展规划中提出，要加强文化产业发展，优化文化产业结构布局，提升文化产品和服务供给能力，增强文化创造活力，发挥文化产业对相关产业的带动和提升作用。通过发展非遗产业，实现对非物质文化遗产的产业保护的同时，带动就业及相关产业，促进当地经济发展。

二、十堰市非遗产业化的现状和困境

（一）十堰市非遗产业化现状

目前，十堰市共有国家级非遗项目 11 项，省级非遗项目 48 项，市级非遗项目 130 项，涵盖民间文学、传统音乐、传统舞蹈、传统戏剧、传统美术、传统技艺、传统医药、传统体育、游艺与杂技、曲艺、民俗全部十个门类。

表 1　十堰市国家级非遗项目一览表

非遗名称	类别	保护单位
女娲传说	民间文学	竹山县文化馆
伍家沟民间故事	民间文学	丹江口市文化馆
尹吉甫传说	民间文学	房县文化馆
吕家河民歌	传统音乐	丹江口市文化馆
武当山宫观道乐	传统音乐	十堰市群众艺术馆
汉调二簧	传统戏剧	竹溪县山二黄剧种保护传承展演中心
武当神戏	传统戏剧	丹江口市文化馆
庙会（武当山庙会）	民俗	武当山旅游经济特区文化馆
七夕节（郧西七夕）	民俗	郧西县七夕文化传承中心
武当武术	传统体育、游艺与杂技	十堰市群众艺术馆
灯舞（郧阳凤凰灯舞）	传统舞蹈	十堰市郧阳区文化馆

非遗产业化发展是新时期面临的新机遇，但并不是所有非遗项目都适合产业化发展。在文化和旅游部非物质文化遗产司 2012 年发布的指导意见中指出，传统技艺、传统美术，以及传统医药中的药物炮制类非遗是较为适宜生产性保护的非遗门类。针对十堰市的具体

情况，可尝试产业化发展的主要有：传统体育类、传统技艺类、传统美术类和部分传统医药类非遗项目，总量达 59 项，占比 45%。目前，产业化发展较好的是传统体育类和传统医药类非遗项目。其中，仅武当山地区就有 38 家武术馆校。

（二）十堰市非遗产业化困境

1. 非遗传承人老龄化，面临失传危险

十堰市共有市级以上非遗代表性传承人 158 人，健在 135 人，其中 50 岁以上传承人 113 人，占比高达 84%，传承年龄结构偏大，传承主体老龄化趋势严重。有些非遗项目仅有一位老艺人艰难维系，因后继无人，正面临着失传的窘境。一位老艺人的过世，也意味着该非遗项目的消亡，如何保护与传承非物质文化遗产，使其良性发展，是当代人们亟须解决的问题。

2. 部分非遗项目产业化水平较低，缺乏创新

传统技艺和传统美术类非遗项目的产业化现状不容乐观，十堰市的手工技艺类非遗项目主要以农耕社会生产生活日用品为主，比如土瓦盆制作技艺、铜器制作技艺、竹篾编织技艺等非遗项目，因其制作的非遗产品主要以旧时农用生活为主，技法古老拙朴简陋，产品缺乏时代感；用料简单，款式单一，缺乏创新。而如今商品市场高度繁荣，琳琅满目的商品使人们有了更多选择，材料多样、设计新颖、物美价廉的商品已渐渐取代了传统手工产品。需要探索使非物质文化遗产适应当下社会需求的产业化创新发展之路，实现健康良性发展。

三、十堰市非遗产业化创新发展的路径

文化产业化发展是新时期提出的新要求，非物质文化遗产如何搭乘产业化发展的快车，走出困境，是当下亟须探讨的问题。

（一）十堰市非遗产业化创新发展实践

1. 竹山剪纸的创新性产品开发

十堰市竹山县的周坤自幼跟随爷爷奶奶学习剪纸，在武汉商学院就读后，创办了剪纸艺术协会，向同学义务传授剪纸技法，吸引了越来越多的学生加入剪纸队伍，剪纸协会从最初的十几人扩展到 150 余人。传统剪纸以剪窗花为主，不便保存携带，周坤利用所学知识，结合当下流行趋势，融入时代元素，创新设计理念，将剪纸装入"漂流瓶"里，栩栩如生的小知了、小蚂蚱、小蝴蝶精致细腻，在透明的玻璃瓶里展翅欲飞，生动有趣。玻璃瓶大小规格不同，小则 3 厘米，大则 8 厘米，可装衣兜里随身携带把玩，也可作为家居装饰摆件。这一创新受到了大众消费者的喜爱，产品在市场上走俏。

2. 竹溪生漆的品牌化发展

十堰市竹溪县的生漆远近闻名，在 20 世纪一度热销，后来在市场经济浪潮的冲击下，价格低廉的化学涂料逐渐取代了生漆占领市场，生漆开始走向衰落，大批漆匠改行。如今，随着人们健康环保意识的增强，越来越多的人开始关注绿色环保产品，生漆产品又重返人们的生活。张晓莲生为漆匠世家，放弃了广州深圳的白领生活，义无反顾地回乡重拾祖业，注册"金漆世家"商标，成立生漆产业合作社，种植上万亩漆林，带动当地贫困户实现了脱贫致富。张晓莲创新的漆世髹饰技法，曾获得 11 项技术专利，张晓莲通过漆艺培训的方式将这一技艺在当地进行推广，带动农户增产增收，推动乡土文化产业创新发展。

3. 上线电商平台，开拓销售渠道

目前，十堰市已有道教医药、武当祝服、传统榨油、黄酒、剪纸、面塑等 11 个非遗项目，通过京东、淘宝、天猫、拼多多、抖音、微店、东家等电商平台销售非遗产品。十堰市副市长刘运梅通过抖音直播带货，将武当道茶、郧阳红薯粉、房县黄酒等非遗产品通过抖音平台宣传推介给消费者，直播间观看人数达 1118 万人次，实现销售额 202.5 万元，销量 3.3 万件。

4. "武当"非遗的景区内活态传承

十堰市的武当武术、武当山宫观道乐、武当道茶、武当山道教医药、武当山庙会等非遗项目均在武当山景区内活态传承。来武当山，品一杯道茶、赏一段道乐、学一门功法，已成为游客游历武当山所向往体验的非遗项目。

（二）十堰市非遗产业化创新发展经验

1. 依托高校为非遗产品创新提供技术支撑

非遗具有世代传承性，其受众群体年龄结构偏大，由于其内容与表现形式陈旧、缺乏创新，难以吸引住年轻群体，从而使其传承与发展一度受到制约。高校拥有优秀的师资力量，系统的专业知识体系，先进的设计理念，打造一批高校传承与研究基地，构架高校与传承人的桥梁，使高校参与到非遗保护中来。目前，十堰市有 4 所高校：汉江师范学院、湖北汽车工业学院、湖北医药学院、湖北职业技术学院，分别开设有：产品艺术设计、美术学、绿色食品生产技术、旅游管理等专业。目前，湖北汽车工业学院和汉江师范学院已设立了"十堰市非物质文化遗产研究中心"。高校资源丰富，可以打造一支专业技术研究团队，和非遗传承人联合，针对非遗产品的文化价值、精神内涵等，结合市场消费需求，改进材料，创新设计理念，设计出一批符合现代市场需求的产品，不仅推动了非遗的产业化发展，还为学校师生提供了丰富的实践机会。在实践活动中，和非遗的近距离接触，可以吸引年轻人对非遗的关注和热爱，从而自觉加入非遗保护与传承队伍。

高校不仅拥有较为丰富的专业知识与先进的技术团队，更有迅捷捕捉时代前沿信息资讯的能力，能够及时掌握当前市场消费形势，和大众审美流行趋势，从而结合产品特点，优化非遗产品材料，创新设计时尚元素，改进包装等，使非遗产品得到产业化创新发展。

2. 打造非遗品牌提高其市场竞争力和影响力

非物质文化遗产具有世代传承性，其技艺经历了代代相承传承至今，在当地具有一定的口碑，然而要走产业化市场化发展之路，必须要有"品牌"引路，非遗品牌的创立有利于提高其产品识别度，增强市场竞争力和影响力，有利于增强传承人知识产权保护意识，打造非遗"老字号"品牌不仅有利于非遗项目的传承发展，还能增强民族文化自信。目前，十堰市有传统技艺、传统美术、传统医药类非遗项目46项，其中已有15项非遗产品注册了商标，占比达33%，如："武当道茶"、"喻来福"豆瓣酱、"天河织女香"核桃油、"汉江板桥"豆腐干、"久康"麻果、"庐陵王"黄酒等品牌。对于游客或消费者来说，自然愿意购买"老字号"产品。这些品牌的注册提高了非遗产品辨识度，进一步扩大了市场销售渠道，有效提高了产品市场竞争力。

3. 利用网络媒体扩大非遗宣传销售渠道

如今，随着移动网络新媒体的高速发展，人们获取信息的渠道更加多元快捷，微信、抖音、快手、小红书等自媒体深受大众欢迎，发展迅猛，已成为当下人们生活、娱乐、社交的主流选择方式，自媒体短视频以其平民化、碎片化、快捷化等特点，迎合了当下人们快节奏的生活娱乐需求，也为非物质文化遗产提供了宣传展示的窗口。淘宝、天猫、京东、拼多多等电商销售平台，为非遗产品拓宽了销售渠道。

网络媒体的迅猛发展，为非遗的产业化发展带来了新的机遇，也带来了挑战。网络架起了人与人、人与产品沟通的桥梁，打破了传统文化产品"养在深山无人识"的尴尬局面，使优秀的非遗产品能够走进千家万户。新时代，非遗产品要不断创新优化，生产出符合时代发展和消费者需求的产品，才能搭乘网络媒体快车，实现产业化发展。

4. 借助旅游资源为非遗搭建展示平台

文化是旅游的灵魂，旅游是文化的载体。旅游为文化提供了展示空间，文化丰富了旅游内涵，使游客有了深度体验。两者相辅相成、相得益彰。党的十八大以来，习近平总书记提出，要推动文化和旅游融合发展。十堰市历史悠久，境内旅游文化资源丰富，有4A级以上景区20家，其中5A级景区1家；有省级旅游名镇名村、特色小镇7家：武当山镇、竹山上庸镇、官渡镇、上津古镇、野人谷镇、柳陂镇、竹山太和村；有省级全域旅游示范区3个。十堰市的非遗特色村镇、街区有：武当山紫霄村、土城黄酒民俗村、郧阳龙韵村、武当山玉虚街、房县西关街等。涉及非遗项目有：武当祝服盘扣、武当山冻豆腐、房县黄酒、房陵烙画、玄武灯、糖画、刺绣、剪纸等26个。在文旅融合的背景下，要整合非遗资源，在保证其原生态的前提下，结合当地旅游产品进行适度开发，不仅丰富了旅游的精神文化内涵，也带来了一定的经济效益。借助旅游资源，使非遗有了线下宣传推广的平台，使游客有了深度体验，能够更深入地了解当地民俗风情，也进一步拓宽了非遗产品销售渠道，带来一定经济效益。

四、结语

十堰市为秦巴山区，境内旅游资源丰富，非物质文化遗产存量丰厚，但大多处于未"开发"状态，非遗产品缺乏创新，传承人老龄化等问题，成为制约非遗产业化发展的樊篱。如今，互联网自媒体高速发展，文化与旅游深度融合，积极打造非遗品牌，高校参与非遗研究与推广等一系列措施，为非遗的产业化创新发展提供了机遇与平台，从而助推非遗突破瓶颈、走出困境，实现健康良性发展。

◎ 参考文献

［1］文化和旅游部．文化和旅游部发布"十三五"时期文化产业发展规划［EB/OL］．［2022-4-8］．http：//www.gov.cn/xinwen/2017-04/20/content_5187654.htm，2017.04.20.

［2］秦楚网．十堰市副市长刘运梅抖音直播为十堰带货［CP/OL］．［2022-4-8］．http：//dsq.xnongren.com/show-25-2889-1.html，2020.04.20.

［3］杨亚庚，陈亮，贺正楚，陈文俊．非物质文化遗产生产性保护探索［J］．东南学术，2014（1）：210-217.

［4］朱伟．非物质文化遗产与文化创意产业［J］．文化遗产，2015（4）：13-19.

［5］马知遥，常国毅．非物质文化遗产保护与传承深化阶段——2011—2020年热点问题研究综述［J］．原生态民族文化学刊，2021，13（6）：44-59，154.

［6］文化和旅游部．文化和旅游部关于加强非物质文化遗产生产性保护的指导意见［EB/OL］．［2022-8-17］．https://mct.gov.cn/whzx/bnsj/fwzwhycs/201202/t20120214_765156.htm，2012.02.14.

先秦齐国水晶玛瑙串饰刍议
——以东孙墓地一号墓为例

王　文①　韩宏博②

摘要：水晶玛瑙串饰在先秦齐国贵族阶层中广泛使用，是齐国墓葬中极具特色的随葬品。经过考古勘探与发掘，在临淄东孙一号战国墓中出土大量精美的水晶、玛瑙饰品，其摆放位置、组佩形式、形状形制基本反映了先秦齐国水晶玛瑙饰品的形制形式、加工工艺，以及当时齐国贵族阶层风貌。本文以临淄东孙一号战国墓11座殉人陪葬墓为例，刍议先秦齐国水晶、玛瑙饰品的地域优势、组佩形式及文化属性。

关键词：战国时期；齐国；水晶玛瑙串饰；东孙一号战国墓；临淄

一、临淄东孙一号战国墓考古发掘情况

2013年2月2—16日，淄博市临淄区文物局配合齐文化博物院5号民间馆项目建设工程，对该区域2000平方米占地范围实施了文物勘探。在该馆西北角发现了1座大型墓葬和车马坑（墓葬编号为LDM1，车马坑编号为LDM1K，为墓主所属）。

临淄东孙一号战国墓，为南向"甲"字形土坑积石木椁墓。墓葬由墓道、墓室、椁室、椁室二层台及椁室二层台11座殉人陪葬墓组成。墓葬早年多次被盗，发掘时发现7处盗洞，分别从墓室的不同位置进入陪葬坑和椁室内。椁室被盗严重，随葬品几乎荡然无存，仅在椁室扰乱的填土内发现青铜器残片、铜节约、铜合页、铜镞、骨管、骨柱、石柱、石管等遗物。椁室二层台东侧随葬有部分陶礼器，主要有鼎、豆、壶、罐、盘、笾等。二层台西南角还随葬有数十件陶明器，烧制火候较低，器物变形、破碎严重，有的已成粉末状。11座殉人陪葬墓分别位于椁室二层台的周围，1人1墓，其中北侧7座，墓坑呈南北向东西排列（编号为LDM1P1～P7），殉人头南脚北；东、西两侧相对各设置1座（编号为东P11和西P8），墓坑呈南北向，殉人头北脚南；南侧在二层台两角各有1座（编号为东P10和西P9），墓坑呈东西向，两坑殉人头向相对。11座殉人陪葬墓中，只有11号坑被

① 王文，山东省淄博市齐文化博物院馆员，研究方向为青铜器范铸理论研究及古代玉器加工痕迹模拟实验。

② 韩宏博，山东省淄博市齐文化博物院馆员，研究方向为齐国故城文物研究、遗址保护利用和考古研究工作。

扰严重，其余诸坑皆相对保存完好，出土大量精美水晶、玛瑙制品，本文既依此墓 11 座殉人陪葬墓为例，刍议一下先秦齐国水晶、玛瑙饰品的地域优势、组佩形式及文化属性。

二、先秦齐国的水晶、玛瑙串饰

（一）东孙一号战国墓水晶、玛瑙串饰出土情况

先秦齐国水晶、玛瑙串饰，多出土于春秋晚期至战国中早期殉人陪葬坑，且多为女性所属。以东孙墓地 1 号墓为例，时代为战国早期，围绕墓主椁室二层台分布的 11 座土坑竖穴殉人墓，每坑殉葬 1 人，经检测保存相对完好的骨骼得知，这些殉人坑多是年轻女性，年龄在 15~20 岁，其中最大者年龄在 30~35 岁。与水晶、玛瑙同时作为饰品随葬的还有少数滑石器（环、珠、管、贝等）、骨器（骨簪、骨梳等）、牙器、贝类等。根据墓葬出土陶礼器组合形式和器形变化特征及演变规律认定，《临淄齐墓》发掘报告中集中出土水晶、玛瑙的殉人陪葬坑，多为战国早期早段和早期晚段齐国贵族墓葬。

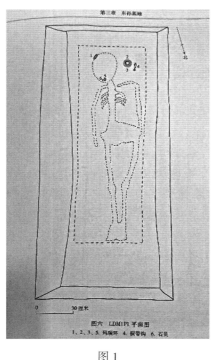

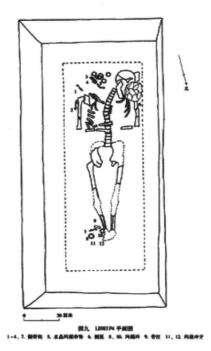

图 1   图 2

从《临淄齐墓》墓葬信息可知，战国早期齐国贵族墓葬中，水晶、玛瑙类饰品多放置于死者头骨右侧周边。如 LDM1P1 坑随葬品分布于骨骼头部周围，有玛瑙环轮式玛瑙环 4 件（1 件置于头骨右上侧，1 件置于头骨下颌部位，同 2 石贝相邻，2 件玛瑙环大小相套在头骨右侧）；铜带钩 1 件（在置于头骨右侧，紧邻大小相套的 2 玛瑙环）；石贝 2 件（置于

头骨下颌部位，与一玛瑙环紧邻），墓主鉴定为女性，年龄在 15～20 岁（见图 1）。偶也有放置到死者脚骨右侧。如 LDM1P4 坑随葬品放置骨骼头部与脚端右侧，有玛瑙串饰 1 组（包括：轮式玛瑙环 3 件，三台式玛瑙环 2 件，均置于头骨右侧）；白水晶橄榄管 5 件，红玛瑙珠 5 件（均散落置于头骨右侧，其中白水晶橄榄管与玛瑙环叠压，红玛瑙珠与其下）；三台式玛瑙环、玛瑙觿各 2 件（均置于骨骼脚骨右侧）；铜带钩 5 件（4 件分别置于骨骼右肩臂至头骨右侧，其中 2 件带钩呈并列放置于头骨右侧玛瑙串饰组合处。1 件置于脚骨右侧），墓主鉴定为女性，年龄为 30～35 岁（见图 2）。这种现象，反映的是一种时代文化属性。春秋战国之际，万物皆有"阴阳"思想已经产生，不仅天地有阴阳之分（乾为"阳"坤为"阴"），包括上下、左右的方向概念都区分出了阴阳。《礼记·杂记》云："左为阳，阳，吉也；右为阴，阴，丧所尚也。"水晶、玛瑙饰品多放置于死者头部右侧，这既是生死吉凶观念的体现，也有政治地位上的原因，既视"右"为上，为尊；"左"为下，为卑。出自《史记·田叔列传》的成语"无出其右"和《史记·廉颇蔺相如传》所记："既罢归国，以相如功大，拜为上卿，位在廉颇之右。"体现的便是这种以"右"为上，为尊的观念。到了唐代，贵族阶层还被世人尊称为"右族"，帝王的亲戚被尊为"右戚"等。就连现在国际交往中，也是以"右"为尊，既是这一礼制的遵循。由此可见，代表财富和地位的水晶、玛瑙制品放到死者右侧，这显然是东周礼制的使然。这也从侧面说明，在战国早期，齐国的墓葬制度除水晶、玛瑙陪葬品摆放在死者头部具有地域风格外，其余葬礼制度依然遵循的是周礼的大同观念。

（二）先秦齐国水晶玛瑙饰品组佩形式

1. 截面呈"枣核"形的玛瑙环

战国早期，齐国的玉饰组合形式极具地域特色。相比洛阳为中心的中原诸国，多以透闪石结构的璜、珩、璧、环等玉组佩为主，而远在东夷之地的齐国，则多以二氧化硅结构的水晶、玛瑙环、觿、珠、管、璜组佩为主，且环、觿等的组合形式分类明确。从《临淄齐墓（第三集）》来看：LDM1P1～11 殉人坑出土水晶、玛瑙佩饰为例，截面呈"枣核"形玛瑙环（文后笔者依据环体形态定名为"三台环"），皆是与玛瑙觿（也有称冲牙）组合，且组合序列为两两相对，既一套组佩为两个玛瑙环配两个玛瑙觿，玛瑙觿穿挂于玛瑙环内，玛瑙环上部再配上珠、管组成一串佩饰。觿、环之所以如此组合，是为了取其碰撞发音的声效，这与体现贵族的身份地位有关。

先秦贵族佩玉的初衷是为了用"环佩之音"展现步伐行进的仪态。见《礼记·经解》："行步则有环佩之声，升车则有鸾和之音。"郑玄注："环佩，佩环、佩玉也。"环佩，原指古人所系的佩玉，后多指女子所佩的玉饰。《史记·孔子世家》："夫人自帷中再拜，环佩玉声璆然。"璆然，形容佩玉相击发出的铿锵之声。明·徐霖《绣襦记·厌习风尘》："裙衬弓鞋入绣房，兰茝生香，环佩铿锵。"铿锵，这里形容节奏明快，代表着一种美好的声音。先秦贵族佩戴组佩形式，一般由瑞玉、礼玉、佩玉、组玉等组成，有着严格的礼制等级要求，或悬于颈或卦于腰，目的都是为了体现出一种贵族风范。先秦贵族腰间钩挂组佩，还有另一作用为垂压"深衣"的下摆部位，不至于行进中被风撩起，有失仪态，因此往往组佩悬挂多会长于膝盖。

2. 截面呈梯锥形的玛瑙环

截面呈梯锥形的玛瑙环（文后笔者依据环体形态定名为轮式环），则没有玛瑙觿穿挂组合，每个环体都作为单独的串饰尾结悬挂，这类环体组佩多为二至四组一套。这类轮式玛瑙环造型，同时对应的也有水晶材质，但体积相对较小，大些的组佩方式与轮式玛瑙环相似，小些的则多作为一套组佩的挈领，也就是在一套组佩的最上端起到分导作用。挈领环的数量不一，一至三个皆有，视分导的串饰多少而定。以上两式玛瑙环或水晶环，采用的钩挂体皆为青铜带钩，且一个带钩多钩挂两组串饰（也就是两组环、觿式组合，多用一个带钩钩挂于腰间）如 LDM1P1 坑随葬品分布于骨骼头部周围，有玛瑙环轮式玛瑙环 4 件（1 件置于头骨右上侧，1 件置于头骨下颌部位，同 2 石贝相邻，2 件玛瑙环大小相套在头骨右侧）；铜带钩 1 件（在置于头骨右侧，紧邻大小相套的 2 玛瑙环）；石贝 2 件（置于头骨下颌部位，与一玛瑙环紧邻），墓主鉴定为女性，年龄在 15~20 岁（见上图图 1 和彩版一）；LDM1P2 坑随葬品有铜剑 1 把，置于骨骼盆骨左侧，其余随葬品均放置于骨骼头部右上侧，有玛瑙觿 8 件（次序排列，均分布于头骨右上侧）；三台式玛瑙环 4 件（其中 3 件紧邻头骨右上侧，与玛瑙觿同置一处。另 1 件偏大者在头骨右外侧）；水晶珠 3 件（2 件置于头骨下颌左右，1 件置于头骨右上侧，紧邻头骨，与三台式玛瑙环和玛瑙觿集合在一处）；大小轮式水晶环 2 件（1 件置于头骨下颌上，紫色，1 件置于头骨下颌下部偏右处，无色透明）；铜带钩 2 件（大小并列放置于头骨右上侧三台式玛瑙环上，形制相同，大小略异，尺寸长 9.7 厘米），墓主性别不明，检测年龄为 15~20 岁；LDM1P3 坑被盗扰，随葬品置于棺内南端，器物有滑石瑗（环）2 件（一件置于棺木右上角，一件置于棺木左中上部）；铜带钩 4 件（1 件置于头骨右上侧，1 件置于骨骼右侧胸肋部；2 件相交置于骨骼胸腹部。）；轮式玛瑙环 4 件，（呈 V 形分布，置于骨骼胸腔至右肩棺壁旁）；水晶管 1 件（置于头骨右上端），墓主鉴定为女性，年龄大约 20 岁。战国早期，齐国的水晶、玛瑙组佩中，还经常出现一种类似于"璜"的器物，呈略弯曲状拱桥形，片状体积，与文献记述的"半璧为璜"造型并不一致，但其中间部位也有一孔，故使用应与璜近同，在组佩中与轮式环一样也作为尾饰悬挂。

（三）先秦齐国水晶、玛瑙饰品工艺特征

先秦齐国的水晶、玛瑙饰品，有一个明显的工艺特征，就是造型制作的都非常简练和规整，视觉上给人一种简约而又大方的感觉。且外形抛光玻璃质感也非常强烈，所有造型皆不琢纹饰。

1. 管、珠类饰品加工工艺

管、珠类孔道都是对钻打孔，两端都保留原始加工态，不抛光。对钻连接处再冲击贯穿，孔道底部呈"乳凸"形，这是齐国地域特色桯钻的加工痕迹特征，这种设计是为了固守住桯钻头部的磨料，便于钻头的研磨延伸。管、珠类饰品，孔道加工的另一特征就是孔径宽大，孔壁研磨台痕不明显，孔壁都呈"水亮"质感，这是采用高硬度研磨料的特征表

现。觿、璜类钻孔则采用管钻打孔，一次贯穿，孔径较小。这种一次贯穿的小孔道，对钻具和磨料硬度的要求都非常高，并且需要有台架固定钻具，才能保证孔道的垂直性。

2. 环类饰品加工工艺

环类的加工，水晶质采用的是管钻套切工艺，既先用管钻在切料上提取出环体形态，然后进行环体台切面的修整、打磨、抛光。由于提取出环体采用的磨料硬度大、选料精细，因此水晶环类制品，内孔壁与外径壁的光亮都呈自然的"水亮"质感，与环体切面处的二次人为打磨、抛光质感形成了明显的光感差异，这是齐国治玉的地域特征所在；玛瑙环则采用的是，先管钻提取出外形饼料，再依据环体用敲击减肉的方法加工出环体的毛坯轮廓，这样做的原因是玛瑙的结构敲击呈扇贝状刃口，一层层的敲击取形远快于用磨料研磨的取形速度。待形体轮廓已定，再用杆钻两面对钻进行内孔径的研磨去除，这时内孔壁由于磨料的研磨已经比较光滑，所以齐地玛瑙环的内孔壁都没有再进行二次抛光处理。待环体形态构成后，再依次进行环体敲击面的修整、打磨、抛光。因环体的台面为鳞次敲击形成，因此环体台面的抛光亮点在侧光下呈现出的是散射状态。这种鳞次敲击形成的玛瑙环台面，虽还要进行修整打磨，但有时用指甲顺着环体滑动时，触感也较为明确。这也是先秦齐地治玉的又一大特色体现。

（四）先秦齐国贵族广泛使用水晶玛瑙饰品原因

水晶，古称"水玉，水精，千年冰"等，是一种极具神奇色彩的宝石材料。水晶是结晶完好的透明石英，属三方晶系，六菱面柱状，其矿体莹洁如冰。主要化学元素是二氧化硅，硬度多在摩氏 7 级，比重 2.66；玛瑙，古称"赤玉"也是二氧化硅家族的一员，是石英的隐晶质亚种之一，即具有不同颜色而呈带状分布的玉髓，硬度与水晶相同。

古代齐国之所以在贵族阶层中广泛使用水晶、玛瑙这类比一般玉器（相比于和田玉）硬度高，加工难度极大的玉石作为配饰，其原因一定有着相关的地域及环境优势为依托。首先从水晶、玛瑙的原料来看，齐国都城临淄距盛产水晶的东海不远，同时在莒县、沂南、即墨、海阳一带也有大量水晶资源分布。这都为水晶饰品的加工制作创造了条件。至于玛瑙，那更是取材便利。我国是富含玛瑙矿石的国度，全国各地都分布有大量的玛瑙矿石，在古代的齐国显然也不例外；二是，齐国经济发达、国力雄厚，不但设有专门的"玉人"来从事这项工作（见《考工记·玉人》），而且更具有加工这些高硬度玉石的磨料。离齐都城临淄不远的昌乐就盛产蓝宝石和石榴石，这些宝石的硬度都在 7 级以上，完全符合水晶、玛瑙的磨料使用；三是，"齐俗尚侈"。齐人奢侈之风表现在生活的方方面面，《汉书·地理志》："其俗弥侈，织作冰纨绮绣纯丽之物，号为冠带衣履天下。"《诗经·齐风·著》："充耳以素乎而，尚之以琼华乎而。""充耳以青乎而，尚之以琼莹乎而。""充耳以黄乎而，尚之以琼英乎而。"这是新娘夸赞新郎的耳饰以各色光亮的美玉装饰甚是漂亮，句中渲染的也是齐人的尚侈习俗。《诗经·齐风·敝笱》中也有描述文姜出嫁时的奢华句子，"于归之骄侈""其从如云""其从如雨""其从如水"渲染的就是这种奢侈的浩大嫁女场景。华美的衣冠，精美的耳饰，如没有腰间环佩相映，如何能体现出贵族的高贵仪态。这三方面从地域到环境上的优势，因此促成了齐国贵族墓葬中，大量使用水晶、玛瑙饰品作为陪葬品的条件。

三、临淄东孙一号战国墓文物保护情况

临淄东孙一号墓发现后，临淄区政府高度重视，多次组织省内文物部门专家进行研讨论证，决定在原址对墓葬进行发掘保护。经山东省文物局批准，山东省文物考古研究院和淄博市临淄区文物局联合组队，按照"既对基本建设有利，又对文物保护有利。"的工作方针，于 2013 年 9—10 月至 2014 年 7 月先后两次，完成了墓葬及车马坑的发掘。同年 9 月初，完成了遗迹清理及资料收集整理工作，同时通过了山东省文物局专家组验收。并于同年 9 月 12 日中国临淄国际齐文化旅游节期间对外开放展出至今。馆内陈设的水晶、玛瑙文物一经展出，就受到了国内外观众的一致好评和有关专家学者的高度赞美。这为提升民族文化自信与民族自豪感，展现出耀眼的地域光辉。

四、小结

先秦齐国有莒县、沂南、即墨、海阳一带水晶原料资源，又有昌乐蓝宝石和石榴石玉石研磨料资源，再依托齐国浓厚的商贸文化基础，促成了先秦齐国水晶、玛瑙制品的盛行与传播。

先秦齐国出土水晶、玛瑙等饰品的墓葬，墓葬结构仍源于中原葬俗文化，但本作为腰间悬挂的饰品却摆放在头部的位置，表现出了强烈的地域文化特性。

先秦齐国水晶、玛瑙串饰，多出土于春秋晚期至战国中早期女性殉人陪葬坑。至战国中期，数量已明显减少。战国中晚期后，水晶、玛瑙作为女性陪葬串饰，在墓葬中已鲜有发现。

先秦玛瑙、水晶的组佩形式，以环类为串饰携领及尾坠，间以管、珠（玛瑙、水晶、骨、角类）等为串联，具地域风格。环、珠、管等组合为一列（串），整套佩饰多在两列以上，用带钩悬挂腰间，未发现有单列组合钩挂。

先秦齐国水晶、玛瑙饰品的制作形式也极具地域特色，与同时期出土水晶、玛瑙饰品的地区相比，齐国水晶、玛瑙在制作形式上与其他有着明显的工艺差异。首先齐国水晶、玛瑙饰品的造型都无比的精美，并且抛光光亮异常，别处无法比拟，这与齐国先天的原材料优势密不可分。

先秦以水晶、玛瑙作为饰品的地域，考古发现多集中在西周划分的"夷戎"地区，也就是现今的山东、河北、陕西、山西一线，这种现象应与齐桓公时期"九合诸侯"开拓的商贸之路关系密切。商贸的往来必然也会带来文化的交融，齐"以珠玉为上币"（《管子·国蓄》）又以珠玉为饰品（见《诗经·齐风·著》），这种大国文化的奢华气度，必然受到商贸沿线国家贵族的追捧，这也是"夷戎"地区国家与齐同一时期也大量出土水晶、玛瑙饰品的原因所在。这种文化上的追捧，其实也就是对于齐国霸主地位的认同。

◎ 参考文献

［1］山东省文物考古研究院，淄博市临淄区文物局．临淄齐墓（第三集）》［M］．北京：文物出版社，2019：19-20.

［2］山东省文物考古研究院，淄博市临淄区文物局．临淄齐墓（第三集）》［M］．北京：文物出版社，2019：20-21.

［3］山东省文物考古研究院，淄博市临淄区文物局．临淄齐墓（第三集）》［M］．北京：文物出版社，2019：22.

［4］山东省文物考古研究院，淄博市临淄区文物局．临淄齐墓（第三集）》［M］．北京：文物出版社，2019：18-28.

《孔府菜烹饪技艺》的品牌化发展历程、策略及方向研究

申　华①

　　摘要： 推动非物质文化遗产项目的品牌化发展，实现文化传播与传承，社会效益与经济效益相互转化，是新时代对非遗保护工作提出的新要求。然而，在推进非遗品牌化过程中，出现了诸多问题和困难。《孔府菜烹饪技艺》的品牌化发展具有一定的代表性，本文通过分析总结"孔府菜"品牌化发展历程，提炼非遗品牌化发展路径，为非物质文化遗产项目的品牌化建设提供参考。
　　关键词： 非物质文化遗产；非遗品牌化；产业化保护；孔府菜

　　新时代向非物质文化遗产保护工作提出了新的要求，推动非遗传统技艺适应新的时代环境，其中推动非物质文化遗产的品牌化是一条全新的路径。如何推动非遗品牌化，发挥品牌效应，进而带动非遗产业化进程又成为当下产生的新问题。品牌化的最终目的是通过打造非遗品牌，实现文化传播与传承，同时转化为经济效益和社会效益。非物质文化遗产《孔府菜烹饪技艺》的品牌化发展具有一定的代表性，本文通过分析探究非遗孔府菜的品牌化历程，为推动我国非物质文化遗产的品牌化发展提供一定参考。

一、非物质文化遗产的品牌化

　　品牌是"用来证明所有权，作为质量的标志或其他用途"，从而让自身与"其他"区别开来，同时证明自身的优越性和品质。随着市场经济快速发展，品牌中所蕴含的文化、特征、受众群体以及其他综合实力，越来越被社会重视。市场化的品牌更多凸显其私有性，通过简单的意识传达划定品牌的受益群体。

　　品牌化就是通过对品牌的确定，更进一步的将品牌标准化、统一化，这种标准和统一体现在"品牌"的质量、宣传等方方面面。同时，期望通过这种模式实现利益的最大化和进一步确定对品牌的全面占有。但是，非物质文化遗产的品牌化，不能够只提升经济效益，还要通过品牌化的推进提升非物质文化遗产的社会效益。有时，非物质文化遗产的社会效益要大于其衍生出的经济效益。所以，在推动非物质文化遗产品牌化进程的过程中要

---

　　① 申华，曲阜市文化馆数字化办公室主任、曲阜市文化和旅游局非遗科科长，研究领域为非物质文化遗产保护和传承。

将重点放在发展社会效益上来，这样非物质文化遗产的品牌化才不是"无源之水，无本之木"。

在推动非物质文化遗产品牌化进程中由此出现两个方向：一个是逐渐提高的经济效益，另一个就是不断发掘的社会效益。非物质文化遗产的经济效益由社会效益所产生，这是由非物质文化遗产天然的实用性所决定的，没有了社会效益其经济效益也会随之消失；而经济效益的产生又促进了非物质文化遗产社会效益的发展，这是由非物质文化遗产的相对封闭性所导致的。非物质文化遗产受到多方面因素的制约，导致其发展方向十分单一且保守，只有有了丰厚的利益驱使才会使非物质文化遗产的发展速度加快，并且还会产生不同的发展方向。相对封闭性使得再好的非物质文化遗产"酒香也怕巷子深"，缺乏良好的宣传手段和品牌化的形象塑造，也难以发挥深厚的社会效益的作用。

二者看似很矛盾，但又有规律可循。非物质文化遗产的社会效益在历史发展过程中形成，不需要主观创造。因此，在非物质文化遗产品牌化前期，主要工作是利用社会效益，并促使其向经济效益转化，这一个时期是非物质文化遗产品牌化的塑造期。随着非物质文化遗产经济效益的提高，经济效益反作用于提升发掘社会效益，并利用原始积累的经济效益宣传发挥社会效益，形成影响力和带动作用，这是非遗品牌化的确立期。之后，在非遗社会效益所产生的社会影响力和带动作用下，进一步促进经济效益的提升，这是非遗品牌化的发展时期，这一时期社会效益和经济效益二者相互促进，形成良性循环。

二、孔府菜发展历程

（一）"孔府菜"的内涵与起源

普遍观点认为，"孔府菜"是孔子后裔在长期的生活实践中形成的一种独具特色的官府菜系，注重菜肴的形、色、器、声，为其赋予美的形象、名字和内涵。孔府菜的内涵不仅仅是菜系，更多的是文化积淀，是对中华民族传统文化的深刻表达，是对历久弥新的儒家思想的传递。孔府菜中，许多菜肴往往取自历史典故，如诗礼银杏、鲁壁藏书、金钩银条等；其准备、烹饪、食用过程融入了孔子的饮食观念，如食材以时令瓜果为主，反映了孔子"不时，不食"的饮食观；孔府宴规矩严格，礼仪庄重，布席、就座、上菜均遵循一定礼制，是对传统儒家礼制文化的反映。

从这个角度来看，人们对孔府菜的"情感"大于其本身的"口感"。因此，品尝孔府菜比起品尝每一道菜的味道，更着眼于体会和感悟孔府菜背后浑厚的文化精神。孔子曾经说"食不厌精，脍不厌细"，更有"十三不食"的说法，表达对先人的尊重，也是他追求"克己复礼"的体现。这是他对恢复周时"礼乐"而发出的一声感叹，传递了他对祖辈神明的敬畏与感恩，以期用最虔诚的"礼"来得到先人的保佑。这一思想深深地影响着孔家的后人，也直接影响了后来孔府菜的形成。也正是从孔子开始，中国人对于饮食的标准有了一次质的提升，也正因如此，中国的饮食开始有了文化。

（二）孔府菜的发展

普遍认为，孔府菜的历史可追溯到孔子生活的春秋时期，但是，由于历史十分久远，考证存在较大困难。不过，有一点可以肯定的是，孔府菜是随孔家人或者说"孔府"社会地位的不断提升而形成的。所以，孔府菜真正形成"席面"应是从西汉武帝"独尊儒术"以后开始。孔府菜在宋时得到高速发展，到了明清时期一度达到顶峰，尤其是在清代，孔府菜的菜式、技法、器具、规制、礼仪在这一时期确立下来。孔府菜的形成，不仅直接影响了鲁菜菜系的形成，同时，由于孔府在历朝历代被不断推崇，宫廷菜式和其他地方菜式在这里交流融汇，因此孔府菜汇聚吸收了历代宫廷菜式及各个地方菜式，可谓传统饮食的"聚宝盆"，对于丰富中国传统饮食文化，保存和研究中国烹饪技艺和中国传统饮食历史沿革具有十分重要的历史意义和时代价值。

改革开放以来，随着社会经济的发展和人民生活水平的提高，国营和私营酒店如雨后春笋般遍布在城市的各个角落，为了适应餐饮市场的需求，各地不断出现新兴的厨艺学校，特别是在曲阜。孔府菜从业群体也正是在这一时期不断扩大，为后来孔府菜品牌化的推进打下了坚实的人才基础。随着国家对中华优秀传统文化和非物质文化遗产的高度重视，2011年5月，经国务院批准，《孔府菜烹饪技艺》列入第三批国家级非物质文化遗产名录，《孔府菜烹饪技艺》的社会认可度和传承人的社会地位逐步提高，《孔府菜烹饪技艺》在这个历史时期得到了快速发展，曲阜几乎所有的饭店都在烹饪孔府菜，景区周围的"孔府菜"招牌更是让人应接不暇。

三、《孔府菜烹饪技艺》的品牌化发展策略

（一）有的放矢，加强政策保障

合理且行之有效的制度是非物质文化遗产能够良性发展的保障，对非物质文化遗产的存续和进步起到的指引与促进作用，科学的工作制度能够让本来就困难重重的非遗保护事半功倍。同时，非物质文化遗产具有多样性的特点，这就要求有针对性地制定政策制度，符合每一个非遗项目的客观发展规律。

党的十八大以来，制定出台了一系列扶持政策，加强孔府菜非遗项目保护，推动孔府菜品牌化进程。在税收和技术方面出台优惠政策，推动孔府菜餐饮行业的发展；制定《孔府菜烹饪技艺》五年发展规划方案，为《孔府菜烹饪技艺》的发展提供理论和制度上的支持；2021年，曲阜市出台《曲阜市关于"孔府菜"等系列文创产品研发推广的实施方案》，为孔府菜非遗品牌化发展提供政策保障；2022年，山东省文旅厅印发《关于进一步加强非物质文化遗产保护工作的若干措施》，其中重点提出将孔府菜品牌打造为山东省非遗保护特色品牌，进一步推动孔府菜品牌化进程。

（二）数字赋能，建设非遗数据库

现代记录方式的革新，为非遗保护和传承提供了更加便利的记录方式，将非遗林林总

总的资料进行数字化记录，是新时代的新要求。近年来，多次组织专家学者对《孔府菜烹饪技艺》做进一步的发掘整理，成立以曲阜市非物质文化遗产保护中心为主的孔府菜档案整理小组，结合以往整理出的《孔府菜烹饪技艺》相关档案资料，对其进行充实和完善。各级文化职能部门和各级文化馆、非遗保护中心积极联动，逐步形成《孔府菜烹饪技艺》立体保护网络，利用各级文化馆的数字化建设，逐步实现相关档案资料的共建共享，趋于完善的数据库保障了孔府菜的理论研究。在此基础上，依托各大高校和孔府菜各个协会的力量，多次对《孔府菜烹饪技艺》进行深入的发掘，逐步形成了以儒家思想为内涵的一整套的《孔府菜烹饪技艺》学术理论，并出版多部孔府菜相关书籍；尤其是在"文化自信"提出后，对于孔府菜的学术研究更是上了一个新的台阶，对进一步发展孔府菜，让孔府菜在新时代焕发生机，乃至丰富发展中华美食提供理论上的支持。

(三) 以人为本，完善传承制度

在保护一项非物质文化遗产的过程中，很多时候大量的资源都集中在项目本身，忽略了传承人这一群体。试想一下，一个非遗项目尤其是技艺类项目，一旦失去了相应的传承人，那么这个项目还有存在的空间吗？所以，"以人为本"应该是保护非遗重点坚持的原则，将保护传承人和保障项目持续传承作为非遗保护工作的重点。

自党的十八大以来，多次组织《孔府菜烹饪技艺》代表性传承人和孔府菜从业者，开展相关传承活动。主要包括两个方面：一方面支持《孔府菜烹饪技艺》代表性传承人收徒授艺，辩证地继承和发扬传统的拜师收徒形式，在紧跟时代要求的前提下对传统拜师收徒仪式进行了必要的简化和提升，剔除了一些封建的糟粕，融汇了更多符合时代特点的元素；另一方面组织国家级非遗传承人开展面向社会的教学培训活动，努力打破单一的家族式和师徒式传承模式，运用现代的教学模式，开设孔府菜培训班和知识讲堂对《孔府菜烹饪技艺》代表性传承人和孔府菜从业者进行烹饪技能和相关知识的培训。近年来，在这一模式下共计培训学员 2000 余人，直接或间接带动的就业人数在万人以上，《孔府菜烹饪技艺》代表性传承人和孔府菜从业者的整体素质得到了显著的、整体性的提高。

"孔府菜研究协会"等一批社会团体也在推广传承《孔府菜烹饪技艺》的工作中发挥着重要的作用。各级政府职能部门每年支出专项经费对《孔府菜烹饪技艺》的传承人进行保护，确保非遗项目的持续传承。文旅、人社多部门联动，专门拿出培训经费组织开展相关技能培训和技艺比武，不断提高孔府菜从业者的整体素质。

(四) 多元并行，重视宣传营销

宣传是传承的延伸，没有好的宣传方式和营销手段，再好的非遗项目也只能落得"无人问津"。新时代，信息化的高速发展，让社会间的交流更加密切，同时也存在更多的信息壁垒。大数据的发展从另一方面加固了这种壁垒的形成。每一个人都在自己的"数据围城"里面，浏览自己喜好的资源。这种"数据围城"变相地阻隔了信息的横向发展，从而造成人们获取信息的单一性。所以，要加强非遗项目的多样化宣传，突破信息壁垒。

通过新闻媒体拍摄专题片，出版相应书籍积极引导民众进行参与保护《孔府菜烹饪技艺》和代表性传承人，不断提高全民的保护意识。利用每一年的"文化和自然遗产日""国际孔子文化节"和曲阜当地的"百姓儒学节"等节日，加强对外交流与宣传，不断提高非遗代表性传承人的社会知名度。2019 年，成立"曲阜市非物质文化遗产展演团"，集中优秀的《孔府菜烹饪技艺》代表性传承人进行对外宣传推广，并成立了由曲阜市委书记任组长的"'孔府菜'推广工作领导小组"。2020 年初，曲阜召开了孔府菜美食文化节，并着力实施孔府菜品牌产业化工程。多次组织国家级非遗传承人去到高校为在校学生普及孔府菜的相关知识和典故，依托"蓓蕾艺术工作站"将孔府菜的知识带到了小学的课堂上；山东省、济宁市等各级非遗保护中心多次组织《孔府菜烹饪技艺》非遗代表性传承和孔府菜从业者去青岛、广州、贵阳进行宣传推广；与国际星级连锁酒店合作陆续在中国香港、中国台湾、马来西亚、新加坡、泰国等地进行孔府菜的宣传推广。

以上这些措施，不仅进一步推动"孔府菜"这一传统品牌走向市场，形成产业，带动经济文化发展，推进全域旅游发展和历史文化名城建设；还针对孔府菜非遗传承人文化和业务素质良莠不齐的状况，在增加孔府菜非遗项目展示的同时提高非遗传承人的实践频次，从而提高传承人整体素质。

（五）文化自信，积极参与国家事务

"文化自信"是发展文化事业的根本，是对非遗保护工作的纲领性指导。那么，如何做到"文化自信"？作为国家级的非遗项目要积极地参与国家的事务，在服务国家战略上发挥自己的作用，要在社会上展现出积极的、正面的"非遗担当"形象。

孔府菜积极参与国家事务。2018 年 6 月，孔府菜作为上海合作组织青岛峰会欢迎宴会的菜品。晚宴菜品精选四菜一汤，包括孔府一品八珍粥、孔府焦熘鱼、孔府神仙鸭，以及孔府酱烧牛肋排和孔府蔬菜。合理的菜品搭配，优秀的制作团队，孔府菜圆满完成了国家交办的任务，向世界传达了"上合精神"，传播了"儒家文化"。

孔府菜主动服务国家战略。不断发挥孔府菜烹饪技艺在文化产业上的"新动能"，逐步形成社会效益和经济效益新的增长点，以品牌化效应带动产业化进程，促进文化产业的"新旧动能转换"。扩大城乡劳动力的就业渠道，提升社会就业率，提高城乡居民收入水平，助力国家乡村振兴战略和精准扶贫。

孔府菜积极承担社会责任。2020 年初，突如其来的新型冠状病毒疫情让国家经济几乎停滞，人们的生活和健康受到的伤害，为了在今后更好地预防病毒提高人们的免疫力，多次组织非遗传承人和相关专家对菜品的营养价值进行再研究再发掘，将孔府菜健康营养的饮食精髓融入家常菜，从而提高人们饮食的质量，以便更好地通过食补的方式提升人们的免疫力，提高人们身体的整体素质。

（六）统筹规划，提高经费使用效率

打造非物质文化遗产的品牌效应，尤其是在品牌塑造期，利用好政府专项保护经费十分关键。非物质文化遗产项目往往存在"叫好不叫座"的情况，一个非遗项目推出后，起初在社会上一般都会产生很好的反响，但是，随着时间的推移，关注度就会逐步下降。这是因为后续的营销宣传没有及时跟上。归根结底是投入营销经费不足所致。可是，完全靠非遗传承人或者单个项目保护单位运作，资金往往捉襟见肘。

因此，利用好非遗保护专项经费就显得尤为重要。使用专项保护经费过程中需要遵循"统筹规划、上下结合、突出重点、专款专用"的原则。对有可塑造品牌效应的非遗项目重点给予支持，优先给予帮助。前期，非物质文化遗产主管部门要及时建立健全资金使用的管理和监督检查机制，确保资金安全、规范、高效使用，使打造非物质文化遗产品牌化的经费真正用到实处。

四、《孔府菜烹饪技艺》的品牌化发展方向

未来，《孔府菜烹饪技艺》非遗保护单位要不断加强非物质文化遗产在"文化自信"上的担当意识，积极发挥其在"新旧动能转换"上的推动作用，不断提升非遗项目的经济效益和社会效益，多措并举实现"指尖技艺"向"指尖经济"的良性转化。持续提高传承人的收入水平和社会认可度，打造以《孔府菜烹饪技艺》为代表的众多非遗项目的品牌效应，推动产业化进程。加大宣传推广力度，持续激发非物质文化遗产传承活力，维护和拓展非遗项目的生存和发展空间。结合非遗项目所在地现有的旅游资源积极组织非遗传承人进景区、进酒店、进旅游度假区、进乡村旅游集聚区，促进非物质文化遗产与旅游相互融合。积极发展和支持社会组织参与共建，利用社会力量搭建更为广阔的传播和传承平台。推进新传承机制建设，既帮助传承人做好技艺技能的家族传承、师徒传承，同时鼓励打破传统，积极开展校园传承等新的传承模式。充分发挥非遗传承人模范带头作用，尤其是国家级和省级非遗传承人在各自行业中的排头兵、示范者作用，使其在行业领路人方面发挥积极的"火车头"作用。

在非物质文化遗产的发展过程中，继续坚持"以人为本"的原则，坚持以传承人为核心，以持续传承为重点，不断推动对非遗传承人的保护工作，让每一个传承人共享新时代非遗发展成果。首先，优化非遗传承人的年龄结构，着力改变非遗传承人"高龄化"现状，进一步培养更为有传承担当的年轻传承人成为中坚力量。其次，在继承优秀文化传统的基础上，继续鼓励非遗传承人进行技艺创新，进一步加强对传承人和从业者的培训工作，使其能够与时俱进，在创造和创新中发展并丰富非物质文化遗产的内容。第三，积极与旅游资源相互融合，进一步夯实非遗品牌效应，着力推进非遗产业化进程。

五、结 语

以《孔府菜烹饪技艺》为代表的非物质文化遗产是人类创造文明的见证，是中华优秀传统文化的重要组成部分，是今人与古人交流的重要媒介。非物质文化遗产和人们的日常生活息息相关，并影响着今天中国人的生产、生活方式和精神世界。全社会都应当对非物质文化遗产的价值和保护意义有足够的认识。同时，非物质文化遗产也能够在实现"中国梦"上发挥重要的作用。

公共图书馆在公共文化服务体系建设中
创新服务探究

杨　惠①

摘要：公共图书馆是公共文化服务体系建设的主力军，在为广大民众提供公共文化服务方面发挥着重要作用。本文阐述了公共文化服务体系的内涵，介绍了公共图书馆在公共文化服务体系中所处的地位和作用，并对公共图书馆在公共文化体系建设中存在的问题进行了分析和探究，提出了公共图书馆在公共文化服务体系建设中的创新服务策略。以期提高图书馆公共文化服务效益，更好地助力公共文化服务体系的建设。

关键词：公共图书馆；公共文化服务体系；创新服务

党的十九大报告指出："要完善公共文化服务体系，深入实施文化惠民工程，丰富群众性文化生活"。中国特色社会主义进入新时代，提高全民族文化自信，实现社会主义文化的大发展和大繁荣，需要建立更加完备的公共文化服务体系，为广大人民群众提供均等化、全覆盖、无差别的文化服务保障。公共图书馆是广大群众获取信息资源的重要途径，是保存、传承知识成果和先进文化，开展社会教育的重要文化场所，在公共文化服务体系中占据重要地位，理应顺应时代潮流，不负人民期待，走出一条信息化时代创新发展之路，在公共文化服务体系建设中发挥更大的作用。

一、现代公共文化服务体系的内涵

公共文化服务体系是中国建设文化强国的重要手段之一，主要指以政府机构为主要领导，社会成员共同参与形成的普及知识文化、传播精神食粮，用以满足群众的基本文化需求和保障群众文化权益的，提供各种公益性活动、公共文化设施、文化产品和组织各种文化相关服务的总和。

公共文化服务与传统意义上的由市场所提供的文化产品不同，它所提供服务的主体是国家的公共文化部门，目的是通过为人民大众提供文化服务来满足人们的精神文化需求，并为人们应享受的文化权益提供相应的保障。公共文化服务满足了社会上绝大多数人的文化需求，保障了社会上每个人最基本的文化权益。由于其供给主体是国家公共文化部门，所以其本身具有非营利性、公益性和均等性等特征。

---

①　杨惠，保山市图书馆副研究馆员，研究方向为图书馆资源建设。

2015 年 1 月 14 日，中国政府网公布中共中央办公厅、国务院办公厅印发的《关于加快构建现代公共文化服务体系的意见》，主要目标要求："到 2020 年，基本建成覆盖城乡、便捷高效、保基本、促公平的现代公共文化服务体系。"其主要内容包括：建立系统完善的公共文化设施，包括公共图书馆、文化馆、博物馆、美术馆、纪念馆等文化设施要向公众免费开放，体现的是公共文化体系的公益性特点；保障公共文化服务的供给，促进城乡基本公共文化服务均等化，实现均等化发展，特别是要推动老、少、边、穷地区公共文化建设实现跨越式发展，将弱势群体作为公共文化服务保障的重点对象，体现的是公共文化服务体系的均等化特点；实现公共文化服务与科技融合发展，结合"宽带中国""智慧城市"等国家重大信息工程建设，推进公共文化服务机构的数字化建设，体现的是公共文化服务体系的数字化特性。

从现代公共文化服务体系建设的主要内容来看，它所体现的公益性、均等化、数字化特点与公共图书馆的服务内容和特点是一致的，充分说明了公共图书馆是承担公共文化服务体系建设的主体。

二、公共图书馆在公共文化服务体系中的地位和作用

进入新时代，随着人们物质生活水平的不断提高，人民大众对公共文化服务的需求也越来越高。其中公共图书馆是公共文化服务体系建设的主体和重要组成部分，承担着为社会大众提供阅读保障和文献信息服务的任务，公共图书馆在公共文化服务体系中占据重要地位，并发挥积极作用。

1. 国家政策明确了公共图书馆在公共文化建设中的重要地位

全国人大将公共图书馆的立法放在了图书馆立法的首要地位。《中华人民共和国公共图书馆法》已由中华人民共和国第十二届全国人民代表大会常务委员会第三十次会议通过，并自 2018 年 1 月起施行。目前，国家四级公共图书馆体系已经基本建成。公共图书馆的不断普及为民众的阅读提供了便利，也使它成为公共文化服务体系中最受广大群众喜爱和接受，受众面受惠面最大的一种文化服务形式。

2017 年 7 月 7 日，文化和旅游部颁发《"十三五"时期全国公共图书馆事业发展规划》。规划不仅提出"要建立健全经费保障机制，合理保障公共图书馆日常运行经费"，同时提出"要推动将公共图书馆建设纳入本地国民经济和社会发展总体规划，纳入政府议事日程和领导班子绩效考核"。规划也明确提出了为达成公共文化服务全覆盖的目标，公共图书馆更是需要担负起为基层群众均等化、无差别地提供公共文化服务的重要责任，充分彰显了公共图书馆在公共文化体系建设中的重要地位。

2. 公共图书馆是公共文化服务体系示范区建设的主力军

公共图书馆是政府建立的公益性文化机构，是公共文化服务体系的重要组成部分，其与现代公共文化服务体系所具有的公益性是一致的。公共图书馆利用分布于城乡的各级图书馆网点，将自身丰富的馆藏信息资源免费向广大民众开放，在文化服务体系示范区的创

建中发挥着主力军的作用。在各地开展的公共文化服务体系示范区的创建工作中，各地公共文化服务体系建设各有亮点，各有特色，服务功能日趋完备，文化服务体系不断趋于完善。公共图书馆建设作为公共文化服务体系的重要组成部分，更是得到了长足的发展。尽管如此，公共图书馆还是应不断地通过自我革新，创新服务模式，以提升其在公共文化服务体系中的核心竞争力，从而巩固其在文化建设体系中的重要地位。

3. 公共图书馆依靠大量文献资料，给公共文化服务带来智力支持

公共图书馆作为信息资源中心、文化资源的宝库，其拥有大量的馆藏文献资源。自从公共图书馆免费开放后，每个公民都享受到图书馆带来的文化服务，不论是纸质的书籍或者数字化资源的获取，都在很大程度上满足了民众对于文化知识的需求。同时，图书馆通过对馆藏资源的再开发和利用，可以为全社会经济文化发展提供精准化服务，对公共文化服务提供重要的智力支持。

4. 公共图书馆依靠大量的数据资源，为公共文化服务创建平台

公共图书馆作为民众继续教育和终身教育的关键场所，社会培训中心、文化数据中心与文化实践中心具有大量的文献数据资源，图书馆一方面可以通过向社会民众提供各种文献数据服务，促使自身文献内容得到普遍使用及传递。另一方面，随着时代的不断发展进步，民众文化需求的广度及深度的进一步增加，图书馆大量的文化信息可以为大众组织高品质的文化实践活动提供平台，而且图书馆中现代科技的使用日益成熟，学术报告厅以及电子阅览室和自修室等多种活动场地在图书馆内纷纷建立，图书馆能组织讲座、会议、展览等重大社会文化实践活动，从技术与环境方面支撑高品质文化活动的进行。

5. 公共图书馆实现文献资料共享，促进学术科研的发展

传递科学情报、实现资源共享是公共图书馆的重要职能之一。随着科学信息技术的不断发展，图书馆作为信息采集、加工、传递的重要机构，除了提供传统的借阅服务外，还应该加强对图书馆服务网络的构建与资源的整合，实现最大程度上的信息资源共享，充分发挥其在公共文化服务体系中的效能。同时，图书馆作为文化传播的重要载体，可通过提供海量的文献资料，为科研提供一个资源共享的平台，极大地提高大众查找信息、资料的速度，从而更大地促进学术科研的发展。

三、公共图书馆在公共文化服务体系建设发展中所存在的问题

十八大以来，在党中央提出的坚定文化自信，推动社会主义文化大发展大繁荣的政策引导下，各地方政府在公共文化服务体系建设方面投入巨大，大批新的图书馆、博物馆、文化馆、美术馆、大剧院也不断建成投入使用，较好地满足了人们的精神文化需求。但是鉴于各地经济发展水平、文化资源、重视程度等各方面的差异，公共图书馆在发展中还存在着一些问题。

1. 管理体制不完善，政府部门重视不够

《中华人民共和国公共图书馆法》第五条规定："县级以上地方人民政府文化主管部门负责本行政区域内公共图书馆的管理工作。县级以上地方人民政府其他有关部门在各自职责范围内负责本行政区域内与公共图书馆管理有关的工作。"事实上，省、市、县（区）不同级别的公共图书馆既服从地方文化主管单位的行政领导，也接受上一级公共图书馆的业务指导，这在一定程度上造成了行政和业务脱节，管理体制难免混乱。由此造成资源配置不科学，数字资源建设投入较少并且多头重复投入，业务工作落实不到位，服务效能不高等问题。

近年来，随着《中华人民共和国公共文化服务保障法》《中华人民共和国公共图书馆法》等相关政策的出台，为强化公共文化服务的发展、提供均等化的公共文化服务提供了制度保障。但是因为有些基层城镇的公共服务体系还不健全，地区发展失衡，政府监管薄弱及财政补贴经费不到位等原因，影响了公共图书馆公共文化服务的有效开展，使图书馆难以发挥其价值和作用，阻碍了图书馆的发展，导致不能有效地保障图书馆公共文化服务的效果。

2. 资源欠缺，服务效能低下

公共图书馆公共文化服务中的资源欠缺主要包括资金资源和人力资源两部分。从资金来看，由于我国对图书馆公共服务不够重视，没有配套的专项资金，而且对公共文化服务的资金和政策支持度不够，造成图书馆公共文化服务资金紧缺，严重影响了图书馆公共文化服务的效益。相关调查显示，当前我国80%以上的图书馆公共文化服务存在资金短缺问题。以致在日常服务开展过程中无法依照公众需求进行相应的设备及资源采购，严重影响了图书馆公共文化服务的成效。在人力资源方面，我国虽然加大了对图书馆专业人才的培养，但人力资源缺失现象仍非常严重。从整体看，我国图书馆馆员的职业素养普遍不高，文化水平参差不齐且许多人员往往身兼数职，缺乏专业性，自身的服务质量无法应对大量的公众需求。特别是针对图书馆的纸质图书馆藏，整理分类等工作都需要系统的知识以及专业的技能，但是就目前来看很多图书管理人员并不具备这样的专业素质，导致服务创新工作无法快速实现、图书馆公共文化服务流于形式，严重影响了服务效能和质量。

3. 公共图书馆的单一布局和布局不均衡，造成文化供给与需求矛盾

一方面，随着城市化进程的加快，城市人口数量激增，产生大规模的人口集聚区（社区）或者是频繁的人口跨区流动，人们对公共文化的需求特别是阅读需求越来越迫切。与此同时，公共图书馆的布局仍然是几十年不变的单一布局，主要有省馆、市馆、区（县）馆。图书馆布局模式单一，而且数量远远不足，无法满足人口数量激增和迁移而形成的阅读需求。事实上单一的图书馆布局根本不能有效实现图书馆在某一地区的全面覆盖。

另一方面，城乡布局和网点布局的不均衡问题更加严重。更多的文化资源和要素集中在城市里面，乡村地区由于经济发展相对落后，图书馆的数量少之又少，而农村社区图书馆和农村书屋由于缺少必要的经费保障，主要依靠捐赠来充实文献资源。再加上管理不到

位，农村书屋的利用率较低，在帮助农民脱贫致富和活跃农村文化生活方面发挥的作用有限。

4. 服务泛化，现有资源满足不了读者的阅读需求

公共图书馆服务泛化主要表现在服务模式上。我国图书馆在开展公共文化服务的过程中主要以纸质图书为主开展公共文化服务活动，服务职能过于单一化，缺乏特色化、个性化的公共文化服务内容，严重影响了公众参与的积极性，在一定程度上造成图书馆公共文化服务效益大打折扣。与此同时，在"互联网+"时代背景下，信息技术的应用对图书馆造成很大冲击，随着互联网新技术的广泛应用，人们获取信息的渠道越来越广泛，也越来越便捷，人们已经习惯于通过手机和电脑来获取信息和知识。人们对于图书馆文献资料的获取也更加倾向于便捷和快速，但是图书馆的阅读资源更新速度却是比较缓慢的，在很大程度上满足不了读者的阅读需求。特别是由于公共图书馆对电子资源的建设重视不够，资金投入不足，硬件设施相对落后，就更加使得图书馆的信息资源得不到高效利用，造成人们对图书馆的需求度降低；而且当前部分图书馆并未开展线上知识服务，从而造成数字化资源缺失严重。这些都从一定程度上影响了图书馆公共文化服务的质量，限制了图书馆公共文化服务的发展空间。

5. 产品缺失，图书馆文创产品创新力度不足

公共图书馆拥有丰富的馆藏文献资源，是中华民族的重要文化积淀和宝贵的历史财富。图书馆开发文创产品，可以弘扬中华优秀传统文化，促进国家软实力的增强，对于丰富广大人民群众精神文化生活、提高服务水平、丰富服务内容都有着十分重要的意义。但目前的情况是大多数图书馆只忙于应付日常的图书馆管理工作，在服务的内容、模式、品牌的树立方面缺少下功夫，很少有图书馆形成了自身的公共文化服务品牌。文创产品的缺失、创新人才的缺乏、产品设计开发制作费用不足等也是阻碍当前图书馆文创产品开发的重要因素，这在一定程度上影响了图书馆公共文化服务的宣传力度和社会影响力。

四、公共文化服务体系框架下公共图书馆创新服务策略

1. 增加政府资金投入，确保公共文化服务创新发展

公共图书馆服务质量的高低，在很大程度上需要依赖图书馆自身的硬件配置、图书馆管理水平以及工作人员的工作标准。虽然国家在近几年持续增加对公共文化服务行业的投资，但还是无法满足现代公共文化服务体系的发展需求。比如很多县级、乡（镇）图书馆因缺少购书经费或购书经费得不到保障，限制了馆藏量的发展和服务水平等。为了提升公共文化服务水平，推动图书馆创新发展，需要各级政府部门增加公共文化服务的投资力度，设置文化建设专项经费。图书馆要积极与政府部门沟通，获得政府专项扶持资金，发挥政府公共财政的主导作用；要加强与社会企业合作，吸引企业投资，拓展图书馆公共文化服务资金来源渠道。同时要争取各级地方政府加大对文化建设的经费投入力度，优化公

共图书馆的合理布局。政府部门在做好省、市级图书馆建设和经费保障的前提下，特别应该加大对区(县级)公共图书馆的建设布局和经费保障，使区(县)级基层图书馆成为广大民众文化服务保障的主力军，从而推动城乡公共文化服务体系建设全面提升。

2. 创新服务理念，拓展服务领域

服务理念在很大程度上决定着服务机构的未来走向与大众满意度。在"互联联网+"时代，读者对公共图书馆的服务职能有了更高的期待和要求。为了深化社会职能，提高服务效能，公共图书馆必须要树立开放、创新的服务理念，即"藏用融合，以用为主"的服务理念，通过服务模块与信息技术的有效整合，利用互联网技术为读者提供个性化信息检索和多样化阅读服务。同时，图书馆要创造条件，丰富服务内容，完善社会服务职能，加强与不同社会组织之间的合作交流，拓宽服务领域，允许公众、企业、社会组织参与到公众文化服务中，从而为读者带来更多、更丰富的服务。

3. 探索新的服务方式，供给多样化

公共图书馆应着眼于满足人民基本公共文化需求，保障公民基本公共文化权益，积极探索服务模式，不断提高读者满意度。面对不同的社会大众，制定多样的供给渠道，要扩大文化服务半径，要不断拓宽服务方式和服务方法。例如：图书馆可以凭借自身的信息资源优势，与专业机构，特别是企事业单位及科研场所加强合作，将图书馆联合办证制度延伸到各学校图书馆和各单位图书室，构建共同服务、联合服务一体化制度，让更多的公众享受到优质的文化服务。图书馆可多设立分馆，加大图书馆的辐射范围，促进服务工作向更基层的民众靠近，加强社区图书馆以及乡镇图书馆建设；还可以在远离图书馆的社区设立图书站，供当地读者阅读；如不具备条件成立图书站的地方，可使用流动图书车的形式开展，形成固定网点和流动服务相结合的全覆盖服务体系。图书馆要经常性地在馆内、社区、学校、企业、部队、工地等巡回开展丰富多彩的主题活动，采取举办讲座、培训、展览等形式，让更多读者参与其中；要建立网上图书馆，读者在家就能以电子阅读的方式浏览图书；要对社会弱势群体开展文化帮扶，建立盲人读书区、听书区、残疾人通道等，方便社会弱势群体阅读。通过不断完善和创新服务方式，构建全方位的公共文化服务体系。

4. 创新融合发展，提升公共图书馆的人气

作为公共文化服务体系的主渠道，如何把更多的读者吸引到图书馆中来，以提升图书馆的服务效能是需要面对和解决的一个重要课题。读者到图书馆来，不仅要能够享受到文化服务，得到精神食粮，而且能够享受到其他的便捷服务。目前，国内许多图书馆采取的是"图书馆+"的模式。比如，图书馆和茶室的结合，图书馆与咖啡厅的结合，图书馆与书店的结合，图书馆与茶餐厅的结合。这些融合的形式可以吸引更多的读者，满足读者多元化的服务需求，增添读者新的阅读体验。这种"图书馆+"的创新模式，还可以有效促进图书馆和周边服务行业协同发展，拓展图书馆的社会服务功能，为读者提供比较舒适、便捷、多元化的阅读感受。因此注重因地制宜的多模式融合是非常好的，一方面是扩大了图书馆影响，另一方面是让阅读更加富有乐趣，这对于图书馆的发展是非常有帮助的，还能

够带来部分经济效益。

5. 加强人才队伍建设，提高服务创新水平

公共文化服务体系的建立健全离不开专业优质的人才作为基础保障。但是，现实中却由于各种因素的影响，公共图书馆大多存在馆员数量不足，专业化人才稀少，整体素养偏低，服务意识淡薄等现象，满足不了公共图书馆行业发展的需求。因此加强公共图书馆人才队伍的组建，需要对现有馆内工作人员进行优化整合，引进高素质、高能力的综合型人才。政府应制定相关政策，吸引和鼓励大学生等高学历的就业人员到图书馆从事公共文化服务工作，将高水平、高素质、高能力的人纳入人才队伍。图书馆应该在招聘时选择有统计学、图书馆管理学等专业学科的人员，用他们的专业知识保证整个工作能够从专业化的角度开展，在图书整理、分类、索引等方面更加高效，确保未来图书馆能够更加专业，图书馆能够最大限度地发挥其价值。同时，图书馆也要注重提高在职工作人员的专业能力以及信息素养，积极组织工作人员进行学习实践等活动，并定期对工作人员进行进修培训学习。另外，图书馆也要重视社会人才的引入，大力发展文化志愿者队伍，为图书馆创新公共文化服务以及实现自身长远发展提供源源不断的智力支持，进而为读者提供更优质、更高效的服务，满足公共图书馆服务创新发展需求。

6. 推进总分馆模式建设，实现均等化服务

基于公共文化服务发展规模逐渐壮大，公共图书馆可设立总、分馆的发展模式，完善图书馆公共服务网络的创新。图书馆在区域公共文化建设中要兼顾发展的统一性与机制性，管理可以实行总、分馆制，实现公共图书馆建设在地理与资源布局中的调控，加速资源共享效率、增强优势互补效果，提高社会各阶段公共文化服务与公众理想目标与现实需求的符合程度。此服务模式可以有效解决我国图书馆水平不均衡、图书馆资源分配不均衡这一问题。总分馆模式的建设，可以使图书馆的服务延伸至区域内各个地点，实现服务范围的最大化。而且此模式将原先的图书馆的单线程服务改变为多线程服务，由"总馆"统一调配，配置资源，确保每位读者在每个"分馆"都能平等地享受图书馆所提供的各种服务和资源。总、分馆制科学实行一卡通管理模式，简化借阅归还的流程，开创了图书馆的自助管理发展趋势。因此，要积极推广区域内图书馆实行总、分馆制建设，延伸公共图书馆的服务内涵，拓展其服务的发展空间，从而实现公共图书馆建设在行业发展与区域建设上的创新。

7. 提升公共服务品牌，做好产品构建

公共图书馆要树立服务品牌意识，积极转变传统的观念，立足于当下，放眼未来，结合自身的实际情况，创建服务品牌，并对服务品牌进行不断创新。图书馆对某些专题服务要深化，要做细、做实，做出品牌效应；要全方位、多角度、深层次地对信息服务产品进行开发，打造具有特色化的品牌信息产品，从而吸引更多的读者，服务更多的潜在群体。服务品牌的最终目的是为广大读者提供更加高效和优质的服务，因此要加大服务品牌的宣传与推广力度，这是图书馆扩大服务品牌影响力的有效途径。就图书馆公共文化服务而

言，既要提升公共服务品牌，也要做好一般的产品构建，产品构建除了信息资源产品，也包含特色主题活动等。形成良好的产品品牌有助于提升图书馆公共文化服务的参与度，增强用户参与的主观能动性，完善图书馆公共文化服务，从而为公共文化服务注入新的活力。

8. 以新技术来提升图书馆的服务效能

《中华人民共和国公共图书馆法》第八条规定："国家鼓励和支持发挥科技在公共图书馆建设、管理和服务中的作用，推动运用现代信息技术和传播技术，提高公共图书馆的服务效能。"互联网新技术在对图书馆带来冲击的同时，也为图书馆的发展带来很大的效益，为图书馆的创新发展带来了新的思路。在新技术革命的背景下，公共图书馆要充分运用大数据、云计算和物联网等新一代信息技术，这些技术的发展，相比于传统工作模式，具有高效、准确的优势，能为公共图书馆馆藏的安全做出保障，提高公共图书馆的整体服务效能。公共图书馆要利用大数据技术，通过对读者的借还数据、阅读行为进行跟踪分析，揭示读者的阅读习惯，为读者提供主动地推送服务，满足读者的个性化阅读需求。要利用云计算技术构建共享性平台，为读者提供全方位的服务，实现读者资源和图书馆资源的对接，以节约图书馆的建设成本。要通过物联网技术，提升图书馆的硬件服务水平，以实现一卡通用、通借通还、自助借还、手机扫码借阅、刷脸借阅、24 小时自助借阅等新的服务模式。因此，现代科技要做到以创新为主导，结合公共图书馆优势特色，从读者需求出发，实现现代科技与公共图书馆服务的有效融合，以更高的服务质量、更全面的服务内容、更科学的服务效率来推动公共图书馆的高质量发展。

五、结语

公共文化服务是促进社会文化发展的重要途径，基于公共服务体系下的图书馆服务创新，是当代社会文化建设的需求，也是图书馆自身可持续发展的必经之路，为了能够充分发挥出图书馆的公共文化职能，必须要将"服务"放在首位，以提高图书馆在公共文化服务体系中的地位，彰显其核心力量的作用。在新时代公共文化服务体系下，公共图书馆应紧追时代发展步伐，不断调整改革，与时俱进；同时要整合优化资源，为群众提供更加优质的服务，从而不断推进公共文化服务体系建设的可持续发展。